● 国家自然科学基金管理科学部面上项目（71373258）：创新经济体内生发展机制的理论与经验研究

● 国家自然科学基金青年项目（71804077）：破解创新悖论——基于微观实证研究解析创新价值的实现机制

创新经济的内生驱动机制

THE ENDOGENOUS DRIVING MECHANISM OF INNOVATIVE ECONOMY

程 郁 崔静静 等◎著

中国经济出版社
CHINA ECONOMIC PUBLISHING HOUSE
·北京·

图书在版编目（CIP）数据

创新经济的内生驱动机制 / 程郁等著. -- 北京：中国经济出版社，2023.5

ISBN 978 - 7 - 5136 - 7300 - 6

Ⅰ.①创… Ⅱ.①程… Ⅲ.①经济学 - 研究 Ⅳ.①F0

中国国家版本馆 CIP 数据核字（2023）第 078005 号

责任编辑　姜　莉
责任印制　马小宾

出版发行　中国经济出版社
印 刷 者　北京艾普海德印刷有限公司
经 销 者　各地新华书店
开　　本　710mm×1000mm　1/16
印　　张　20
字　　数　296 千字
版　　次　2023 年 5 月第 1 版
印　　次　2023 年 5 月第 1 次
定　　价　78.00 元
广告经营许可证　京西工商广字第 8179 号

中国经济出版社 **网址** www.economyph.com **社址** 北京市东城区安定门外大街 58 号 **邮编** 100011
本版图书如存在印装质量问题，请与本社销售中心联系调换（联系电话：010 - 57512564）

前言

创新被普遍认为是突破增长极限，支持经济内生、可持续发展的核心动力，因而创新驱动也成为一项重要目标被写入各个国家的发展战略中。党的十八大以来，我国将创新摆在了国家发展全局的核心位置，深入推进实施创新驱动发展战略。党的十九大报告明确“创新是引领发展的第一动力”，提出加快建设创新型国家。党的二十大报告再次强调坚持“创新是第一动力”，深入实施“创新驱动发展战略”，开辟发展新领域新赛道，不断塑造发展新动能新优势。

本书第 1 篇重点阐述创新不仅驱动经济增长，而且已经成为一种新的经济形态。第 1 章和第 2 章阐释了创新经济的内涵，在创新系统理论的基础上提出“创新经济体”概念，把创新活动视为经济运行的过程，考察经济运行和内生增长的机制与机理，对创新系统用经济方法来剖析并赋予新经济意义的解释，从而在知识经济时代到来的今天补充和完善创新系统理论。建设国家高新区是通过加强创新能力与环境建设，促进创新要素聚集聚合，推动科技成果产业化，畅通创新经济循环，开辟出一条依靠科技创新推动经济发展、打造创新经济高地的新路径。第 3 章和第 4 章以高新区这一典型创新经济体为例，通过对其全要素生产率增长的测算和分解，考察了其创新驱动效应。

第 2 篇主要是对创新绩效的评估，一方面从创新主体——微观企业的角度，分析在企业层面的创新绩效；另一方面考察创新政策激励创新的效果。要实现创新驱动发展，核心是将科技成果转化为现实生产力，而企业是将各类生产要素组合进行社会化生产和市场交换的主体，只有企业才能把新技术和市场需求结合起来，将技术转化为生产力、将技术转换为创新价值。第5章和第6章分别从生产率和创新获利的视角，刻画企业的创新过程和价值实现机制，打开创新过程中的“黑箱”，从而基于企业微观实证分析考察创新驱动生产力和价值增长的效果。第7章和第8章分别以政府补贴和孵化器税收优惠两大创新政策为例，考察创新政策激励企业创新的作用，进而为完善创新政策提供参考。

第3篇主要考察作为创新政策工具的两大载体——孵化器和加速器的运作机制。它们为创业企业提供的不仅仅是设施完善的办公空间，还包括管理、融资、法律、市场、人才、财务、政策等全方位的支持服务，成为帮助企业成长发展和快速嵌入本地化网络的重要支撑平台。第9章以我国一家典型天使投资型孵化器——创新工场为例，运用价值链理论分析框架（价值定位、价值创造、价值实现和价值传递四个要素）深入探析这种新型孵化器的商业模式。第10章提出为帮助成长型企业实现加速成长发展，应在孵化器后延伸发展加速器，并提出了加速器的服务体系框架和运作机制。第11章基于企业成长理论，通过对企业成长发展的动力机制的分析，提出加速器应构建战略性的指导与咨询、支持性的资源平台和网络、成长性的环境与文化氛围三个层次的战略服务体系，推动和支持企业的内部结构创新和能力建设，帮助企业实现加速发展。

第4篇重点探究新产业新业态的发展规律，从中总结培育战略性新兴产业发展的政策经验。创新发展的重要特征是催生出新产业新业态，并驱动新产业新业态发展成熟壮大。第12章和第13章分别以风能产业和创客创业两大新产业新业态为例，考察其发展规律以及培育新兴产业的政策经验。

第5篇则针对创新经济时代下传统的管理体制已越来越难以适应瞬息万变的市场和日趋复杂的技术的问题，考察创新经济的参与主体以不同的形式推进着社会制度转型，掀起了以联合治理为特征的新公共管理变革。创新活动的广泛性以及其所带来的社会组织结构的变化，决定了创新发展需要一种能够有效组织协调多部门共同努力和多主体共同参与的联合治理制度。第 14 章考察创新经济下联合治理的新趋势及其主要特征。第 15 章以芬兰为例分析国家层面创新系统治理与协调机制。中国的高新区不仅仅是促进创新和高新技术产业发展的功能性载体，而且在当前我国条块分割的政府管理体制下，创造了创新导向下的多部门、多级政府、多重主体的联合工作平台。第 16 章和第 17 章以我国高新区管理体制创新为例，探讨中观层面与创新活动相适应的行政管理体制。从建立派出机构、协调机构、领导小组、协调小组、会商制度、创新平台等常规性组织制度，到联合共建、与行政区合并、经济整合、联合协议等具体实施手段，高新区针对不同的矛盾与问题在实践中探索了多种形式的联合治理模式，很大程度上推动了各部门之间围绕创新目标的协同政策创新与制度改革，有效整合和协调了相关资源支持高新区的创新发展。

目录

第1篇　从创新驱动到创新经济

第2篇 企业创新绩效与创新政策评估

第 3 篇 创新载体：孵化器与加速器

第 4 篇　新产业新业态的培育

第 5 篇　创新经济系统的治理

第1篇

从创新驱动到创新经济

第 1 章
绪　论

20 世纪 90 年代后，以知识为基础的产业形态快速崛起，知识和技术对经济发展的作用日益受到重视。知识的应用表现在创业和创新、研究和开发、软件和产品设计等方面，这是全球经济增长的关键来源之一（The World Bank，2009）。1990—1998 年，美国 GDP（国内生产总值）增长了 26.7%，以知识为基础的部门创造了 80% 以上的就业。1998 年，世界银行认为信息和知识对 GDP 增长的贡献率为 71% ~76%。由此，很多学者都认为经济发展的模式正在发生改变。Mokyr（1990）认为，经济发展已经逐步由斯密模式（Smithian）经过福特模式（Fordian）、索洛模式（Solvian）发展到了熊彼特模式（Schumpeterian）。Porter（2001）指出，经济发展具有阶段性，在不同的发展阶段，驱动经济增长的力量是不一样的，他将经济发展阶段分为要素驱动、投资驱动、创新驱动和财富驱动，并认为一些发达国家已经进入了创新驱动发展阶段。全球竞争力报告指出，全球竞争力的结构正在发生变化，许多国家都面临着由资源驱动型经济向创新驱动型经济[①]转型的问题（Schwab et al.，2001）。

1996 年，经济合作与发展组织（Organization for Economic Co - opera-

① 全球竞争力报告认为创新驱动型经济具有以下特征：政府的作用是通过公共及私人研发投入的增加来支持提高创新率；教育、资本市场改进以及更加支持初创的高技术企业；企业的组织形式不再是层级式的，买方、供应商以及公司不同级别的部门常常是连接在一起的；鼓励创新、经济组织内劳动分工形式的快速转换，企业大量未继续培训投资；产业内的企业更加互动，竞争与合作同时增加，产业群在更高水平上分工，人员流动速度加快；公司在全球范围内以单一策略竞争。

tion and Development，OECD）在《以知识为基础的经济》的报告中第一次提出并界定了“知识经济”的概念，即“知识经济是指建立在知识（智力）资源的占有、配置、生产和使用（消费）基础上的经济”。报告还建立了知识型产业的归类方法，以此为基础进行知识型产业产值估算，发现OECD 主要国家知识产业占 GDP 的比重都超过了 50%，以知识为基础的经济已经成为其主体经济形态，发达国家比以往任何时候都更加依赖知识的生产、扩散和应用。《1998 年世界银行发展报告》探讨了知识在经济增长和可持续发展中的作用和影响。从 1999 年开始，OECD 每隔两年发布《OECD 科学、技术和工业记分牌》（*OECD Science，Technology and Industry Scoreboard*），旨在评估创新绩效以及相应的知识经济产出（王孝炯等，2008）。世界银行（2007）认为，知识经济是内涵比与互联网紧密相关的高科技或新经济更为广泛，甚至比常用的信息社会更广泛的一种经济。它的基础是知识的创造、传播和使用。同时，提出衡量知识经济的 4 个支柱：（1）信息和通信技术（ICT）；（2）教育；（3）创新；（4）经济和制度。进入 21 世纪后，知识经济的概念和内涵发生了语义上的微小变化，从“知识为基础的经济”（Knowledge－Based Economy）变为“知识驱动的经济”（Knowledge－Driven Economy），近年来又越来越多地表达为“创新经济”（Innovation Economy）。这一变化实际反映的是知识和创新在经济发展中作用的变化，从要素和工具变成驱动经济发展的主要力量，随着其纵深发展和对整体经济的全面渗透，创新经济已成为现代经济的主要构成和主体支撑。

为此，美国、日本以及欧洲各国纷纷提出了发展“创新经济”战略目标，特别是里斯本战略确立了在 2010 年前使欧盟成为“以知识为基础的、世界上最有竞争力的经济体”的目标。金融危机后，创新是促使经济体走出低谷，提高经济体可持续增长和竞争力的重要来源（OECD，2013）。世界银行报告认为，各国应投资于教育、创新、信息和通信技术，并建立良好的制度环境以促进投资在经济过程中更多地使用和创造知识，从而实现更高和持续的经济增长，同时实现可持续发展的目标（The World Bank，2007a，2007b）。美国和欧盟提出了知识产权密集型产业的概念，并从

2012 年开始先后发布了《知识产权和美国经济：聚焦产业》《知识产权密集型产业：对欧盟经济和就业的贡献》等系列产业发展报告。2017 年的《OECD 科学、技术和工业记分牌》提出了知识经济的数字化转型趋势，电子、电信和计算机科学领域的数字化转型革命已成为世界增长的重要组成部分（Elouaer - Mrizak and Picard，2016）。2010—2014 年，数字技术的改进占经济合作与发展组织国家国内生产总值的 4% 至 7%（OECD，2015）。可以说，创新已经从驱动经济增长的一种要素成为经济发展的核心，并扩散到整个经济体系，从而改变了经济增长方式和发展模式，因而需要新的理论来解释以创新为中心的经济运行规律及其内在的发展驱动机制，并以此为基础指导国家创新与经济发展战略和政策的制定。

创新经济是一种新的技术经济范式①，其发展带来的是经济社会系统的根本性改变。创新融入社会经济的每一个环节，成为每一个主体发展的一种理念，并带来了经济生产、组织、消费、分配的各个过程的系统性变化。

在创新经济中，知识和技术不仅是一种投入要素，也是一种商品和资本；它们不仅能够创造出新的产品或服务，用于产品或服务的质量提升和生产过程的改进，通过蕴含知识技术的产品或服务的销售实现其价值，而且基于创新经济的细化分工，知识创造可以成为一个相对独立的经济部门，由此创新也能够直接创造财富。同时，知识往往不是独立存在的，知识通常体现在资本、设备和人力之中，增加其价值或提升其效率。知识的创造和技术的创新内生于经济过程，其使用是嵌入在技术、组织和制度之中的，其发展相应地会引起创新经济子系统的变化以及组织和制度的变迁。因而，创新经济不仅表现为改变传统的投入要素、产业分工和产品服务，其发展还表现为技术、经济、制度协同演进的过程。创新经济需要一种新的经济理论，该理论应既能解析创新经济内部的各子系统的特征与功能结构，又能动态分析创新驱动经济发展和各关联系统协同演进的过程。

---

① 技术经济范式，是指技术全面渗透影响企业、产业和社会经济活动，成为嵌入社会经济的一种潜在行为规则、制度和方式方法。

1.1 创新经济表现为一种新的生产函数

熊彼特1912年在《经济发展理论》指出，“创新”是从内部改变经济“循环流转”过程的变革性力量，本质是“建立一种新的生产函数”，即实现生产要素和生产条件的一种新组合，这种新的组合是由企业家通过开发新产品、应用新生产方法、开拓新市场、利用新要素或原料、采用新组织来实现的（熊彼特，2007）。不同于传统经济，创新经济的生产函数并不简单地是劳动、资本和土地等物质要素投入的函数，还包括了内生于经济活动的技术创新对上述生产要素的改造和重新组织，通过提升投入要素的质量、提高生产的效率、开发新的产品或服务、创造新的应用价值等成为经济增长关键性驱动力。Griliches（1988）、Romer（1986，1990）、Grossman和Helpman（1991）、Aghion和Howitt（1992）、Young（1993）、Jones（1995）等基于对创新经济认识的不断深入，一直在研究和修正生产函数的形式，以更有效地反映创新经济的特征，并对其内生经济增长规律进行理论分析。

而由于知识产品及其创新过程的特殊性，包括其经济外部性、缄默性、不可分割性等，不能把知识创新归结为一个完全的市场问题，也不能直接套用古典方法简单地将创新活动看作一项和其他经济一样的逐利活动。斯蒂格利茨（2001）指出，纯粹的市场机制不能完全有效地调节知识产品的创造、消费和分配过程，标准的市场经济理论也难以解释创新经济的运行规律。因此，创新经济需要一种新的经济理论分析方法进行解释，要在充分考虑知识创造及知识转化经济价值特殊属性的基础上，重构创新经济生产函数，并引入政府对创新的政策支持和引导机制，才能更真实地反映创新经济的运行特征。

1.2 创新经济支撑整体经济的内生、可持续发展与增长

1998年，《英国创新驱动型经济报告》首次对创新驱动型经济进行了定义，将创新驱动型经济界定为“那些从个人的创造力、技能和天分中获取发展动力的企业，以及那些通过对知识产权的开发可创造潜在财富和就

业机会的活动”（CITF，1998）。《全球竞争力报告（2007—2008）》首次提出人均 GDP 高于 17000 美元的经济体为创新驱动型经济体（Innovation - Driven Economy），并沿用至今。

吴晓波（2008）教授认为，创新型经济是指以信息革命和经济全球化为背景，以知识和人才为依托，以创新为主要推动力，持续、快速、健康发展的经济。夏天（2009）指出，创新驱动型经济具有较强的持续性、较强的稳健性和抗周期能力、较强的创新维系能力。洪银兴（2011）提出，创新型经济是指体现资源节约和环境友好的要求，以知识和人才为依托，以创新为主要推动力，以发展拥有自主知识产权的新技术和新产品为着力点，以创新产业为标志的经济。刘志彪（2011）指出，创新驱动实质上是经济发展从过去单纯依赖技术的学习和模仿，转向依靠自主设计、研发和发明，以及知识的生产和创造。李建波（2011）认为，极高的附加值是创新经济的显著特征，因而是一个“引擎”产业，以居于价值链高端的地位渗透所有产业，决定生产过程的利润分配，引导、推动整个社会的创新。洪银兴（2013）认为，创新驱动的增长方式不只是解决效率问题，更重要的是依靠知识资本、人力资本和激励创新制度等实现“要素重新组合”，实质是科技创新，是科技成果在生产和商业上的应用和扩散。张来武（2015）将当今社会新经济、新知识的本质内涵，归结为熊彼特所提出的“创新”这一经济发展的本质概念。从创新作为经济发展驱动要素的角度来看，“创新驱动经济体”就是以“创新”作为经济发展驱动力的经济体（施筱勇，2015）。王玉民等（2016）认为，创新驱动的新经济，是指以“科技作为第一生产力”的经济，或者概括为知识经济，既不同于传统经济，也不是指支持知识经济发展的知识创新活动与成果本身。以创新为驱动力的知识经济是通过知识资产与生产要素的有机组合，创造适应现代社会生产、生活所需要的产品形态与经济效益，核心是知识资产运用与经营。

从以上研究可以看出，大家对创新经济的共识是，与传统的要素投入驱动发展模式不同，创新经济以科技创新为内生驱动力，运用知识、技术对生产要素进行改造和重新组合，突破传统发展模式下的资源、要素约束，实现高效、集约、绿色的经济可持续发展。

因而，创新发展战略已经成为当前时代的主题和各个国家经济发展的重要战略，转变经济增长方式、向创新经济转型也成为当前主要的经济发展路径。比如，美国的《国家创新计划》《美国竞争力计划——在创新中领导世界》《创新美国》《先进制造伙伴计划》《先进制造业国家战略计划》，欧盟的《创新绿皮书》《欧洲创新计划》《全面创新策略》《欧洲2020战略》《2007—2013年第七个研究框架计划（FP7）》以及《创建创新型欧洲》，日本的《创新25战略》，德国的《国家高科技发展战略》《2020高技术战略》和《工业4.0》战略，英国的《促进增长的创新与研究战略》等都将发展创新经济作为国家经济发展战略的重要目标方向。2006年，中共中央、国务院作出建设创新型国家的决策，2012年全国科技创新大会上胡锦涛总书记再次明确到2020年进入创新型国家行列的目标，经济增长的科技进步贡献率要从39%提高到60%以上；党的十八大也明确提出实施创新驱动发展战略，着力增强创新驱动发展新动力，强调了“更多依靠科技进步、劳动者素质提高、管理创新驱动”支撑增长和发展。2016年中共中央、国务院发布《国家创新驱动发展战略纲要》，明确我国到2050年建成世界科技创新强国“三步走”的战略目标：2020年进入创新型国家行列，2030年进入创新型国家前列，2050年建成世界科技创新强国。而实施创新发展战略需要在深入认识创新经济发展规律的基础上，提出新的国家科技和经济政策来有效激励创新和促进创新价值的实现与转化。

1.3 创新经济已成为整体经济的主体构成

知识生产是现代经济的重要结构特征。Machlup（1962）在《美国知识生产与分配》中最早提出了“知识产业”的概念，并将其归纳为六大类，即教育、研究开发（R&D）、艺术创造与传播、传媒、信息服务和信息设备。20世纪80年代至90年代末，发达国家知识经济产业增加值占全部企业部门增加值的比重平均提高了近10个百分点，OECD成员国1990—1997年知识经济产业增加值年均增长速度达5.06%，比全部企业部门年均增长速度高1.27个百分点，美国、德国、瑞典等主要发达国家的知识产业占GDP的比重超过了50%。经济学家约翰·霍金斯（2001）在《创新驱动型经济》一书中，把创新驱动型经济界定为其产品都在知识产权法的保护范围内的经济部门，包括专利、版权、商标和设计，并发现这四种工业就组成了创造性产业和创造性经济，全世界创新驱动型经济每天创造220亿美元，并以5%的速度递增。创新驱动经济体的重要特征是高比例的知识资本（知识资本是指一系列能够为企业未来创造价值的无形资产）投资（施筱勇，2015）。OECD（2015）数据表明，过去20年，许多国家企业的知识型资产的投资增长速度快于传统实物资本的投资增长速度。因此，研发投入、软件、设计和人力资本等在内的知识资本投资成为企业投资中的重要组成部分，对平均劳动生产率增长贡献达20%～34%。2013年，美国和英国各类知识资本投资约为固定资产投资的1.5倍。OECD（2012）关于新经济增长源泉的项目中期研究显示，2009年美国的知识投资达到了1.17万亿美元，占GDP的11.4%，美国、英国、瑞典、加拿大等国家的知识投资已经超过了物质投资；知识投资已经成为驱动经济增长的重要力量，在欧洲，知识投资对劳动生产率增长的贡献在20%～25%，1995—2007年，美国的知识投资对劳动生产率增长的贡献为27%。1995—2007年，美国劳动生产率的增长至少有33.7%来自对知识资本的投资。在同一时期，14个欧盟国家知识投资对劳动生产率增长的平均贡献率至少为19.9%（Corrado et al.，2012）。根据欧盟的估算，“知识经济体”排名依次为德国、欧盟、西班牙和俄罗斯。图1-1是欧盟估算的“知识经济”对各国增长率的贡献的平均估计。2019年9月25日，欧盟知识产权局（EUIPO，2019）和欧洲专利局（EPO）联合对知识产权（IPR）密集型产业为欧盟经济作出的贡献进行评估，认为在2014—2016年，知识产权密集型产业创造了欧盟经济总量（GDP）的45%。我国国家知识产权局发布简报称，2020年我国专利密集型产业对GDP增长的贡献率达到24.6%。

张车伟（2017）认为，只有当熊彼特意义上的个体创新行为上升到产业层面行为时，创新活动才会成为创新经济。“创新经济”既包括由新知

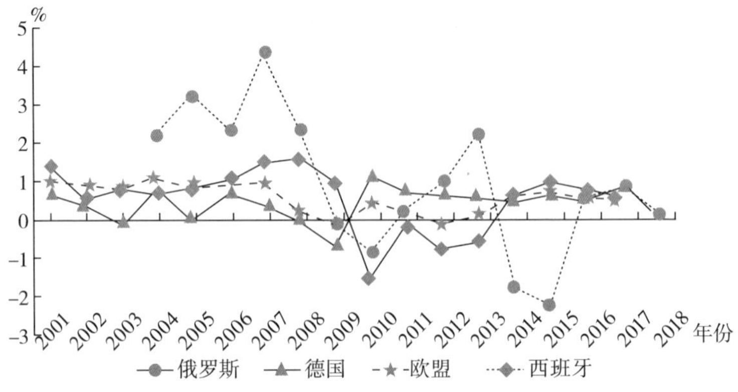

图 1－1　2003—2017 年“知识经济”及其对欧盟、德国、西班牙和俄罗斯增长率的贡献的平均估计

资料来源：Sukharev，2021。

识、新技术、新发明、新创造引领的新产业活动，如高新技术产业、战略性新兴产业和国际上最近提出的知识产权密集型产业等，也包括传统经济活动通过业态融合而产生的新业态、新模式，如顺应多元化、差异化、个性化的产品或服务需求，在互联网和大数据基础之上，对内外要素进行的各种整合重组。但目前，将创新经济作为一个独立的经济体系，考察其内在运行机制和规律的研究还比较缺乏，相关的研究主要集中在对知识密集型服务业、创意产业等具体产业的分析上。

与发达国家相比，虽然我国的创新经济比重还比较低，但国家高新区经过 30 年的发展，以科技创新和高新技术产业发展为引领，构建起了创新价值链体系完整、创新产业门类齐全、创新产业生态体系完善的创新经济体系，成为我国最典型的创新经济体。2020 年，全国 169 家国家高新区园区生产总值达到 13.56 万亿元，相当于全国 GDP 的 13.3%。高新区入统企业 16.5 万家，属于高技术产业的企业达 99305 家，占高新区入统企业总数的 60.1%。高新区企业科技活动经费支出合计为 19571.6 亿元，同比增长 16.7%。企业 R&D 经费内部支出为 9192.2 亿元，同比增长 11.3%，占全国企业近一半（49.2%）的研发费用。企业 R&D 经费内部支出占园区生产总值的比例为 6.8%，是全国 R&D 经费支出占 GDP 比例（2.2%）的 3.1 倍。2020 年，高新区省级及以上各类研发机构数同比增长 12.5%，集聚了全国70%以上的国家工程研究中心、国家重点实验室、国家工程实验室。2020年，高新区企业万人申请、授权和拥有发明专利量分别达到185.8件、74.8件和387.8件，均较2019年有所提升，其中万人拥有发明专利量增速达到8.7%。企业申请发明专利占申请专利的比例、授权发明专利占授权专利的比例、拥有发明专利占拥有专利的比例分别为50.85%、29.4%、33.9%，是全国相应比例的1.8倍、2.0倍和1.4倍，技术含量较高的发明专利在高新区企业专利中占据了更大的比例。企业技术交易规模增长迅速，交易活跃度高于全国。2020年，高新区企业当年登记的技术合同成交额达到8017.4亿元，同比增长18.2%，占全国技术合同成交额的比重为28.4%。高技术产业营业收入为15万亿元，占高新区企业营业收入的34.9%。因此，我国国家高新区已经成为创新经济体的典型代表，可以通过分析高新区的创新经济活动特征来寻找创新经济内生驱动发展的规律与机制。

执笔：程郁　崔静静

第2章
创新经济体的概念与内涵

2.1 引言

自20世纪80年代“创新系统”概念提出以来，大量的研究者不断丰富和完善其理论体系、研究方法和案例研究，“创新系统”一词也频繁出现在各个国家或地区的官方战略文件之中，成为各国创新战略与政策管理的重要指导思想。比如，在20多年的政策实践中，芬兰一直将“创新系统”理论作为制定科技政策的重要基础；瑞典将其中央政府的创新管理机构直接命名为“创新系统管理局”（VINNOVA）；美国国家科学院最近也将“创新系统”作为分析美国科技政策的框架（Lundvall，2002）。OECD、欧盟、联合国贸易和发展会议、世界银行及国际货币基金组织也广泛采用“创新系统”的方法来研究和思考创新发展问题。

但在创新系统理论广泛流行的同时，学者们开始注意到“创新系统”概念的模糊性和实际应用的困难性（OECD，2002）。创新系统缺乏普遍接受的统一定义（见表2-1）。从这些定义可以看出，创新系统强调了相关主体（大学、企业、政府等私营和公共部门）的联合构成和互动联系及其所根植的组织网络和制度体系，但对于创新系统究竟是什么系统（比如，制度系统、社会网络系统、经济系统、产业系统等）以及系统如何组织运行，不同的学者有不同的理解和看法。实际上，创新系统是整体经济系统中围绕新知识和新技术的产生、应用和传播而组织运转的一个子系统，只是其组织运行机制与传统经济部门有所不同。因为不满新古典经济学关于技术创新的解释，Nelson、Freeman、Lundvall 等经济学家发起了对创新系统的讨论和研究，旨在突出和强调为主流经济理论所忽视的“创新”，并采用多学科融合的方法来集中研究“创新”组织运行机制的特殊性及其对经济发展的作用（Sharif, 2006）。正因为挑战和驳斥了新古典经济理论，创新系统理论的建立和发展摒弃了主流经济学的理论体系，而广泛采用国家主义、社会历史、制度文化等分析方法，使得后来者已经遗忘了“创新系统”本来的经济属性。然而，创新系统理论的开创者们自始至终都坚持着创新系统研究的经济基础。比如，Nelson 和 Winter 以规范的经济学研究范式为基础，引入新古典模型所不能涵盖的非均衡调整的“特殊要素”来构建动态的技术创新和经济演化模型；Lundvall（2002）指出创新系统是通过将知识引入经济甚至社会来运作的，其发展和绩效依赖于经济、社会和政治结构；Freeman 一直坚持在宏观经济层面研究创新系统（Sharif, 2006）。国内一些学者也日益强调创新系统的经济属性。比如，张陆洋等（2009）提出国家创新体系包含了基于企业存在前提下的创新经济体系、基于现代科技企业创业的新经济体系及国家为支持创新的财政体系和为支持创业的风险投资金融创新体系；尚勇（2009）阐释了知识的商品性、知识创造价值的再生产过程、知识产业与经济的特征及知识社会形态。

表 2－1　创新系统的相关定义

来源	“创新系统”的定义
Freeman（1987）	公共和私人部门的机构网络，通过其活动和相互作用，激发、引入、改变和扩散新技术
Lundvall（1992）	创造、传播和使用具有经济使用价值知识的相关要素及其相互关联
Nelson（1993）	决定企业创新绩效的一系列紧密联系的制度
Edquist 和 Lundvall（1993）	国家创新系统由影响和引导社会技术变革方向的制度和经济结构构成
Niosi 等（1993）	国家创新系统是旨在促进国内科技创新的私营和公共企业、大学和政府机构互动的系统。这些主体的互动可能是技术的、商业的、法律的、社会的或金融的，其互动的目标是发展、保护、资助或管制新科技成果
Patel 和 Pavitt（1994）	决定一个国家技术学习（或活动变化的数量和结构）质量和方向的国家制度及其激励结构和能力

续表

来源	“创新系统”的定义
Metcalfe（1995）	一系列明确的制度，独立或联合地促进新技术的开发和传播，同时为政府提供了制定和执行影响创新过程的政策框架。这是一个相互联系的制度系统，它创造、储存和转移被称为“新技术”的知识、技能和工艺
OECD（1997）	国家创新系统是公共和私营部门中的组织结构网络，这些部门的活动和相互作用决定着一个国家扩散知识和技术的能力，并影响着国家的创新业绩

在采用创新系统方法时不能因为强调制度、网络、社区等要素而忽视其本源的经济属性和经济传导机理。随着新知识、新技术的快速发展及其向社会经济的全面渗透，创新已不仅是驱动经济发展的要素或工具，而且日益成为国民经济中占有重要地位的创新经济部门和知识型产业。美国、日本以及欧洲各国纷纷提出了“知识经济”的概念和战略目标，欧盟在2000年提出的“里斯本战略”确立了在2010年前使欧盟成为“以知识为基础的、世界上最有竞争力的经济体”的目标。正是基于这样的背景，有必要整合创新系统和知识经济理论，不仅要看到创新系统的知识产出、知识供给及其对经济的驱动作用，而且要认识到创新系统本身是一个非常重要的经济部门和产业系统，在驱动其他部门发展的同时对整体经济发挥着强大的支撑作用。

2.2 创新经济体的概念、内涵与结构

随着知识创新与经济社会高度、融合地发展，知识已经不再仅是一种生产要素和解决问题的“工具”，而日益表现为一种能够直接创造财富的商品和资本，而且知识是通过直接应用于知识来创造新的知识和新的财富。也就是说，知识的消费、生产和价值实现已经构成了一个具有闭合回路的经济循环体系，知识创新不再仅是依附于整体经济的服务部门，而是成为支撑整体经济的产业价值体系。Rooney 等（2005）也指出，“知识经济”（Knowledge Economy）已不再是以知识为最重要生产要素的“知识为基础的经济”（Knowledge – Based Economy），而是通过智力活动实质性地

创造财富的经济。

由此，我们认为知识创新是一个知识—资本—知识再生产的经济循环过程，其组织运行构成整体经济的一个子经济系统，即创新经济体。据此理解，本章将“创新经济体”定义为在一定区域范围内围绕知识创新和创新成果的经济价值转化活动所形成的社会经济综合体（见图 2 - 1）。也可以说，创新经济体是能够直接或间接创造财富的知识和由知识所转化的财富以及它们之间所结成的各种创新价值链关系的总和。通过知识的传播、扩散、利用和价值交换，创新经济体向外（整体经济）提供创新形态的产品或服务；在内部，创新经济体以特定的制度、网络和社会互动为基础进行知识的生产和创造活动，而这些活动的组织与实施也是基于价值交换的创新要素生产、消费、分配和使用的经济过程。如图 2 - 1 所示，资本的投入激活了知识和其他创新要素，促进其实现以新知识创造和应用为导向的创新，而通过与产业经济体系的交换实现创新价值和资本增值，价值增加的利好将带动更多的资本投入创新，进而扩大知识创新的再生产，从而在创造创新价值的同时强化对创新要素的需求和凝聚力，形成累积循环增长的创新经济体系。

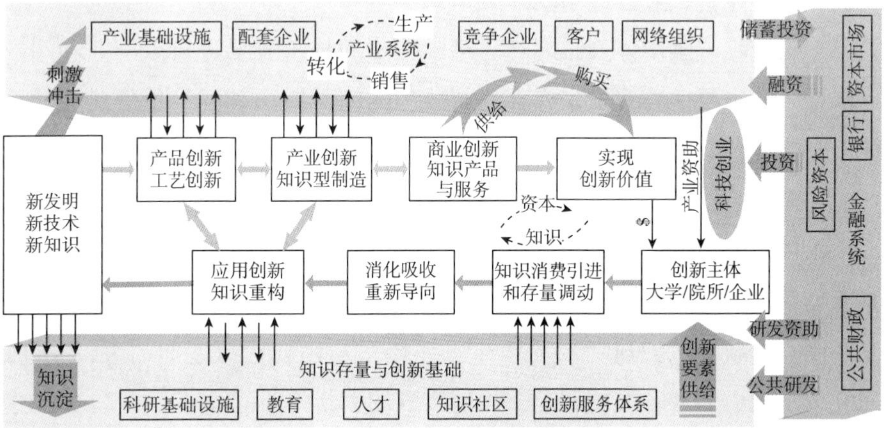

图 2 - 1 创新经济体的创新价值循环链

资料来源：程郁，王胜光. 创新系统的经济学新释：创新经济体 [J]. 中国科技论坛，2010，170（6）：17 - 24.

从功能结构上看，创新经济体包括知识创新体系、知识转化与应用体系、产业创新体系以及创新金融体系 4 个子系统。

知识创新体系是通过科学研究获得新的基础科学和应用知识的系统，由教育、科研机构以及企业研发部门或研发型企业构成。从图 2 -1 的下半部分可以看出，知识创新能力由系统内的知识存量和创新基础决定。知识型主体的聚集与网络将形成知识社区，知识社区能够通过内部的语言和面对面的互动促进默会知识的交流、转化和新知识的产生（Wenger et al.，2002）。创新主体以经济发展和未来科技战略需求为导向调动和组合知识、人才、设施、服务等创新要素，在学习、消化吸收和应用储量知识的基础上发现潜在创新的机会，通过创造力的激发、创新社区的实践、反复的试验以及持续的知识积累创造出新知识和新技术。而新知识又将沉淀下来巩固和强化创新经济体的知识基础，从而提升知识创新能力，实现知识创新的积累式增长。与创新系统理论不同，这里强调知识创新是一个经济过程。创新主体对创新资源的调动与组织是通过对人力资本、知识产品和配套技术服务的购买实现的，在知识的消费中实现知识创造，相互服务的创新主体共同构成了知识生产—交换—消费—再生产的知识创新产业生态和经济微循环体系，对其他系统形成知识和高智力人力资源的供给。

知识转化与应用体系是通过对科学知识和技术成果进行以产业和用户需求导向的应用性再开发来实现创新成果的实际应用和经济价值转化的系统。它是以科研机构（或部门）为主体的知识创新体系、以企业为主体的产业创新体系以及由政府支持和搭建的知识推广与应用体系共同构成的混成组织体系（Etzkowitz and Leydesdorff，2000）。知识转化与应用体系是最具有创新活力的动态系统，通过与产业部门的有效对接和价值交换不断激发和激励着新知识创造活动的产生。该体系是创新价值连通的关键枢纽，建立了从知识创造—应用转化—价值实现的创新价值链循环。图 2 -1 的中间区域描绘了知识转化与应用的价值循环机制，三条循环回路实现了知识—资本—知识再生产的转化。第一，科学技术的原创性和突破性创新为社会带来新知识和新技术，新技术体系的形成和向社会经济领域的渗透将引发产业经济的根本性变迁和社会经济的跃迁式发展（比如，科技革命所引发的社会经济范式的转变)，而国家对基础和前沿科技的大力投入将保障持续的新知识创造，为未来经济的发展提供强大的驱动力。第二，产业部门积极应用新知识、新技术来提高和改善生产力，实现创新驱动的产业发展与增值收益回馈反哺知识创新体系的良性循环，并在产品与市场对接、企业分工协作的过程中发现新的知识与技术创新机会。第三，随着产业和整体经济社会对知识的需求日益提高，知识创新成为可以直接商业化的知识产品或服务，如专利或非专利技术、技术服务、教育培训以及知识出版物等，形成了知识直接资本化和商业化的新兴知识服务业业态。知识型产品或服务一方面提供给产业部门，支撑产业技术创新；另一方面提供给知识创新部门，服务于新技术的开发和新知识的创造。

产业创新体系是实现创新成果的转化应用、规模化量产、商业模式创新及最终产品或服务销售的产业经济系统，由产业研发机构、竞争性的主导企业群、辅助与配套企业群、客户与市场以及相关设施与支撑服务构成。企业以客户和市场需求为导向吸收和转化相关的创新成果，并通过纵向和横向的产业网络带动关联企业的互补性创新，整体提升最终产品或服务的附加价值。技术创新所带来的增值收益将激励企业竞相加大研发投入，加强与知识创新部门的联合与互动，扩大以产业为导向的知识与技术的再生产，从而形成研发（或技术购买）—新技术/新产品/新服务—丰厚的技术垄断性收益—再研发的产业创新循环价值链。

创新金融体系是支撑知识创新及其成果转化的金融系统，由银行、担保机构、风险投资、资本市场、产业基金及公共财政等金融机构共同构成。理论上说，上述几条创新价值循环链如果畅通无阻是能够实现创新经济的可持续发展的。而知识创新是一项高投入、长周期和高风险的活动，往往会出现创新价值链循环的滞延或中断，因此创新金融体系对于延续和扩大创新经济循环具有非常重要的意义。由于知识与技术外溢性的存在，企业难以收获技术创新的全部价值，知识创新被视为半公共产品，公共财政资助是知识创新体系的重要投入，特别是对基础研究、共性技术以及公共技术平台的支持，强化了创新的基础与能力。但创新经济的自我循环发展更需要切合知识创新需求的创新金融体系，即包括天使投资、风险投资基金、创业板、科技企业债券、科技担保与保险等多层次的科技金融服务，将闲置的产业资本和社会资本投向知识创新活动，使资本有效转化为知识和未来经济的生产力。比如，美国以养老基金为强大资金供给主体的风险投资、纳斯达克创业板市场、各类中介机构以及完善的法律制度构成了发达的创新金融市场，支撑着美国创新经济高潮迭起的发展。创新金融体系通过资本的募集、投资和退出，助推了创新经济的繁荣并实现了资本的高额创新回报，形成资本—知识创新—资本增值的创新资本链循环。

2.3 创新经济体的组织运行机制

在政策实践中，创新所引发的变化或变革受到高度重视，各个国家和地区都竞相加大创新投入和供给，却忽视了创新经济“循环流转”体系的整体性构建。创新会对原有的经济制度体系产生“创造性破坏”的影响，但也绝不是完全的经济“脱轨”，而是要重建一种适应于创新内在发展规律并能够支撑创新持续发生的新经济运行轨道，即通过适应性的经济和制度条件保障创新的要素供给、产品生产和价值实现各环节的顺畅连接，建立起创新经济组织的“循环流转”机制，由此才能形成真正的内生驱动的“熊彼特创新经济模式”。

本章提出创新经济体的概念正是要强调围绕创新所建立的这种新经济的“循环流转”机制。因此，创新经济体首先是一个集生产与消费、供给与需求于一体的经济体系，生产服务、生活消费、工作劳动、市场交换和价值分配关系相互依存与连接贯通，具有要素与价值动态“循环流转”的本质经济规律。同时，它又是一个以创新为核心灵魂的特殊经济系统，是由知识要素、知识产业、知识商品或服务及知识型消费共同构成的创新经济体系。“创新”深深嵌入每一个经济环节和每项社会经济活动中，知识创新成为生产的要素、消费的商品或服务、市场交换和价值分配的基础。由图2-2可以看出，创新是整个经济的核心，以政府、企业和风险资本对创新的持续投入为基础，不断增加的创新供给将通过人力资本、创新型企业、知识型产品或服务与要素市场等各种渠道渗透到经济体系的各个环节，从而使生产要素成为以知识、技术和人力资本为特征的知识型要素，产业成为应用新知识、采用新技术和新工艺、生产新产品的知识型产业，商品成为具有高知识含量的传统商品、新商品或服务，消费也表现为以体验新产品、追求高端知识文化为主导的知识型消费。在这一过程中，创新使企业获得超额利润，激励其加大创新投入力度，并以高额酬金（包括高薪雇用、技术奖励、股权激励以及购买技术和委托研发等多种形式）组织和调动高端知识劳动力持续创造创新型的产品或服务。而高收入预期将驱动更多的人加强学习和投身于知识创新劳动，从而造就一批高智力人群，一方面为企业的创新活动源源不断地供给知识劳动，另一方面形成对创新型产品和知识文化服务具有特殊偏好的消费群体，在高收入的支撑下构成对知识型产品或服务的强大现实购买力。只有创新需求与创新供给有效对接、创新价值真正实现后，才能按照技术、人力资本的贡献使知识劳动力获得其应得的劳动价值，从而才能形成强大的知识创新购买力，建立起维持创新经济可持续运转的反馈回路。这是一个简单的创新经济“循环流

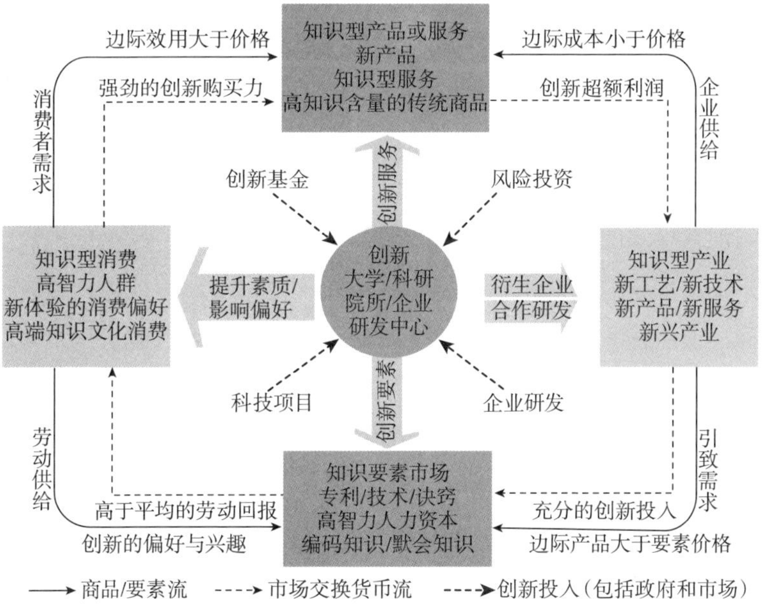

图 2－2　创新经济体的组织运行流程

资料来源：程郁，王胜光．创新系统的经济学新释：创新经济体［J］．中国科技论坛，2010，170（6）：17－24.

转”过程，但反映的是创新经济组织运行的基本规律，强调了创新经济系统内在的紧密价值关联和相互之间匹配协调发展的需要。

与传统经济体系不同，创新经济系统不是一个均衡的经济体系，而且正是这种不均衡成为其持续创新和动态演进的强大驱动力。因为创新资源的相对稀缺性和创新成果的独占性，创新经济市场更近似于垄断竞争市场，在各个市场交换环节，交易价格总是高于实际成本的。比如，产品或服务总是按高于其边际成本的价格销售，企业家才能够获得超额利润，从而有动力和能力对创新进行持续投入；各要素所创造的平均边际产品价值总是高于其所获得的平均边际报酬，从而才能够弥补创新的高风险成本，吸引市场投资者对创新前端要素的投入；知识劳动者的工资率总是高于市场均衡的工资率，从而保障对创新劳动者的有效激励，而且知识劳动者对创新劳动有着强烈的偏好，愿意牺牲更多的闲暇时间来投入学习和创新，从而提高获得丰硕创新成果的可能性，创造出高于其自身劳动价格的创新产品价值；消费者的边际效用总是高于其所付出的产品或服务价格，从而使消费者总是很欣然地采用和接受新的知识型产品或服务，保障了创新产品或服务实现价值增值（见图2－2）。这种不均衡的经济“循环流转”在完成各项要素分配后能够使整体经济获得一定的创新价值剩余，而这种创新价值剩余又会通过各种机制转化为对创新的投入和积累。

对创新投入的高资本回报率催生了风险资本业态，专业化地对创新活动进行长期性权益投入；创新的外部经济效益和巨大的社会回报使政府通过多种渠道加强了对创新的直接投入和间接引导投入。但从研发到最终的价值实现一般要经过漫长的过程，并且创新成果的转化存在极大的不确定性，很多短期内看不到任何市场价值的基础性创新可能在未来产生预想不到的巨大社会经济价值，这使得对创新先期的持续性投入尤为重要。只有先拥有深厚的知识积累、充分的创新储备和强大的创新能力，才有可能通过对创新资源的创造性组合与集成、适应性产品或服务的开发积极抢抓和创造新的市场机会。因而，世界各国都非常重视对创新的战略性投入，为未来的竞争力建立充分的创新储备。发达国家持续加大研发投入的力度，目的就是维持创新所带来的经济政治垄断优势，在全球范围内攫取创新价值剩余；同样，发展中国家也不惜血本地向创新投入，也是希望抢占重要的经济技术战略地位，分享潜在的巨额创新价值剩余。但不论创新的投入和供给如何重要，如果不能发展起最终吸收创新成果的消费群体、建立起促进创新成果转化与供需对接的适应性组织机制、形成完整的创新经济"循环流转"，任何一个国家或区域的创新系统都无法成为一个能够持续稳定运行的系统。

前面描述的是一个简单的创新经济"循环流转"过程。随着创新经济和各产业环节的细化分工，一个主导的创新产业将带动和衍生出多个关联产业和创新服务业，多元、相互依存、互为服务以及与价值链紧密关联的产业部门将自发形成创新产业网络及相应的子循环系统，所有创新产业子循环系统的相互嵌套、交织融合及其与最终需求的协调发展整体上就构成具有丰富知识型产业业态与经济组织形态的创新经济体（见图2－3）。比如，电子信息产业作为一个典型的知识型产业，其兴起和发展带动了计算机、通信及其辅助设备、电子元器件、集成电路、软件、各类应用型电子产品、数字内容、信息服务以及相关设计、测试、咨询、培训服务等一系列创新产业的发展；各产业内有着数个"专而精"的细分产业，相互之间紧密联合和协作，形成了内部自成体系的产业子系统，如设计、测试、封装、整合组件制造商（Integrated Device Manufacturer，IDM）制造、专业代工制造等细分产业，共同构成了集成电路产业体系，为整体系统的某些产业提供专业化的产品或服务供给，并对另一些产业产生强大的需求拉动。电子信息产业一方面直接向创新型需求者提供多样化的新型电子产品或创新信息服务，另一方面通过影响和渗透各传统产业领域使大众成为其间接的消费者，由此整体上构建起了庞大的电子信息产业经济体系。类似于电子信息的各类新兴知识型产业（包括高新技术制造业和知识密集型服务业）在一定区域内聚集并结成紧密产业链、价值链和社会网络关系，只要其对内能够形成一定的互为供需的经济循环，且对外构成强有力的创新型供给和需求，整体上就可以称为一个创新经济体。

基于上面的分析，本章认为一个成熟稳定的创新经济体需要具备四大基本条件。第一，最终消费需求模式向知识型和创新型的根本性转变，与

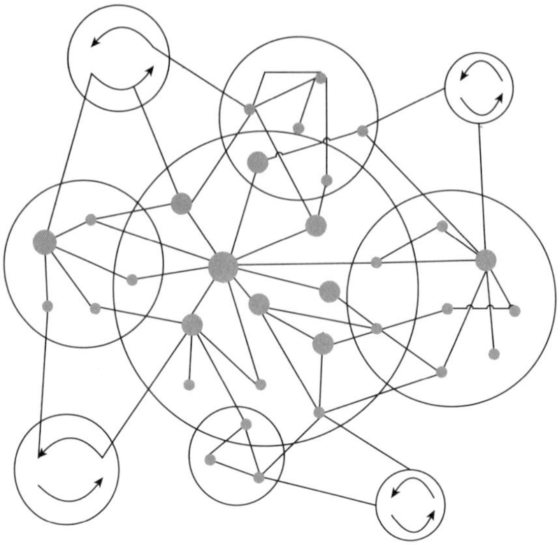

图2－3　多元产业关联嵌套的创新经济体

总体人群的知识能力与文化素质有关。技术溢出及由技术所推动的经济增长与教育有很大关系（Nelson and Phelps，1966），只有总体人群的知识层次水平提高才有可能广泛地推广和应用高端的知识型产品或服务，形成购买和使用创新型商品的主流消费形态，从而实现创新价值并保障经济"循环流转"的回路畅通。比如，很多学者都证实了教育是影响计算机和网络广泛应用的重要因素（Guillen and Suarez，2005；Wunnava and Leiter et al.，2009），因而在受教育程度比较高的地区各类网络创新价值得以更快地实现和流转，网络创新与网络经济也更加活跃与繁荣。根据罗杰斯（2002）的创新扩散理论，创新事物要在一个社会系统中全面扩散，首先必须有10%～20%的人群率先采纳这种创新物，所以创新经济的发展首先要有一批喜欢尝试新事物的创新型消费者。波特（2002）也曾指出，内行且挑剔的需求者是提升竞争力的重要条件，高端的知识型需求将是激发新创新活动的重要动力。

第二，科技创新人员以创新为乐并以创新成果的转化利用为其社会价值目标，对他们的收入分配方式是按需分配和技术收益分享相结合。一方面是基本收入能够切实保障其社会生活需要，科研活动也有充分的财力支持，从而使他们可以不为生计和课题发愁而能够专注于科技创新；另一方面要让知识创新的劳动力参与创新价值的分配，从而更好地激励他们推动成果的转化应用。

第三，企业部门的利润最大化选择是通过持续创新实现超额利润，这既需要企业自身发展模式由要素和资本驱动向创新驱动转变，也非常依赖于整体经济环境的转变与有效政策制度的引导和保障。

第四，在制度和政策上，需要有效界定和保护创新的产权，并合理确定创新要素、产品或服务的价值及其收益分配机制，从而建立起规范的创新经济市场秩序，激励真正的创新者，保障创新经济实现自我强化的良性市场运转。此外，从形态特征上看，创新经济是以多元化知识型服务经济为主的经济形态，并需要一种扁平化的组织结构来支撑起发展（比如，半自治的网络组织）（Stiglitz，1999）。多元经济互为供需的关系能够建立起完整的“循环流转”机制，保持经济系统的稳定性。同时，多样性能够促进学习和竞争，避免趋同带来的锁定和收敛，从而使创新经济体具有快速响应变化并动态创造变化的能力。而扁平化和网络型的组织结构更有利于广泛利用分散化的创新资源和促进创新与市场的连接，但这种新的组织结构也需要公共政策引导各类跨越组织边界的连接性组织建立和发展，如合作创新中心、创新联盟、技术转移中心、开放创新平台等，以此促进知识创新向要素部门、生产部门以及市场的溢出和扩散，提高技术转移的效率和知识转化的效果。

2.4　结论与启示

在知识创新日益成为一种直接创造财富的经济形态的时代背景下，本章从经济运行的角度对创新系统概念进行了新的阐释，并提出了创新经济体的概念，详细描绘了创新经济从生产、交换、消费、分配到知识再生产的“循环流转”体系及其组织运行机制。创新经济体提供了一种全视角的分析方法，可以避免长期以来片面重视创新投入和产出的研究思路和政策导向，将创新系统作为一个生产与消费、供给与需求内在统一的经济系统来看待，强调的是系统内的协调性、匹配性和整体的可持续创新发展能力。以创新经济体的分析思路来审视我国的创新发展，就会发现我国创新绩效明显提升（比如，研发投入、科技论文发表以及高技术制造业规模等指标已位居世界第二）的背后潜伏着严重的供给与需求结构性失衡的问题，体系完整、协调运转和良性循环的创新经济体系并没有真正建立起来，具体表现在以下几个方面：

第一，虽然我国是高技术产品的“大国”，但国内的高技术产品消费却很疲软，90%左右的高技术产品均出口（OECD，2008）。从高技术产品出口的结构上看，尽管以“三来一补”为代表的加工贸易占我国高技术产品贸易出口的比重近年来有了明显下降，但2018年其占比仍高达59.6%，并在电子技术、计算机集成制造技术、光电技术和航空航天技术等高端技术领域存在较高的贸易逆差。因而，实际上，我国强大的高技术制造能力的背后是技术创新源头和价值实现的消费终端“两头在外”的格局，创新经济的“循环流转”受到阻断而无法形成创新能力自我加强的机制，这样的高技术产业实质上只是一个高技术产品制造的低端环节，在外部供需环境发生变化时容易陷入危机。

第二，创新产业的结构不合理，服务业的比重偏低，制约了多样化创新经济形态的发展。据世界银行统计，当前全球服务业产值所占比重平均已超过60%，发达国家甚至超过70%，其中，生产性服务业在服务业中所占比重超过70%，现代服务业产值已超过了服务业总产值的50%。而我国服务业发展水平还严重滞后，根据国家统计局数据，2020年，服务业增加值为553977亿元，占国内生产总值的比重为54.5%，生产性服务业增加值在第三产业中的占比达到50%。2020年美国GDP中，服务业占比则高达81.5%，其中生产性服务业增加值占GDP的比重达到一半以上。

第三，全体人口受教育的程度偏低，抑制了创新型需求的形成和发展。美国年龄为25～64岁的人口接受过高中以上教育的占88%，远高于经济合作与发展组织工业化国家67%的平均水平。在OECD国家中，25～34岁的受过高中及高中以上教育的人口比例，由1965年的43%上升到了2015年的84%。根据我国第七次人口普查数据，截至2020年底，每10万人中15467人拥有大学文化程度、15088人拥有高中文化程度，占15～64

岁年龄人口的 44.5%。这极大地限制了知识型产品和创新型产品在我国的采用和推广。

第四，从创新到市场价值实现的组织机制与制度保障尚不完善，创新经济的循环回路受到阻断。目前，因为存在科技立项与评价缺乏市场导向、激励科技成果转化机制不健全、保护知识产权和创新收益的制度环境尚不完善等问题，我国科技成果转化率仅为 30%，而发达国家是 60% ~ 70%。同时，由于我国市场知识产权保护意识差、诚信不足，政策上又缺乏对创新技术和产品市场的培育，很多创新性较强的企业都不愿意做国内市场，而更愿意开拓外销市场，这加剧了我国创新经济发展的不平衡性。

基于上述的认识和判断，本章认为我国急需改变长期以来供给偏向型的创新政策体系。未来的创新战略应当以系统构建创新经济健康运行的"循环流转"机制为目标，将提升总体人群素质、启动国内创新型消费、疏通创新与市场的连接机制、加强创新转化激励、完善知识产权保护制度环境等作为重点任务，建立起能够实现竞争力自我强化和协调可持续发展的创新经济体。

执笔：程郁

第3章

创新经济体全要素生产率的测度和增长分解

3.1 引言

新科技革命所带动的以知识为基础的新兴产业的快速发展，标志着经济发展从传统的要素驱动、投资驱动向创新驱动转型（Porter，2001）。创新驱动经济是一种内生发展模式，以新知识、新技术对生产要素进行改造和重新组合，能够突破传统发展模式下的资源和要素约束，实现高效、集约、绿色的经济可持续发展，并成为赢得竞争力的关键（洪银兴，2009）。以美国硅谷为代表的科技园区所创造的增长奇迹，体现了创新驱动经济的典型范式。以此为借鉴，我国在20世纪80年代末部署建立国家高新区，探索创新发展的道路与模式，并在发展过程中以“五个转变”“四位一体”和“战略提升”[①] 的要求不断强化创新驱动的发展导向。历经20年的建设，国家高新

① 2005年科技部对高新区发展提出了“五个转变”的要求：一是要加快实现从主要依靠土地、资金等要素驱动向主要依靠技术创新驱动的发展模式转变；二是要从主要依靠优惠政策、注重招商引资向注重优化创新创业环境、培育内生动力的发展模式转变；三是要推动产业发展由大而全、小而全向集中优势发展特色产业、主导产业转变；四是要从注重硬环境建设向注重优化配置科技资源和提供优质服务的软环境转变；五是要从注重“引进来”、面向国内市场为主向注重“引进来”与“走出去”相结合、大力拓展国际市场转变。2006年温家宝总理提出了高新区“四位一体”的战略定位，即“要成为促进技术进步和增强自主创新能力的重要载体，成为带动区域经济结构调整和经济增长方式转变的强大引擎，成为高新技术企业‘走出去’参与国际竞争的服务平台，成为抢占世界高新技术产业制高点的前沿阵地”，这一战略定位把自主创新作为对高新区的首要要求。2012年科技部进一步提出“四个跨越”的目标：从先行探索、自我发展，向肩负起创新示范和战略引领使命跨越；从立足区域、集约发展的资源配置方式，向面向全球、协同创新的产业组织方式跨越；从要素集中、企业集聚的产业基地，向打造具有国际竞争力和影响力的创新型产业集群跨越；从工业经济、产业园区，向创新经济、现代生态文明和谐高科技社区跨越。

区已经成为我国依靠科技创新支撑经济发展、走中国特色自主创新发展道路的一面旗帜，成为我国发展高新技术产业最重要的战略力量，成为引领全社会科学发展、创新发展和可持续发展的战略先导。

在发展初期，由于我国科技产业的基础非常薄弱，为快速建立起现代工业体系，高新区在起步建设阶段确实存在依靠招商和土地规模扩张发展的问题。经过以提升自主创新能力为目标的“二次创业”后，高新区是否真正摆脱了传统的投资驱动型发展模式，实现向创新驱动型发展方式的转变，还需要科学的方法进行检验和评估。目前，我国很多学者对高新区的实证研究难以证实其创新驱动效益，其主要原因来自 3 个方面：一是很多学者基于高新区前期“一次创业”阶段进行分析，发现高新区对资本投入的依赖性强，科技创新的驱动效益不显著（罗晖，2006；王栋和韩伯堂，2007）；二是采用索罗残余法计算全要素生产率本身存在缺陷，缺乏对其结构的进一步分解将难以考察创新的驱动效益（李强，2007）；三是高新区是我国创新投入强度最大、创新要素最密集的区域，根据 Jones（1995）的理论，创新投入超过一定规模后将会消除增长的规模效益，采取传统的投入产出效率的分析方法将会得出创新效率偏低的结果。

本章在解析创新驱动型经济增长机制的基础上，具体考察高新区如何实现创新驱动型发展，并实证检验高新区创新驱动经济增长的绩效表现。本章采用随机前沿分析法，通过参数假设检验选取超越对数的生产函数形式，在此基础上分别估算各投入要素的产出弹性，最后运用库姆巴卡（Kumbhakar，2000）全要素生产率（TFP）增长率的分解公式将全要素生产率分解为技术进步率、生产（技术）效率以及规模效率三部分，以此考察创新对高新区增长的贡献作用，进而评价国家高新区进入“二次创业”阶段以来的经济增长方式及基本动力机制。

3.2　高新区驱动经济增长的机制及高新区的具体表现

创新被视为经济发展的重要驱动力，理论界和政策界对创新是如何驱动经济增长问题的关注从来没有间断过。从现有的研究来看，理论界对创新驱动经济增长的机制大致可以归结为以下 3 个方面：第一，增加产品的多样性，通过多样化的产品或服务创新创造出更多消费体验和市场，增进生产的专业化程度（Romer，1990；Grossman and Helpman，1991）；第二，创造出新的产业部门（Saviotti and Pyka，2004，2008），以创新的产品或服务替代原有的产品，推进生产和消费水平的跃升（Aghion and Howitt，1992；Grossman and Helpman，1991），并带动新的中间产品的部门的发展，以互补性产品或服务延伸和扩大市场空间，强化创新价值的获取能力（Young，1993；Teece，1986）；第三，提升投入要素的质量和促进要素积累，进而提高生产率，包括人力资本积累模型（Lucas，1988）、知识积累模型（Jones，1995）、资本积累（Zeng，1997）和技术资本积累（Hulten，1992；Greenwood et al.，1997）等。

3.2.1 以新产品创新驱动增长

高新区企业生产的主导产品从 1991 年的 3775 种增加到了 2011 年的 65787 种，20 年来增长了 16 倍多。进入 21 世纪后，高新区的新产品销售收入更是快速增长，新产品销售收入从 2000 年的 2188 亿元增长到 2011 年的 34582 亿元，年均增长率达到 28.5%，高新区新产品销售收入的平均增长率比全国大中型工业企业高 3.7 个百分点。以新产品创新来创造财富已经成为高新区企业经营发展的重要形式，高新区企业也由此成为全国新产品创新的主力军。高新区企业新产品销售收入占其营业收入的比重从 2000 年的 23.8% 上升到 2011 年的 25.9%，并且高新区企业新产品销售收入占营业收入的比重比全国大中型企业高出近 10 个百分点。

3.2.2 以创新型产业驱动增长

30 年来，伴随着高新区经济的迅速增长，高新区的发展形态和发展内涵也经历了一个从“量”变到“质”变的过程。高新区建立了产业门类齐全的高新技术产业和高技术服务业体系，而且这种以知识为基础的新兴产业形态日益壮大成为高新区经济的主要支撑。2010 年，高新区的高新技术产业已达到 33325 亿元，占高新区营业收入的 34.3%，高技术服务业达到 10961 亿元，占高新区营业收入的 11.3%。2010 年，高新区的高新技术产业收入占全国高新技术产业收入的 44.7%，直接以知识和技术创造财富也是高新区企业实现创新价值的重要形式。高新区的技术性收入从1991年的17亿元增长到了2011年9284亿元，增长了540多倍，2011年技术收入占营业总收入的7%。

同时，高新区已经建立起新兴产业发展的支持性体系和保护性空间，成为新兴产业的重要策源地和我国发展战略性新兴产业的核心载体。以高技术制造业和高技术服务业共同构成的高技术产业已经成为国家高新区产业的重要构成部分，属于高技术产业的企业占高新区企业总数的一半以上。2010年全国83家高新区的电子及通信设备制造收入占全国的比例达到47.9%，航空航天制造占全国的比例为25.9%，医药制造占全国的比例为26.1%，生物技术产业占全国的比例为29%。新材料、新能源、生物技术、环境保护等领域年均增长率超过20%，引领着全国新兴产业的快速发展。如杭州高新区集成电路设计、电子商务、软件信息业、物联网几个产业的增加值分别占到了全省产业增加值的91.7%、90%、81.3%和40%，无锡高新区2011年物联网收入达到245亿元，占全市收入的比重为51.6%。

3.2.3 以创新要素积累驱动增长

国家高新区不断强化创新环境的营造，吸引和聚集了国内外优秀的创新人才和创新资源，以高质量知识型要素的投入和积累推动区域经济的持续增长。截至2011年，国家高新区企业年末拥有从业人员1073.6万人，大专以上学历从业人员的比例为51%，其中，硕士学位毕业生46万人、博士学位毕业生5.4万人，归国创业的留学人员5.3万人。2011年，高新区从事科技活动的人员超过174.4万人，占高新区从业人员总数的16.2%，占全国企业科技活动人员的61.3%。在263名国家引进的海外高层次创业人才中，有80%~85%是从高新区入选的。2020年企业年末拥有从业人员翻了一番，达到2383万人，其中，科技人员达到514万人，占比为21.5%，归国创业的留学人员达到21万人。

国家高新区的创新投入强度大幅度领先于全国水平，高强度的研发投入推动着高效的创新，并以此加速知识和资本的积累，形成高投入、高积累和高产出的创新经济正反馈强化机制。2011年，高新区企业R&D经费内部支出为2269亿元，占全国企业R&D经费支出的34.5%，占园区生产总值的5.45%，是全国研发经费投入强度（1.84%）的2.96倍。2020年，高新区企业R&D经费内部支出为9192亿元，占全国企业R&D经费支出（16921.8亿元）的54.3%，占园区生产总值的7.5%，是全国研发经费投入强度（2.4%）的3.125倍。以高强度的创新投入为保证，高新区获得了丰硕的创新成果，成为全国知识积累最雄厚的区域。2011年，全国88家高新区获得专利授权88238件，其中发明专利授权29438件，年均增长率达到32%，占全国企业发明专利授权的50.7%（见图3-1）；根据《国家高新区创新发展报告》，2018年，国家高新区企业申请、授权、拥有发明专利数分别达到36.2万件、14.3万件、73.1万件，年增速均在20%以上。并且，高新区企业的发明专利授权占总专利授权的比重达到35.4%，是全国（17.7%）的2倍。

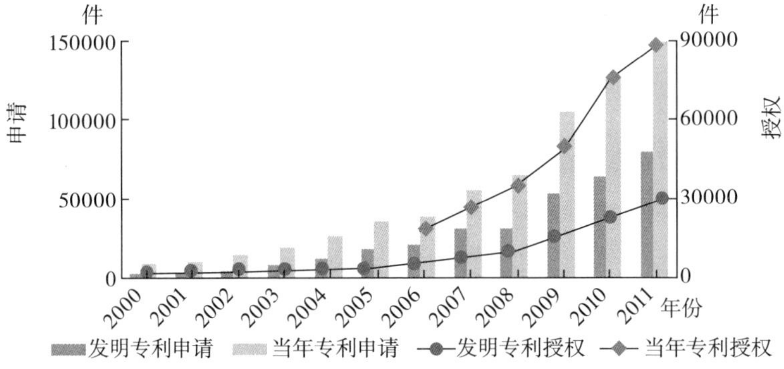

图3-1　高新区专利申请与授权增长情况

资料来源：科技部火炬中心《2011年国家高新技术产业开发区综合发展与数据分析报告》。

3.3　实证模型和数据描述

对科技创新贡献率的衡量一直是理论界的难题，全要素生产率被认为是一个可参考的替代指标，但作为剔除各类投入要素贡献的余值，它包含了太多的内容，科技创新可能只是其中一个方面。因而，考察创新对经济增长的贡献还需要对全要素生产率进一步分解，随机前沿分析（Frontier Productivity Analysis）和数据包络分析（Data Envelopment Analyses）均提供了对全要素生产率的计算和分解方法。数据包络分析对数据和算法的要求较高，随机前沿分析能够更好地解决随机误差问题，避免个体误差或异常值对整体结果的干扰。

3.4　结论

高新区自设立之初便被赋予了“自主创新的战略高地”“转变发展方式和调整经济结构的重要引擎”“实现创新驱动与科学发展的先行区域”的使命与责任①。但在早期发展过程中，由于地方利益与中央意志的不一致，依托地方建设的高新区存在功能异化的问题，盲目招大引强、扩区发展、建设投入的问题较为普遍。因而，很多研究者对高新区是否切实实现了向创新驱动发展转型存在质疑。本章基于对高新区的实践观察剖析了创新驱动型经济体的增长机制，并通过对全要素生产率的计算和分解，实证检验了高新区是否实现了创新驱动的经济增长。本章的主要研究结论如下：

第一，国家高新区不断加强创新能力建设，以不断提升的要素质量推动科技创新突破和工艺效能改进，通过新产品的持续创新、产业结构的优化升级和新兴企业的孕育发展，走出了一条以创新为驱动的内涵式经济增长之路。

第二，高新区进入“二次创业”阶段后，只有高质量劳动对产出的贡献日益提升，而资本、土地的投入出现了明显的规模不经济现象。2002—2010 年，高新区的全要素生产率及其增长整体高于全国水平，而且全要素生产率的增长主要是由技术进步决定的，技术进步对经济增长的贡献率为 26.81%。因而，可以初步判断，随着以创新驱动为导向的“二次创业”战略的扎实推进，高新区率先实现了从投入驱动向创新驱动的转变，并由此成为当前带动和支撑我国经济发展方式转变的主要依靠力量。

第三，高新区 TFP 的增长大大高于其所在省份，不同地区高新区 TFP 增长率表现出一定的收敛趋势。中西部高新区的全要素生产率在 21 世纪初

① 2013 年科技部发布的《国家高新技术产业开发区创新驱动战略提升行动实施方案》对高新区下一步发展的目标要求。

快速赶超东部地区，在实现以技术进步为核心驱动的经济发展的同时，平抑了区域内技术效率退化对经济增长的负面影响。可见，高新区的建设对于带动欠发达地区的转型和增长、促进区域平衡发展具有非常重要的意义。

随机前沿分析方法通过引入技术非效率项来剥离技术效率的影响，但仍然只是以时间项来粗略地反映技术进步，但这其中仍包含了政策、制度、组织等其他因素。当然，广义理解的创新发展本身就包括了适应新技术变革的社会、经济、制度、文化的整体变迁，以此作为评价创新驱动的标准有一定的合理性。未来的研究可以进一步对技术进步的结构进行分解，深入考察科技进步、体现在资本和人力方面的技术进步以及受技术进步所推动的制度变化对经济发展的驱动作用。

3.4.1 实证模型

随机前沿函数由 Aigner 等（1977）及 Meeusen 等（1977）提出。最初主要应用于横截面数据，Pitt 和 Lee（1981）、Kumbhakar（1990）、Battese 和 Coelli（1992，1995）等逐渐将其应用于面板数据，其基本模型如下：

$$Y_{it} = f(X_{it}, t)\exp(v_{it} - u_{it}) \quad (3.1)$$

其中，$v_{it} \sim iidN(0, \sigma_v^2)$，$u_{it} \geqslant 0$，$u_{it} \sim TN^+(\mu, \sigma_u^2)$，$\mathrm{cov}(u_{it}, v_{it}) = 0$；$Y_{it}$ 表示地区 i（$i=1, 2, \cdots, N$）在第 t 期（$t=1, 2, \cdots, T$）的产出；X_{it} 表示地区 i 第 t 期的投入要素；$f(X_{it}, t)$ 表示生产可能性边界上的最大产出，即前沿产出；v_{it} 表示与创新效率和投入要素无关的随机观察误差，服从期望值为 0，方差为 σ_v^2 的正态分布；u_{it} 表示创新产出的实际水平偏离最优水平的无效率误差，并服从于期望值为 μ，方差为 σ_u^2 的截断正态分布。Battese 和 Coelli（1992）进一步将技术无效率项扩展为随时间变化的形式：u_{it} 满足式（3.2），服从非负截断正态分布①。

$$u_{it} = u_i \exp[-\eta(t - T)]，其中，u_i \sim iidTN^+(\mu, \sigma_u^2) \quad (3.2)$$

① 在 Aingner 等（1977）及 Meeusen 等（1977）的最初模型中，$Y_i = f(X_i)\theta_i e^{v_i}$，其中 θ_i 为效率乘子，取值为[0,1]，表示产出效率大小。令 $u_i = -\ln\theta_i$，则 $u_i \geqslant 0$，u_i 表示技术非效率大小。

当 $\eta > 0$（< 0）时，表示技术无效率项 u_{it} 随着时间的增加递减（递增），技术效率随时间不断改善（恶化）；当 $\eta = 0$ 时，模型退化为截断正态分布假设条件下的形式，此时各观察值的技术无效率项不再随着时间发生变化。

由以上模型设定形式可以看出，该模型的基本思想是，个别生产者未能达到最优生产函数前沿，是因为同时受到随机扰动及技术无效率项两个因素的影响。其中，随机扰动是白噪声，多次观测的均值为 0，而个别生产者的技术效率可以用该生产者产出的期望与随机前沿期望的比值来确定：

$$TE_{it} = Y_{it}/Y_{it}^{*} = \frac{E(f(X_{it},t)e^{v_{it}-u_{it}})}{E(f(X_{it},t)e^{v_{it}-u_{it}} \mid u_{it} = 0)} = \exp(-u_{it}) \qquad (3.3)$$

当 $u_{it} = 0$ 时，$TE_{it} = 1$，此时不存在技术无效率，样本单元位于前沿面上；当 $u_{it} > 0$ 时，$TE_{it} < 1$，存在技术无效率。

Battese 和 Coelli（1992）还进一步设定了方差参数的检验方法：

$$\gamma = \frac{\sigma_u^2}{\sigma_v^2 + \sigma_u^2} \qquad (3.4)$$

以复合扰动项中技术无效率项所占的比例检验是否需要使用随机前沿分析，若原假设 $\gamma = 0$ 被接受，则表明实际产出与最大产出之间的偏离都来自随机误差项，此时采用普通的 OLS 估计即可。

在随机前沿分析中，生产函数形式的选取直接关系各参数估计的准确性。与一般的 C – D 生产函数模型相比，超越对数函数形式放松了中性技术进步以及产出弹性不变的假设，函数形式更加灵活，而本章使用的是面板数据，随着时间的变化，技术是否中性以及产出弹性是否固定并不能事先确定，因此，我们选择更加灵活的超越对数函数形式作为模型出发点，同时为了避免由于生产函数形式的误设带来的估计误差，对 C – D 生产函数形式（模型 1.1、模型 1.2）、无技术进步生产函数形式（模型 1.3）以及技术效率不随时间变化的超越对数函数形式（模型 1.4）三种生产函数形式分别进行回归，并通过广义似然率统计量 $\lambda = -2\ln[L(H_0)/L(H_1)]$ 进行检验，$L(H_0)$ 和 $L(H_1)$ 分别是零假设 H_0 和备择假设 H_1 前沿模型的似然函数值。如果零假设成立，那么检验统计量 λ 服从混合卡方分布，自由度为受约束变量的个数。其中，超越对数函数形式作为基准模型（备择假

设 H_1），其表达式如下：

$$\ln y_{it} = \alpha_0 + \alpha_l \ln x_{ilt} + \alpha_k \ln x_{ikt} + \alpha_t t + \frac{1}{2}\alpha_{ll} \ln x_{ilt}^{\ 2} + \frac{1}{2}\alpha_{kk} \ln x_{ikt}^{\ 2} + \frac{1}{2}\alpha_{aa} \ln x_{iat}^2$$

$$+ \frac{1}{2}\alpha_{tt} t^2 + \alpha_{lk} \ln x_{ilt} \ln x_{ikt} + \alpha_{la} \ln x_{ilt} \ln x_{iat} + \alpha_{ka} \ln x_{ikt} \ln x_{iat} + \alpha_{lt} \ln x_{ilt} t + \alpha_{kt} \ln x_{ikt} t +$$

$$\alpha_{at} \ln x_{iat} t + v_{it} - u_{it} \tag{3.5}$$

其中，y_{it} 为产出，x_{ilt}，x_{ikt}，x_{iat} 分别为劳动、资本和土地投入，t 为时间项。

为了检验（3.5）生产形式的合理性，作出如下假设：

(1) $H_0: \alpha_t = \alpha_{ll} = \alpha_{kk} = \alpha_{aa} = \alpha_{tt} = \alpha_{lk} = \alpha_{lt} = \alpha_{kt} = \alpha_{at} = \alpha_{la} = \alpha_{ka} = 0$，即采用不含技术进步（t）的 C－D 生产函数形式（模型 1.1）。

(2) $H_0: \alpha_{ll} = \alpha_{kk} = \alpha_{aa} = \alpha_{tt} = \alpha_{lk} = \alpha_{lt} = \alpha_{kt} = \alpha_{at} = \alpha_{la} = \alpha_{ka} = 0$，即采用包含技术进步的 C－D 生产函数形式（模型 1.2）。

(3) $H_0: \alpha_t = \alpha_{tt} = \alpha_{lt} = \alpha_{kt} = \alpha_{at} = 0$，即假设不存在技术进步（模型 1.3）。

(4) $H_0: \eta = 0$，即假设技术无效率不随时间变动（模型 1.4）。

通过广义似然率统计量假设检验对生产函数的形式进行判断后，根据回归系数计算全要素生产率增长率。根据库姆巴卡（2000）全要素生产率增长率的分解公式：

$$\dot{TFP}_{it} = \dot{TE}_{it} + \dot{TP}_{it} + (E-1)\sum_j \frac{E_j}{E}\dot{x}_j,\ j = 1,2,3 \tag{3.6}$$

其中，$\dot{TFP}_{it}$，$\dot{TE}_{it}$，$\dot{TP}_{it}$ 分别代表全要素生产率增长率、技术效率（生产效率）变化率以及技术进步率，$\dot{x}_j$ 为第 j 种投入要素的增长率，E_j（$j=1$，2，3）分别代表资本、劳动和土地三种投入要素的产出弹性，$E = \sum_{j=1}^{3} E_j$ 表示规模弹性，其中，劳动、资本和土地的规模弹性分别为

$$E_l = \frac{\mathrm{d}y/y}{\mathrm{d}x_l/x_l} = \frac{\partial \ln y_{it}}{\partial \ln x_{ilt}} = \alpha_l + \alpha_{ll}\ln x_{ilt} + \alpha_{lk}\ln x_{ikt} + \alpha_{lt} t \tag{3.7}$$

$$E_k = \frac{\mathrm{d}y/y}{\mathrm{d}x_k/x_k} = \frac{\partial \ln y_{it}}{\partial \ln x_{ikt}} = \alpha_k + \alpha_{kk}\ln x_{ikt} + \alpha_{lk}\ln x_{ilt} + \alpha_{kt} t \tag{3.8}$$

$$E_a = \frac{\mathrm{d}y/y}{\mathrm{d}x_a/x_a} = \frac{\partial \ln y_{it}}{\partial \ln x_{iat}} = \alpha_a + \alpha_{aa}\ln x_{iat} + \alpha_{la}\ln x_{iat} + \alpha_{at} t \tag{3.9}$$

$$E = E_l + E_k + E_a \tag{3.10}$$

超越对数函数形式以时间趋势表示技术进步的变化，因此，我们采用产出变化率随时间的变化趋势表示技术进步率：

$$\dot{TP}_{it} = \frac{\partial \ln y_{it}}{\partial t} = \alpha_t + \alpha_{tt} t + \alpha_{lt} \ln x_{ilt} + \alpha_{kt} \ln x_{ikt} \tag{3.11}$$

技术效率的变化率为

$$\dot{TE}_{it} = -\frac{\partial u_{it}}{\partial t} = u_i \eta \exp\{-\eta(t-T)\} = u_{it}\eta = -\ln(TE_{it})\eta \tag{3.12}$$

3.4.2　数据描述

本章的数据主要来自科技部火炬高技术产业开发中心的火炬统计数据。针对很多研究者对高新区依靠土地规模扩张发展的批评，我们在投入变量中增加土地的投入，各高新区土地投入数据是笔者根据实际调研以及各个高新区公布的资料整理的①，考虑了近年来高新区新扩区和扩大管辖范围的面积。根据数据的可获得性和完整性，并考虑高新区是以“二次创业”② 为标志步入创新驱动型发展阶段，我们只选取了 2002—2010 年 52 个国家级高新区的面板数据作为分析对象。

在全要素生产率的计算中，投入和产出变量的选取及衡量方法会对最终计算结果产生很大的影响，所以我们首先对高新区的投入产出变量进行了必要的清理和调整。在产出衡量方面，与其他关于地区全要素生产率的研究保持一致，我们采用园区增加值这一指标，并以各高新区所在省份、2002 年为基期的 GDP 平减指数进行价格平减。在资本投入方面，火炬统计有标准口径的年末资产指标，避免了不同方法测算资本积累所带来的不一致性，并同样以高新区所在省份、2002 年为基期的固定资产投资价格指数进行平减。对于劳动投入，本章采用了高新区从业人员总人数作为劳动投入的衡量指标。对

---

①　参考的资料包括 2006 年国土资源部的《中国开发区四至范围公告目录》、于良（2011）“高新区发展中的土地限制问题与政策建议”以及各个高新区的网站。

②　2001 年 9 月，科技部在武汉召开的高新区所在城市市长座谈会上提出国家高新区“二次创业”的口号。“二次创业”的核心是提高自主创新能力，加强创新体系建设，促进高新区走内涵式经济发展道路。

于土地投入，本章采用的是各高新区各年的建成区面积（实际开发面积）。但由于高新区土地扩张的规模和速度很大程度上依赖于政府规划，一些高新区在扩张建成后很长一段时期内土地规模保持不变，而在某一年份获得政府批准后迅速扩张，从而整体上呈现间断式“阶梯式”增长趋势。为了避免这一特殊的土地扩张模式带来的影响，本章对土地增长进行了平滑处理，以高新区在各扩张年份的土地数据为基点，以各时期的平均土地增长率代替各年的实际增长率来估算各年的土地投入规模。

图3－2给出了高新区园区增加值和年末固定资产增长情况，并通过价格指数平减剔除了通货膨胀影响；图3－3显示的是高新区从业人员增长和土地实际开发面积增长情况，对土地投入增长也进行了平滑处理。各主要变量进行对数处理后的描述统计分析如表3－1所示。

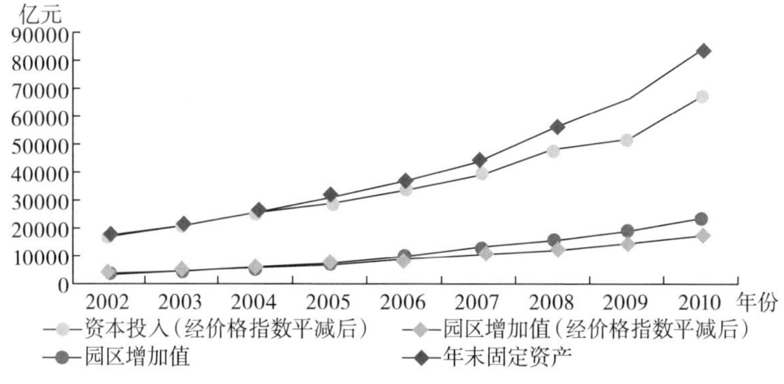

图3－2 高新区资本投入与产出增长情况

资料来源：《中国火炬统计年鉴》。

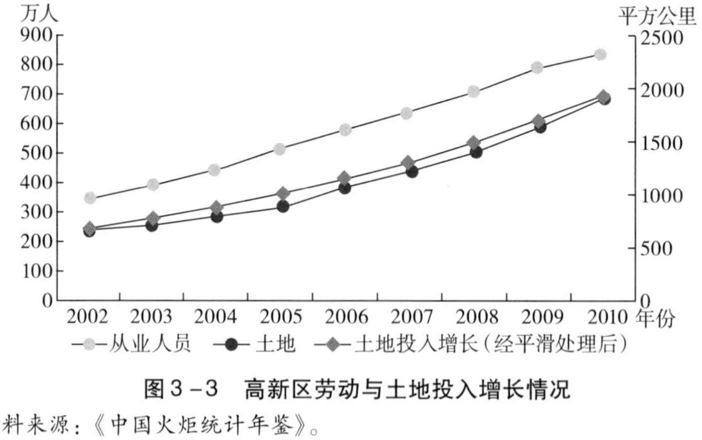

图3－3 高新区劳动与土地投入增长情况

资料来源：《中国火炬统计年鉴》。

表 3-1　各变量描述性统计

变量名称	变量符号	时间区间	观测值	均值	方差	最小值	最大值
园区增加值	ln*gdp*	2002—2010 年	477	11.66	0.97	8.03	14.49
资本投入	ln*fix*	2002—2010 年	477	12.94	0.92	9.96	16.56
劳动投入	ln*employee*	2002—2010 年	477	11.33	0.72	8.90	13.96
土地投入	ln*land*	2002—2010 年	477	2.79	0.69	1.02	5.45

3.5　主要回归结果及分析

3.5.1　随机前沿生产函数的估计

对随机前沿生产函数的估计结果如表 3-2 所示。其中，模型 1 为基准模型，采用最一般的超越对数生产函数，并遵循 Battese 和 Coelli（1992）模型中技术非效率项随时间变化的假设。模型 1.1、模型 1.2、模型 1.3 和模型 1.4 分别对应不包含技术进步的 C-D 生产函数形式、包含技术进步的 C-D 生产函数形式、不包含技术进步的超越对数生产函数形式以及技术效率项不随时间变化的超越对数生产函数形式，用于判断模型 1 生产函数设定的合理性。各模型极大似然比检验结果如表 3-3 所示。模型 1.1 至模型 1.4 的原假设均被拒绝，说明原基准模型 1 拟合程度较好，超越对数生产函数形式以及技术非效率项的时间趋势假设都能得到满足，且模型 1 的总误差中 46% 左右（$\gamma = 0.461, p < 0.05$）是由于技术非效率的存在而引起的，说明与普通的 OLS 估计相比，随机前沿分析更为合理。

表 3-2　随机前沿生产函数估计结果

变量名称	模型 1	模型 1.1	模型 1.2	模型 1.3	模型 1.4
资本投入	1.859** (0.78)	0.548*** (0.04)	0.573*** (0.04)	1.137** (0.58)	1.459** (0.72)
劳动投入	2.573*** (0.80)	0.235*** (0.05)	0.210*** (0.04)	1.838** (0.80)	2.255*** (0.85)
土地投入	-1.462** (0.59)	0.080** (0.03)	0.093*** (0.03)	-1.614*** (0.52)	-1.269** (0.61)
时间	-0.315** (0.14)		0.064*** (0.01)		-0.153 (0.13)

续表

变量名称	模型 1	模型 1.1	模型 1.2	模型 1.3	模型 1.4
资本投入平方	-0.0800 (0.07)			-0.0330 (0.05)	-0.0190 (0.06)
劳动投入平方	-0.160* (0.09)			-0.128 (0.09)	-0.0940 (0.09)
土地投入平方	0.0490 (0.03)			-0.0210 (0.03)	0.0540 (0.04)
时间平方	-0.00200 (0.00)				-0.00200 (0.00)
资本×劳动	0.0590 (0.13)			0.0440 (0.13)	-0.0320 (0.12)
劳动×土地	0.125 (0.08)			0.261*** (0.07)	0.136* (0.08)
资本×土地	0.00500 (0.06)			-0.0900 (0.06)	-0.0230 (0.06)
劳动×时间	0.030* (0.02)				0.0250 (0.02)
土地×时间	-0.038*** (0.01)				-0.035*** (0.01)
资本×时间	0.0120 (0.01)				0.00500 (0.01)
常数项	-16.552*** (4.56)	7.280 (4.72)	1.704*** (0.40)	-4.473 (4.36)	-12.974*** (4.99)
γ	0.461** (0.18)	5.316 (4.64)	-0.0250 (0.46)	3.891 (2.79)	0.419** (0.17)
η	0.033** (0.01)	0.0120 (0.01)	0.00400 (0.01)	0.0180 (0.01)	0 (.)
观察值	477	477	477	477	477

注：* 表示 $p<0.1$，** 表示 $p<0.05$，*** 表示 $p<0.01$；（.）表示的是 0.0001 或更小。

表 3－3　极大似然比检验结果

变量名称	模型 1.1	模型 1.2	模型 1.3	模型 1.4
原假设成立时似然函数对数值	69.19	75.2	80.34	90.44
模型 1 的似然函数值	93.26	93.26	93.26	93.26
λ	48.13	36.13	25.84	5.64
受约束变量个数	11	10	5	1
卡方临界值	19.675	18.307	11.07	3.84
判断	拒绝	拒绝	拒绝	拒绝

根据模型 1 的估计结果，我们对各要素投入的产出弹性进行了估算。如表 3－4 所示，2002—2010 年，52 个国家级高新区资本、劳动及土地的产出弹性均值分别为 0.532、0.208 和 0.103，这表明高新区资本、劳动及土地每上升 1%，所带来的产出增长分别为 0.532%、0.208% 和 0.103%。三项弹性系数之和为 0.843，略小于 1，说明高新区的产出增长表现出一定程度的规模不经济现象，现有各投入要素尚未实现最优规模配置。在这 9 年期间，资本和土地的产出弹性呈现缓慢下降趋势，特别是随着近年来各高新区的大规模扩区，土地的产出效率下降显著，土地投入和资本投入已经出现了明显的规模不经济现象。在三种投入要素中，劳动投入的增长速度最慢，且从时间趋势来看表现出一定的下降趋势（从 2003 年的 13.6% 下降至 2010 年的 5.6%），但劳动的产出弹性却逐年上升（从 2002 年的 0.137 上升至 2010 年的 0.311）。这说明随着高新区知识型经济比重的提升，对劳动质量的要求日益提高，高新区从业人员中大专以上学历的比重从 2002 年的 36.5% 提升到 2010 年的 51%，相应地，劳动对产出的贡献也显著提高。2003 年后劳动已经取代土地成为对产出更有影响力的投入要素，而且随着劳动产出弹性的提高，要素投入的整体产出效率从 2003 年的 0.82 小幅提升至 2010 年的 0.86。

表 3－4　2002—2010 年高新区各投入要素的产出弹性及年均增长率

年份	劳动产出弹性	资本产出弹性	土地产出弹性	劳动投入年均增长率	资本投入年均增长率	土地年均增长率
2002	0.137	0.565	0.146	—	—	—
2003	0.147	0.548	0.134	0.136	0.232	0.082

续表

年份	劳动产出弹性	资本产出弹性	土地产出弹性	劳动投入年均增长率	资本投入年均增长率	土地年均增长率
2004	0.164	0.535	0.124	0.125	0.206	0.115
2005	0.168	0.540	0.114	0.141	0.101	0.107
2006	0.202	0.533	0.104	0.081	0.155	0.171
2007	0.229	0.526	0.094	0.098	0.159	0.154
2008	0.243	0.522	0.085	0.125	0.147	0.124
2009	0.270	0.519	0.070	0.083	0.130	0.127
2010	0.311	0.498	0.052	0.056	0.231	0.119
均值	0.208	0.532	0.103	0.106	0.170	0.125

3.5.2 全要素生产率增长率及其分解

在随机前沿函数模型估计的基础上，我们进一步根据式（3.6）计算和分解全要素生产率。由表3-5可以看出，2002—2010年高新区的全要素生产率以4.71%的平均增速稳定增长，这与姜彩楼和徐康宁（2009）[①]的研究结果非常相似。2002—2006年是高新区全要素生产率增长的高峰期，在2005年达到最高点6.53%后就开始下降，2010年降到了2.77%，但与全国的各个地区相比，高新区的全要素生产率增长仍处于较高水平[②]。从对TFP分解的结果来看，TFP的增长主要来自技术进步和技术效率的变化，而且技术进步的年均增长率甚至超过TFP增长率，技术进步率的平均增长率为5.29%，并决定了TFP整体的增长趋势。而在技术进步和技术效率变化拉动TFP增长的同时，资本规模、劳动规模以及土地规模效益增长率却分别以1.90%、0.21%以及0.27%的速度在下降。事实上，由于早期过度地依赖招商引资和土地扩张的发展模式，高新区从2001起已经出现了较为明显的投入规模不经济问题，继续增加要素投入已难以进一步驱动经

① 他们所测算的高新区1996—2004年全要素生产率的平均增长速度为4.6%。

② 傅晓霞和吴利学(2006)测算出的全国1978—2004年的全要素生产率增长率为3.63%；白俊红等(2009)对各个省1998—2006年的估算结果为2.83%；李宾和曾志雄(2009)对全国2002—2007年估算的结果为3.08%；陶长琪和齐亚伟(2010)测算出的2002—2007年全国各省平均值为1.01%；赵志耘和杨朝峰(2011)测算出的全国2002—2009年的平均值为1.80%。

济增长，而技术进步才是高新区增长的核心驱动力。

表 3－5　高新区 TFP 增长率变化及其分解　　单位：%

时间区间	园区生产总值增长率	TFP 增长率	技术进步率	技术效率变化率	劳动规模效率变化率	资本规模效率变化率	土地规模效率变化率
2002—2003 年	27.87	5.25	6.60	2.01	－0.23	－2.88	－0.25
2003—2004 年	19.85	5.36	6.38	1.95	－0.20	－2.50	－0.27
2004—2005 年	19.45	6.53	6.12	1.88	－0.23	－1.03	－0.22
2005—2006 年	20.03	5.35	5.50	1.82	－0.07	－1.55	－0.35
2006—2007 年	18.15	4.40	5.00	1.76	－0.18	－1.91	－0.27
2007—2008 年	14.00	4.30	4.68	1.71	－0.17	－1.59	－0.33
2008—2009 年	20.47	3.71	4.21	1.65	－0.51	－1.41	－0.23
2009—2010 年	18.00	2.77	3.80	1.60	－0.07	－2.35	－0.21
均值	19.73	4.71	5.29	1.80	－0.21	－1.90	－0.27

2003—2010 年，高新区全要素生产率对其经济增长的贡献率为 23.87%，其中技术进步对经济增长的贡献率为 26.81%，技术效率变化对经济增长的贡献率为 9.1%（见图 3－4）。而我国总体经济的增长仍然还是典型的投资驱动模式。比如，郭庆旺和贾俊雪（2005）测算的要素投入对我国 1979—2004 年经济增长的平均贡献率高达 90.54%，技术进步的贡献仅有 10.13%；中国经济增长与宏观稳定课题组（2010）的研究显示，1979—2008 年，资本积累对经济增长的贡献率高达 70.4%，全要素生产率对增长的贡献率为 19.7%；宋冬林等（2011）所测算的资本对经济增长的贡献率在 2000—2007 年为 88.4%，中性技术进步贡献率为 7.2%，即使考虑资本体现式技术进步整体贡献率也只有 19.2%。而且从全要素生产率的内部结构来看，2000 年以后在全国水平上，技术效率的提升取代了技术进步成为全要素生产率增长的主要原因，因而全国层面微弱的创新驱动力量也主要是由技术效率改进而非技术进步带来的（周晓艳、韩朝华，2009；师萍等，2011）。可以看出，高新区的全要素生产率对经济增长的贡献大大超越了全国水平，高新区已经率先实现了向创新驱动的发展转型，其经济增长主要是依靠技术进步实现的。

不同地区高新区 TFP 的增长率表现出一定的收敛趋势。2003—2010

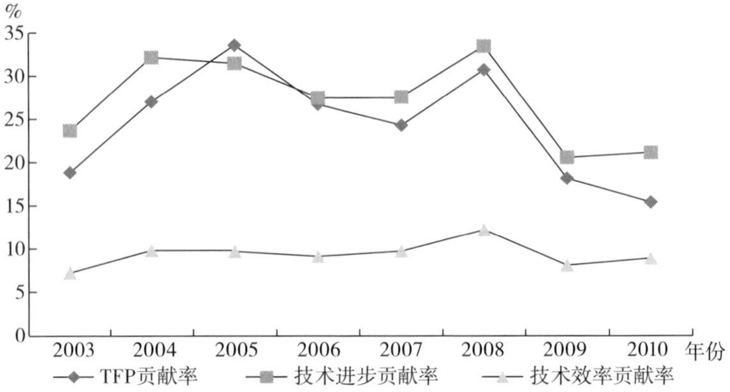

图 3-4　高新区 TFP 对经济增长的贡献

年，中、东、西部地区 TFP 增长率的均值分别为 4.94%、4.40% 和 5.18%，尤其是 2003 年和 2005 年西部地区 TFP 增长率达 8% 左右，远高于中部地区及东部地区；2006 年后，不同地区间的 TFP 增长率开始表现出趋同趋势，这在一定程度上反映出不同地区间的高新区经济增长可能存在收敛迹象（见表 3-6）。东部地区全要素生产率增长的主要动力来自技术进步，技术进步对 GDP 增速的贡献值达 32.45%，技术效率的改善对经济增长仅贡献了 7.80%；西部地区技术进步对经济增长的贡献仍处于主导地位，其贡献率为 25.07%，而技术效率的改善也具有非常重要的意义，其对经济增长的贡献率达 14.24%；中部地区技术进步的贡献率略低于东部地区，为 28.67%，技术效率的改善也仅贡献了 9.49%（见表 3-7）。由此可见，无论是较为发达的东部地区还是较为落后的中西部地区，技术进步仍然是各地高新区经济增长的主要动力，其次为技术效率的改善，但东中部地区更多地依赖于技术进步，而西部地区技术效率的改善也是创新驱动的重要形式。

表 3-6　2003—2010 年高新区 TFP 增长率地区间差异　　%

年份	西部地区 TFP 增长率		中部地区 TFP 增长率		东部地区 TFP 增长率	
	均值	标准差	均值	标准差	均值	标准差
2003	7.94	1.94	5.01	2.18	4.20	3.52
2004	5.68	3.28	6.27	1.47	4.80	2.76

续表

年份	西部地区 TFP 增长率		中部地区 TFP 增长率		东部地区 TFP 增长率	
	均值	标准差	均值	标准差	均值	标准差
2005	8.14	3.39	6.89	2.01	5.67	2.38
2006	5.20	2.99	5.79	2.05	5.20	1.83
2007	4.37	2.14	4.19	1.40	4.52	2.70
2008	4.27	2.44	4.53	1.14	4.20	2.10
2009	2.48	4.13	3.69	1.08	4.25	2.21
2010	3.39	2.28	3.18	2.35	2.31	3.34
均值	5.18	2.82	4.94	1.71	4.40	2.61

表 3-7　不同地区高新区 TFP 增长率及其分解（2003—2010 年） %

地区	园区生产总值增长率	TFP 增长率	TFP 贡献率	技术进步率	技术进步贡献率	技术效率变化率	技术效率贡献率
西部地区	0.20	0.05	29.03	0.05	25.07	0.03	14.24
中部地区	0.20	0.05	28.67	0.05	28.67	0.02	9.49
东部地区	0.19	0.04	24.63	0.06	32.45	0.01	7.80

从全国来看，中西部地区的 TFP 大大落后于东部地区，而研究显示，中西部地区的落后不是由于其较低的技术进步率，而是技术效率的退步造成的（郑京海、胡鞍钢，2005）。我国高新区在平抑各个地区之间经济增长质量差异中发挥着非常重要的作用，高新区东中西部地区的 TFP 增长率的差别很小且具有收敛趋势。西部高新区技术效率对经济增长贡献较为突出，一定意义上说明西部高新区的建设在高效推动技术进步的同时，抵御了区域内技术效率退化对经济增长的负面效应，通过技术进步和技术效率的全面提升带动了 TFP 增长率的高速增长。

由表 3-8 可以看出，总体上高新区 TFP 的增长率大大高于其所在省份。53 个高新区中，只有 4 个高新区的 TFP 增长率低于其所在的省份。西部 13 个高新区中，有 4 个高新区 TFP 增长率高于其所在省份的两倍；中部 13 个高新区中，有 3 个高新区 TFP 增长率高于其所在省份的两倍；东部 27 个高新区中，仅有北京、苏州、南京以及福州 4 个高新区 TFP 增长率高于其所在省份的两倍。可以看出，不论是在经济发达地区还是在经济不发达地区，高新区相对其所在区域均具有更好的经济增长质量和效益，创新对经济增长的驱动作用也更加突出，而且在最发达地区和最欠发达地区，高新区在其区域内所发挥的创新引领作用最为显著。

表 3－8　各高新区 TFP 年均增长率及所在省份比较 %

高新区所在省份	TFP 增长率（1999—2007 年）	高新区	TFP 增长率（2003—2010 年）	高新区	TFP 增长率（2003—2010 年）	高新区	TFP 增长率（2003—2010 年）
西部地区							
四川	3.94	成都	4.82	绵阳	7.50		
云南	1.46	昆明	5.73				
甘肃	1.93	兰州	6.14				
重庆	3.69	重庆	6.81				
广西	3.92	南宁	3.71	桂林	6.02		
陕西	2.89	宝鸡	5.34				
贵州	1.73	贵阳	5.62				
陕西	2.89	西安	4.96	杨凌	4.29		
内蒙古	5.05	包头	3.84				
新疆	1.01	乌鲁木齐	4.22				
中部地区							
黑龙江	3.10	哈尔滨	6.91	大庆	3.92		
吉林	2.65	长春	4.46	吉林	6.57		
湖南	5.19	长沙	5.56	株洲	5.30		
江西	2.17	南昌	5.16				
山西	4.33	太原	4.97				
湖北	2.96	武汉	4.26	襄阳	4.23		
安徽	3.74	合肥	4.02				
河南	4.27	郑州	5.13	洛阳	3.77		
东部地区							
北京	2.11	北京	6.04				
天津	3.40	天津	5.82				
上海	2.51	上海	4.54				
辽宁	3.53	沈阳	4.30	鞍山	6.81	大连	5.45

续表

高新区所在省份	TFP 增长率（1999—2007 年）	高新区	TFP 增长率（2003—2010 年）	高新区	TFP 增长率（2003—2010 年）	高新区	TFP 增长率（2003—2010 年）
东部地区							
河北	3. 35	石家庄	5. 79	保定	5. 46		
山东	3. 02	济南	2. 77	淄博	4. 48	青岛	5. 39
		威海	3. 20	潍坊	1. 75		
广东	2. 44	广州	3. 13	深圳	4. 20	中山	4. 02
		佛山	3. 84	惠州	3. 77	珠海	2. 70
浙江	1. 89	杭州	3. 50				
福建	2. 48	厦门	3. 14	福州	5. 41		
江苏	2. 12	南京	5. 47	苏州	4. 49	无锡	3. 02
		常州	4. 01				
海南	3. 45	海口	3. 79				

注：各省份 TFP 来自鲁晓东、连玉君（2012）的研究结果；由于目前没有对应时期对全国各个省份全要素生产率的测算，我们只能选择该项研究的结果作为大致的参考和对照。

执笔：程郁　陈雪

第 4 章
创新经济体知识生产中的规模递增效应

4.1 引言

知识生产中是否存在规模递增效应是内生增长理论发展中的重要议题。Romer 于 1990 年在《政治经济学》期刊（*Journal of Political Economy*）发表的《内生技术变迁》（*Endogenous Technological Change*）一文中提出了基于 R&D 的内生增长模型。他认为在知识生产过程中，由于知识具有累积性、非竞争性和部分的非排他性，知识生产中的要素投入不像传统产品生产过程的要素投入那样具有边际报酬递减的特性，而是呈现出递增的特点，即知识生产过程中存在规模递增效应。1995 年 5 月，Jones（1995a）在《经济学季刊》上发表了《内生增长模型的时间序列检验》（*Time Series Tests of Endogenous Growth Models*）一文。文章通过实证检验发现，基于 R&D 的内生增长模型所预测的“规模效应”与现实并不吻合。Jones 认为创新机会是递减的，即最显而易见的知识最先被发现，新知识被发现的概率是当前知识存量的减函数，并于同年 8 月提出了不包含规模递增效应的“半内生增长”模型（刘安国和杨开忠，2008）。Romer（1990）和 Jones（1995）之争不仅对内生经济增长理论的发展至关重要，也影响政府部门的现实经济发展决策。Romer（1990）观点的政策含义在于，知识生产部门的规模递增效应的影响最终会传递至产品生产部门，研发投入的增加将带动经济产出的永久性增长。政府在研发部门进行投入的政策会带来现实生产力的提升。Jones（1995b）则断定，以知识生产中存在规模效应为基础得出的一定政策变量永久性变化对经济增长率具有永久性影响的结论是错误的。

Romer（1990）和 Jones（1995）之争在学界引起了强烈关注，大量学者开展了相关实证研究。多数学者以 OECD 国家为研究对象，对其知识生产活动进行实证检验。其中，部分学者的研究结论支持了 Romer（1990）类型的知识生产函数，如 Porter 和 Stern（2000）、Yasser 和 Frederick（2004）、Madsen（2007）等；Argentino Pessoa（2005）等学者的研究结论则支持 Jones（1995）类型的知识生产函数。具体到中国场景，我国学者吴延兵（2006）利用中国大中型工业企业行业的面板数据进行测算，发现其知识生产过程表现出规模报酬不变或递减的特征；严成樑等（2010）根据中国 31 个省（区、市）的面板数据的研究发现，我国现实经济更支持 Jones（1995）类型的知识生产函数；吕忠伟和袁卫（2006）以中国 1987—2003 年的专利申请量、R&D 人员数量等数据为样本进行实证研究，其结果也认为中国的知识生产符合 Jones（1995b）模型中提出的知识生产函数模型。

总结国内外文献的研究成果可以发现，关于知识生产的特性并没有一致的结论。同时，这些研究成果主要是利用国家层面或工业经济领域过去几十年的相关数据进行的验证和分析，并没有从传统经济体和创新经济体的角度对研究对象进行区分。与以往的研究不同，本章首先从知识生产的主体层面进行研究对象的区分，以我国高新区为研究对象。之所以选择高新区作为研究对象，原因在于高新区是知识经济时代创新经济体的典型代表①。其知识生产与传统经济体知识生产的知识基础及过程方式存在明显差异，由此可能导致知识生产是否存在规模效应的差异。在明确研究对象的基础上，本章以 Romer（1990）和 Jones（1995）的知识生产函数模型为依据，加入研发物质资本投入作为新的投入要素构建知识生产函数模型，运用面板数据进行回归分析，实证检验其知识生产特性，以期对基于 R&D

① 程郁、王胜光（2010）对创新经济体的定义：以知识积累和创新为基础，围绕知识创新和创新成果开展经济价值转化活动的经济主体。

的内生增长理论进行丰富和完善。同时，依据实证结果，本章还提出了以高新区为抓手加快创新经济体建设的具体建议，对我国创新驱动发展战略的实施具有积极的现实意义。

4.2 研究设计

4.2.1 模型方法

4.2.1.1 Romer（1990）和 Jones（1995）的知识生产函数模型

Romer（1990）和 Jones（1995b）都给出了知识生产函数模型。他们都将人力资本和知识存量作为知识生产的投入要素。其中，Romer（1990）将知识生产函数中知识存量（A）和人力资本（H）的指数值均设定为 1。Romer（1990）的知识生产函数形式为

$$\dot{A} = \delta A H_A \tag{4.1}$$

其中，$\dot{A}$ 为新生成的知识；A 为知识存量；H_A 为研发活动的人力资本投入；δ 为 R&D 部门的生产力参数，$\delta > 0$。

由方程（4.1）可以推出新知识的增长速度 $g_A = \dot{A}/A = \delta H_A$，知识增长率是人力资本投入的线性递增函数，知识生产函数的这一特性是经济无限增长的源泉①。

Jones（1995b）认为知识生产函数中知识存量（A）的指数 Φ 应严格小于 1，人力资本（H）的指数 λ 为不大于 1。Jones（1995）的知识生产函数形式为

$$\dot{A} = \delta A^{\Phi} H_A{}^{\lambda} \tag{4.2}$$

其中，$1 > \Phi > 0$，$\lambda \leq 1$。

由方程（4.2）可以推出新知识的增长速度为 $g_A = \dot{A}/A = \delta H_A{}^{\lambda} A^{\Phi-1}$，新知识生产存在报酬递减现象，随着知识存量的增加，知识存量的边际生产

---

① 将 Romer(1990) 类型的知识生产函数与产品部门的生产函数联立可推出，最终经济产出增长率为 δH_A。

率越来越低[①]。

从以上分析中可以看出，Romer（1990）与 Jones（1995）之争的核心就在于知识生产是否存在规模递增效应。

4.2.1.2　知识生产函数模型的进一步完善与改进

Romer（1990）、Jones（1995）等将人力资本和知识存量作为知识生产的投入要素，并没有考虑物质资本投入对知识生产的影响。而后来的学者（如 Cheung and Lin，2004；严成樑等，2010）在相关研究中又进一步把物质资本投入引入知识生产函数，知识生产函数变为如下形式：

$$\dot{A} = \delta K^{\beta} H_A{}^{\gamma} A^{\theta} \tag{4.3}$$

其中，K 为研发部门知识生产中的物质资本投入，$\beta \geqslant 0$，$\gamma \geqslant 0$。

4.2.1.3　回归模型的选择

企业在知识生产过程中，人员与经费都是重要投入要素。因此，将物质资本与人力资本、知识存量一起作为知识生产的投入要素更加符合知识生产的现实情况。本章将以包含物质资本、人力资本与知识存量作为投入要素的知识生产函数模型［方程（4.4）、方程（4.5）］实证检验高新区知识生产是否存在规模递增效应。

$$P_{it} = \delta A_{it}^{\varphi} H_{it}^{\lambda} K_{it}^{\omega} \tag{4.4}$$

其中，P_{it}代表第 i 个高新区在第 t 期的知识产出，A_{it}代表第 i 个高新区在第 t 期期初的知识存量，H_{it}代表第 i 个高新区在第 t 期知识生产中的人力资本投入，K_{it}代表第 i 个高新区在第 t 期知识生产中的物质资本投入。

通过对方程（4.4）等式两边取自然对数，再加上误差项，得到线性知识生产函数计量模型。

$$\ln P_{it} = \alpha + \varphi \ln A + \lambda \ln H_{it} + \omega \ln K_{it} + \xi_{it} \tag{4.5}$$

在此模型中，知识生产存在三种可能的状态：（1）$\varphi + \lambda + \omega < 1$，即知识生产为规模报酬递减的生产活动；（2）$\varphi + \lambda + \omega = 1$，即知识生产为规模报酬不变的生产活动；（3）$\varphi + \lambda + \omega > 1$，即知识生产为规模报酬递

---

① 将 Jones(1995b)类型的知识生产函数与产品部门的生产函数联立可推出，技术进步虽然仍然由 R&D 内生决定，但均衡增长速度取决于外生的人口增长率。

增的生产活动。因此，本章通过检验 $\varphi+\lambda+\omega$ 的取值，即可检验 Romer（1990）和 Jones（1995）关于知识生产是否存在规模递增效应的问题。

4.2.2 变量说明

知识存量投入。本章选取专利申请量指标作为衡量知识存量的指标。尽管用专利计量知识和创新产出水平具有一定缺陷，但目前学者们还没有找到比专利更好的替代指标。另外，相较于专利授权量，专利申请量是衡量知识和创新产出的更有效方法（Griliches，1989，1990；Gardner and Joutz，1996）。因为专利授权量与专利申请量相比时间滞后性更大①，且专利授权更容易受到政府专利机构等人为因素的影响。诸多学者如 Griliches（1990），Hausman、Hall 和 Griliches（1984），Kortum（1997）在进行相关研究时都选取专利申请量作为知识存量的衡量指标。

其中，知识存量的计算方法以历年专利申请量指标为基础，采用 Goldsmith 在 1951 年开创的永续盘存法进行知识存量的计算，具体公式为

$$A_{it}=(1-d)A_{i,t-1}+P_{i,t-1} \tag{4.6}$$

其中，A_{it}代表第 i 个高新区在第 t 期期初的知识存量，$A_{i,t-1}$代表第 i 个高新区在第 $t-1$ 期期初的知识存量，$P_{i,t-1}$代表第 i 个高新区在第 $t-1$ 期新生产的知识（当年专利申请量）。基期的知识存量为 $A_{i0}=P_{i0}(1+g_i)/(g_i+d)$，$g_i$表示第 i 个高新区 2005—2012 年知识的年均增长率。知识的折旧率借鉴 Pessoa（2005）和严成樑等（2010）的做法分别采用 0、5%、10% 和 15% 进行测算，以保证检验结果的准确性。

物质资本投入。学者们多选取 R&D 经费支出作为知识生产的物质资本投入衡量指标，但科技部火炬中心《国家高新技术产业开发区企业统计报表》数据指标中，近年来已不再统计 R&D 经费支出②，只统计科技活动经费支出。科技活动经费支出包括 R&D 经费支出及其他企业开展科技活动的实际支出，其中 R&D 经费支出是主要组成部分。因此，以科技活动

① 从专利申请到专利授权一般需要经过 18 个月的审核期，而企业在进行专利申请的同时往往已经开始成果的产业化。

② 企业科技活动经费支出中用于基础研究、应用研究和试验发展三类项目以及这三类项目的管理和服务费用的支出。

经费支出作为知识生产的物质资本投入衡量指标是可取的。本章以科技活动经费支出作为知识生产的物质资本投入的衡量指标，并在进行计量分析时用以 2005 年为基期的 GDP 平减指数对其进行价格平减。

人力资本投入。对应于科技活动经费支出指标，本章在人力资本投入变量上选取科技活动人员指标进行计量分析。

4.2.3　数据来源

本章选择我国国家高新区作为研究对象，因此涉及的数据来自《中国火炬统计年鉴》以及科技部火炬中心历年《国家高新技术产业开发区企业统计报表》汇总数据，主要包括 2005—2012 年全国 53 家高新区的专利申请量、科技活动经费支出、科技活动人员等指标数据。这 53 家高新区来自全国各个省份，成立时间长，创新发展基础和现状好，总收入、从业人员数量、科技活动人员数量、科技活动经费支出、专利申请量等指标占我国高新区总量的比例都在 60% 以上，具有很强的代表性。

4.2.4　实证方法

本章使用面板数据进行回归分析，原因在于面板数据能够同时反映变量在截面和时间二维空间上的变化规律和特征，具有纯时间序列数据和纯截面数据所不可比拟的诸多优点，提高了数据的自由度并降低了解释变量间的共线性程度，提高了计量模型估计的有效性。

本章所使用的面板数据属于大 N 小 T 短面板数据，对于此类型面板常用模型为固定效应模型、随机效应模型，以及混合效应模型。为确定采用何种模型，以下通过针对 u_i（个体效应）显著性的联合检验——F 检验，在固定效应模型和混合效应模型之间进行选择，采取豪斯曼检验（Hausman test）在固定效应模型和随机效应模型之间进行选择。F 检验零假设为“H_0：所有的 u_i（个体效应）都为零”，即混合回归是可以接受的；豪斯曼检验的零假设为“H_0：u_i与 x_{it}（解释变量），z_i（不随时间改变的个体特征）不相关”，即随机效应模型最有效率。通过检验可以发现，F 检验和豪斯曼检验均强烈拒绝了零假设（见表 4－1），因此选取固定效应模型最佳。

表 4－1　回归方法选择的相关检验结果

F 检验	F（52，580）=6.65	Prob ＞ F ＝ 0.0000
豪斯曼检验	chi2（6）＝（b－B）'［（V_ b－V_ B）^（－1）］（b－B）=56.26	Prob > chi2 =0.0000

注：以知识存量每年 10% 的折旧率计算。

4.3　实证分析

4.3.1　描述性统计

使用 Stata 软件对 2005—2012 年全国 53 家高新区的专利申请量、知识存量、科技活动人员、科技活动经费支出等指标进行描述性统计，结果见表 4－2。

表 4－2　描述性统计结果（取对数值）

变量	观察值	均值	标准差	最小值	最大值
ln*P*（当年专利申请量）	424	6.615	1.352	2.944	10.440
ln*H*（科技活动人员）	424	9.626	1.019	5.894	12.905
ln*K*（科技活动经费支出）	424	8.906	1.114	4.422	12.189
ln*A*（知识存量，折旧率为 0）	424	8.132	1.316	4.296	11.876
ln*A*（知识存量，折旧率为 5%）	424	7.919	1.272	4.192	11.672
ln*A*（知识存量，折旧率为 10%）	424	7.747	1.254	4.098	11.498
ln*A*（知识存量，折旧率为 15%）	424	7.602	1.247	4.012	11.348

通过绘制散点图，可以初步判断新知识生成量（当年专利申请量）与知识存量、科技活动人员投入之间存在较为显著的正相关关系，但新知识生成量与科技活动经费投入之间的相关关系需要通过样本回归进一步确认，见图 4－1～图 4－3。

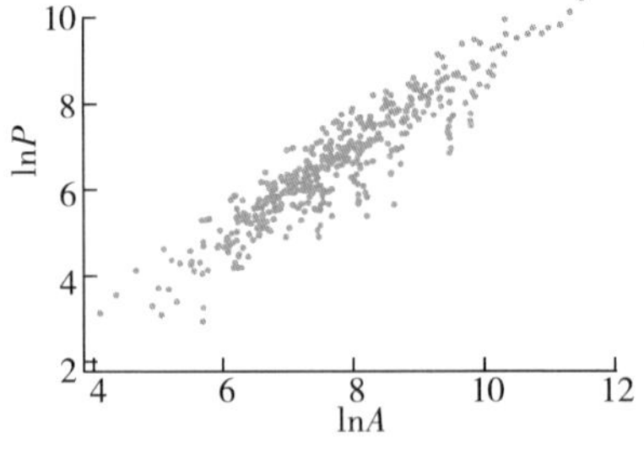

图 4－1　新知识与知识存量的散点图（10% 折旧率，取对数值）

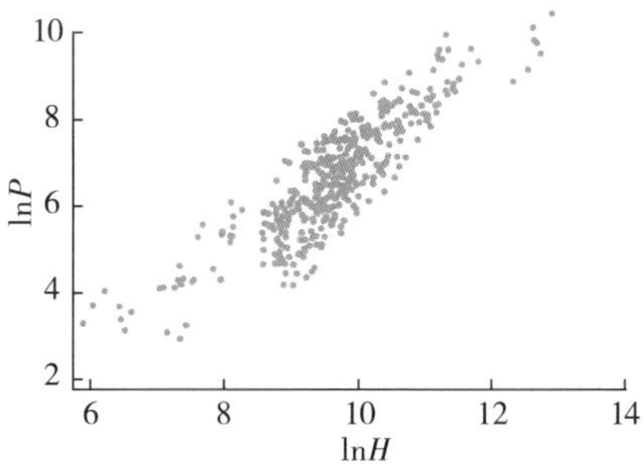

图 4-2　新知识与科技活动人员的散点图（取对数值）

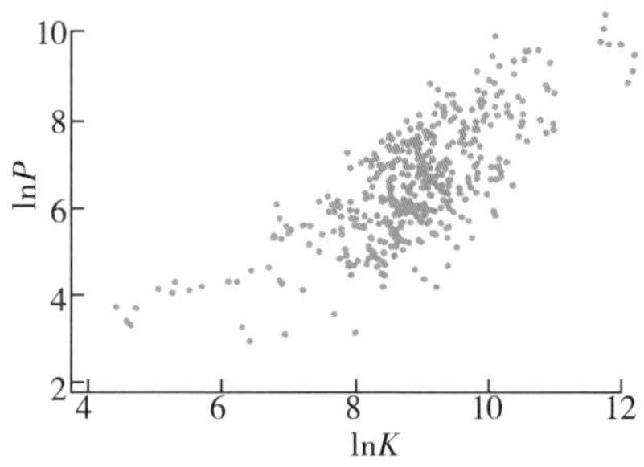

图 4-3　新知识与科技活动经费支出的散点图（取对数值）

4.3.2　实证结果及分析

以回归［方程（4.4）、方程（4.5）］为基础，结合不同的知识存量折旧率对样本数据进行回归，得出如下结论：

（1）各种折旧率水平下，人力资本和知识存量两个变量对知识产出的影响都是高度显著的（物质资本投入的产出弹性为正，但不显著），且知识存量与人力资本变量的产出弹性都为正，二者之和显著大于 1。这说明高新区这种创新经济体的知识生产确实存在规模递增效应，知识存量和人力资本投入的增长将会带动知识产出的倍增。该结果验证了人力资本与知识存量在知识生产中的重要作用，以及创新经济体知识生产中的规模递增效应。创新经济体的知识生产实证结果支持 Romer（1990）类型的知识生产函数。

（2）如表 4-3 所示，知识存量的产出弹性为 0.89 ~ 0.97（折旧率水平不同，产出弹性不同），知识存量每增长 1% 可带动新知识产出增长 0.89% ~ 0.97%；人力资本的产出弹性为 0.52 ~ 0.64，人力资本投入每增长1%可带动新知识产出增长0.52%～0.64%。并且，随着折旧率水平的提升（知识折旧加速符合社会发展现实），人力资本投入对新知识生产的贡献度呈现逐步提升的趋势，这更进一步说明了人才在知识经济时代的重要性。

（3）但我们也发现，物质资本投入与新知识生产之间的关系不显著，这可能是因为研发过程中物质资本投入方式、管理机制方面存在问题，造成了物质资本利用效率低下，或者是因为物质资本投入在新知识生产中存在较长的滞后期。

表4－3　新知识生产的回归结果

变量	折旧率为0	折旧率为5%	折旧率为10%	折旧率为15%
ln*A*	0.97 *** (0.0440)	0.94 *** (0.0449)	0.92 *** (0.0456)	0.89 *** (0.0460)
ln*K*	0.14 (0.0859)	0.12 (0.0865)	0.11 (0.0869)	0.01 (0.0873)
ln*H*	0.52 *** (0.0821)	0.56 *** (0.0843)	0.60 *** (0.0861)	0.64 *** (0.0874)
R－sq	0.8459	0.8726	0.8838	0.8895

注：（）内为稳健标准差；*** 代表显著性水平1%。

创新经济体的知识生产中所隐含的规模递增效应是与创新经济的特性紧密相关的。创新经济体是知识经济时代的产物，其发展基础相较于传统工业经济来说，更加依赖于知识和创新，而不是单纯的物质资本和劳动力投入。高新区是我国研发费用投入最集中的区域，也是创新人才、知识与科技资源最为集中的区域。因此，高新区内可以不断生成新知识，新知识逐渐积累形成庞大的知识存量，知识存量则又可以作为要素投入生成新知识。知识存量投入新知识生产的过程中，知识存量间可以开展广泛的重新组织进而激发知识创造的链式反应，这种链式循环发展能够抵消规模递减效应（Martin，1998），使高新区的知识生产显示出显著的规模递增现象，并对产品生产部门的产出产生积极影响，使高新区形成以创新为基础的发展。

基于高新区发展的经验可以得出，知识生产的规模递增效应必须满足一定的条件。一是知识存量必须达到一定的规模。只有知识存量规模突破一定的临界质量点，知识存量间才能够开展广泛的重新组合，抵消知识生产中的创新机会递减，实现规模递增。二是产业和经济必须要有一定的多样性和互补性关联。多样性和互补性保证了知识的多样性以及重组的可能性，为知识重组提供丰富的选择空间。三是必须要有足够的创新人力资本的积累。有效的知识积累必须在创新人才的作用之下才能实现广泛而有效的重组，促使创新机会非递减。四是必须具有紧密连接的创新网络，为各种知识聚集和重组的发生创造条件。

4.4　结论与启示

本章以我国高新区这种知识经济时代的创新经济体为研究对象，通过对我国 53 家高新区 2005—2012 年面板数据的回归分析发现，我国高新区在知识生产过程中，知识存量和人力资本投入发挥了关键作用。知识存量投入的产出弹性为 0. 89 ~0. 97，人力资本投入的产出弹性为0. 52 ~0. 64，二者弹性之和显著大于 1，知识生产显示出了很强的规模递增效应，这是由于知识生产中知识存量间重组进而激发知识创造的链式反应导致的。创新经济体的知识生产实证结果支持 Romer（1990）类型的知识生产函数。这说明从创新经济体和传统经济体的维度对知识生产函数特性进行考察是有必要的。

基于以上研究结论，本章得出如下启示：在目前我国加紧实施创新驱动发展战略的时间节点上，政府可将高新区作为国家创新驱动发展战略实施的重要载体，通过高新区的知识积累和创新产业集群培育，促进创新经济体的发展建设，以点带面带动国家层面的创新发展。具体来讲，高新区的发展建设应注重以下几个方面：

（1）高新区管理部门应当进一步重视企业知识创造和积累活动。鼓励和支持企业开展创新项目，主导和参与行业标准建设、申请知识产权等；支持公共技术平台、工程实验中心等研发平台建设；鼓励高校和科研院所与企业建立合作，实现知识的转移和转化；构建有利于知识聚集和生产的创新社区网络，加强高新区内部以及高新区之间企业的合作创新，创新人才之间的交流与合作，促进知识重组和知识共享，抵消因创新机会减少而造成的规模递减效应。通过知识的创造和积累，促进创新产业发展。

（2）高新区管理部门应进一步加大对创新创业人才的培育和聚集力度。大力引进和培育高层次创新型人才，以高层次人才的创新创业活动形成示范和带动效应，激发整个高新区人才队伍的活力；通过发展创新型孵化器等方式，支持万众创新、大众创业活动开展；鼓励和引导各类创新人才培育机构发展，鼓励企业开展人才培育工作，打造优质的创新人才队伍，为知识创造和创新成果价值转化活动提供坚实的中坚力量。

（3）高新区管理部门应积极规划和引导高新区经济的多样性和互补性发展。在高新区发展规划设计中，在明确主导产业的同时，积极探索和发现新的具有发展潜力的产业和经济增长点，注重具有内在关联的知识产业的培育，同时注重不同区域之间产业的协同合作，引导创新产业链扩展和互补产业链成长。

（4）完善政府对高新区创新效率的评价和管理。完善资助项目效果的评估制度和企业研发经费支持的投入方式与管理机制，激励企业实施自主创新，提高科研经费的管理水平和科研经费的使用效率。

执笔：胡贝贝　王胜光　张秀峰

第2篇

企业创新绩效与创新政策评估

第5章

创新和生产率

——基于CDM模型的企业创新绩效评估

要发挥创新对经济增长的驱动作用，关键是提高微观主体的创新绩效。根据创新的阶段性和过程性特征，对创新投入产出的效率分析就成为创新绩效评估的重要内容。基于 Griliches（1979）提出的知识生产函数理论研究框架，作为创新投入的 R&D 投资可以通过增加知识存量，促进创新产出，最终通过提高生产率促进产出。此外，关于创新投入产出效率的测算包括在具有具体生产函数情况下的随机前沿分析（SFA）方法，以及在具有多种投入和多种产出（Wang and Huang，2007）下的研发投资效率测算。以上这些方法都是将创新生产过程视为“黑箱”，无法揭示企业创新过程的多阶段性（Hage and Hollingsworth，2000）。Griliches（1990）较早地使用创新投入产出的多方程模型改进了对创新过程的绩效评价，此后，多方程模型受到较多的应用和改进。最具有代表性的模型是 Crepon、Duguet 和 Mairesse（1998）提出的四方程非线性递归系统，也称为 CDM 模型。其包括：第一个方程为研发投入决策方程；第二个方程为研发强度函数，即创新投入的影响因素模型；第三个方程为创新方程，可以分为专利函数和创新收入函数；第四个方程为生产率函数，原模型推荐采用渐进最小二乘法对以上模型进行估计。CDM 模型通过分析创新过程的各个阶段完善了 Griliches（1979）的框架。由于 CDM 模型证明了 R&D 投资增加了创新产出，而创新产出又促进了企业生产率的提升，并且在技术层面通过对企业是否参与创新活动的选择进行建模，纠正了研发和创新产出的内生性。在过去的20年中，CDM 模型成为分析 R&D 投资，创新成果（如新产品推出和专利）与生产率之间关系的大量经验文献的基础（Lööf et al.，2017）。学者们所研究的样本遍布全球，如使用欧洲企业创新调查数据（CIS）对欧洲国家制造业企业的研究、亚洲国家企业以及拉丁美洲国家企业的研究（Lee and Kang，2007；Raffo et al.，2007）。Wadho 和 Chaudhry（2018）使用巴基斯坦企业调查数据，发现创新使得人均创新销售额增长10%，劳动生产率和劳动生产率增长率提高10%以上。Morris（2018）使用世界银行多国制造业和服务业企业调查面板数据，发现企业研发、资本强度和人力资本影响产品和流程创新，进而显著地提高了生产率。并且，在研究方法、对象、模型上，许多学者对 CDM 模型进行拓展，如 Baumann 和 Kritikos（2016）使用人均 R&D 投入估计值取代实际值估计创新方程，以创新产出概率值取代创新产出实际值估计生产率函数。还有学者（Raymond et al.，2015）针对 CDM 模型，在创新过程中考虑了产出对创新的反作用。

本章的目标是在企业层面估计创新决策以及创新产出的预期回报。CDM 模型不仅需要考虑选择性偏差，还需要考虑解释变量的内生性问题以及在创新方程中的被解释变量异质性问题，最适宜的估计方法是使用微观企业截面或面板数据，通过控制个体效应，一定程度上减小估计偏差。本章结合我国典型自主创新示范区内技术型企业面板数据，结合两阶段最小二乘法（Two Stageleast Square，2SLS）并利用 CDM 模型评估企业创新绩效，探讨以下问题：（1）哪些因素影响企业参与创新的决定？企业内部特征（规模、年龄、类型、出口、竞争情况等）还是外部政策和金融支持使其更易于投资于创新？这些不同的属性是否同时决定了企业创新的投入量？（2）企业的创新投入是否进行了知识转化？投资于创新的企业是否创新成果更多，或者获得了更高的商业化绩效？哪些因素会影响知识转化？（3）具有更高创新产出的企业是否生产率更高？

5.1 文献与概念回顾

使用我国企业或产业数据对 CDM 模型进行检验的研究较早见于 Hu（2001），作者对比了中国企业中政府研发、私人研发和生产率之间的关系。Jefferson等（2006）运用增加了利润方程的CDM模型分析了2万多家大中型企业的创新状况，发现新产品销售收入代表的创新产出可以解释12%的利润回报，企业对R&D的投入带来的回报远高于固定资产投资的回报。Feng等（2008）和Guo Dan bo（2008）运用CDM模型，使用国家统计局行业数据，分别研究了中国的纺织行业和医药行业的创新与绩效之间的关系。王小童、高昌林（2009）使用2007年国家统计局河北开发区统计数据，构建包括创新决策方程和一个创新强度方程、知识生产方程和企业绩效方程的方程组。吴延兵（2012）在CDM模型的基础上，考虑创新投入、创新中间产出及最终产出的内生性，构建了由3个联立方程模型构成的循环结构模型，分析比较不同产业的创新绩效。吴翌琳、谷彬（2012）构建企业创新系统的三阶段递推CDM模型，以北京市海淀区638家企业数据为样本，使用三阶段回归方程进行分析。周芳（2014）使用北京市制造业企业数据和CDM模型原估计方法（渐进最小二乘法），发现内部R&D通过激励新产品产出，促进了生产率的提升。王利（2015）也使用中国工业企业数据实证检验了CDM模型。刘和旺等（2015）则将联立方程组形式的循环CDM模型推广到大样本微观数据（2001—2007年中国工业企业数据库），并被认为是第一篇基于大样本微观数据和CDM（结构）模型全面考察中国国有企业、民营企业在创新投入、产出和企业绩效等方面的差异的文献。王娟（2017）利用世界银行企业调查数据和扩展的CDM模型，通过创新投入的决定因素、创新的生产函数和生产率方程三阶段实证检验了信息与通信技术（Information and Communication Technology，ICT）对中国劳动生产率的影响。以上的研究中使用不同的数据，对CDM模型进行实证分析，检验中国企业创新和生产率的关系。但目前尚没有针对科技企业创新和生产率的研究，本章尝试将CDM模型框架引入科技企业。

5.1.1 创新决策

创新决策是企业创新活动的第一步，企业的创新决策包括两个方面：决定是否进行创新项目的投资以及投入多少。与普通投资不同的是，创新活动具有投资大、周期长、风险高以及正外部性等特点（李汇东等，

2013）。现有文献主要从创新资源及创新意愿两大维度对企业创新的影响因素展开研究。从市场机制的角度来看，企业的研发和创新行为一方面受产品市场竞争的影响，另一方面金融市场及其发展有助于降低企业融资和交易成本并促进创新。根据开放式创新思想（Chesbrough，2003），创新投入的前提是要进行知识生产，知识可以来源于内部知识积累，也可以通过“用中学”“干中学”以及正式或非正式的创新网络等途径获得外部知识。因此，从多个角度来看，企业的创新决策不仅取决于内部资源，还取决于外部资源获取能力。

根据融资优序理论，企业在进行融资时，应遵循内部融资、债务融资、股权融资的顺序。由于企业创新投入主要表现为研发人员（科学家和工程师）的工资，因此，融资成本低的内部融资就成为创新项目融资的主要途径。企业可以使用当前现金流量、保留的过去收益和借款对研发进行融资。但是，创新产品非竞争性和部分排他性的特征，又导致内部研发投入难以达到最优水平。同时，在创新项目初期企业往往难以有较高的盈利，难以产生留存收益，导致仅通过内部融资（注册资本、企业现金流和盈余积累等）难以维持企业高额的研发费用。因此，企业通过寻求外部创新资源进行创新活动：第一种情况是企业通过技术引进或合作开发。技术引进可以包括企业从境外引进先进技术的活动，也可以包括企业从境内其他单位引进先进技术的活动。合作开发指的是企业委托境内外高等院校、科研院所或者企业进行的研发活动；技术的合作开发一般包括企业委托大学或科研院所进行的研发活动。第二种情况是企业通过与风险投资机构、银行、政府等部门的合作，获得创新活动所需要的资金支持。第三种情况是企业的出口活动。出口企业通过学习出口市场先进的技术和产品设计以及组织管理方式，或引进先进的生产设备等，进而促进国内创新活动和生产率水平的提高（Damijan et al.，2010）。

由此提出假设 H1：企业创新决策不仅受到内部资源的影响，而且受到外部资源获取的影响。

5.1.2 创新知识生产过程

企业创新是一个学习知识、积累知识和创造知识的知识生产和运用的过程。知识生产本身就是一个复杂的过程。通过知识获取活动，企业所形成的知识资本以创新投入的形式进行创新生产方程。通过知识转化过程将知识转化为创新产出。创新产出包括技术产出和经济产出。一方面，企业创新活动的产出是新的知识，而知识是无形的，只能通过专利、软件著作权等科技成果以及新产品等载体的形式体现出来。很多的研究发现专利活动与创新投入之间存在积极联系（Marisa and Knut，2018）。在我国，技术创新产出不仅受到创新投入的影响，还受到政府知识产权激励政策的影响。2008 年国家知识产权战略实施后，各级地方政府通过向企业和科研院所提供专利费用或者对专利申请人进行物质奖励的方式支持创新，但是只有能完成政府计划的企业才能获取这些政策支持。这导致企业追求数量上、形式上的短期创新，表现为企业专利数量的激增（Li，2012；Dang and Motohashi，2015）。另一方面，创新投入也促进了经济产出，Chun 等（2015）发现企业研发投入在技术创新和商业化推广阶段的作用，即研发投资通过对新技术、新产品的开发向市场推出新服务或新产品（Freeman and Soete，1997），以获取经济回报。Cohen 和 Levinthal（1989）、Coe 和 Helpman（1995）、Yang 和 Chen（2012）研究了研发投资对企业生产率和销售额的影响。并且研发投资对销售增长和市场表现的影响表现出一致性（Fortune and Shelton，2014）。

由此提出假设 H2：创新投入影响创新产出，政策支持也会影响创新产出。

5.1.3 创新对生产率的影响

Crespi 和 Zuniga（2012）的研究发现，创新型企业和非创新型企业之间的制造业部门生产率存在较大差距。因此，可以认为创新活动通过将无形知识转化为有形产出，从而促进生产率的提升。Hall（2011）使用 CDM 模型调查了 25 篇研究论文，并强调创新与生产率之间的正向关系主要归因于产品创新，认为创新通过提高资源利用效率促进创新企业形成可持续的竞争优势。创新对生产率的影响有多种渠道，包括研发投资通过增加对知识的吸收，新知识的产生可以刺激新部门的形成，以及生产的专业化，促进知识密集型产业发展。

由此提出假设 H3：创新产出促进了生产率的提升。

5.2 模型构建

为考察从技术创新决策到技术创新绩效这一全过程，参考 CDM 模型，构造包括创新决策方程在内的四方程模型。以企业是否进行创新投入作为判断企业创新决策的标准，使用两个方程 Heckman 选择模型分析企业创新的决定以及创新投入强度的影响因素；第三个方程描述知识生产过程，分析创新投入如何转化为创新产出；第四个方程则说明创新产出对生产率的影响。

5.2.1 创新决策

创新投入强度的决定方程：

$$st_{it}^{*} = \alpha + \beta_j X_{jit} + \varepsilon_{it} \tag{5.1}$$

由于只有创新投入的企业该变量才有取值，因此，在估计研发强度的决定方程前使用 Heckman 选择模型对企业的创新决策进行分析：

$$st\_d_{it} = \beta_0 + \beta_j X_{jit} + \mu_{0i} + \lambda_{0t} + \varepsilon_{0it} \tag{5.2}$$

其中，st_d_{it} 为企业创新投入决策，当企业当期研发投入大于 0 时，取值为 1；X_{jit} 代表变量向量，解释企业创新决策；μ_{0i} 表示不可观测的企业异质性因素；λ_{0t} 表示时间效应；ε_{0it} 为误差项。在公司 i 决定进行创新投入的条件下，估算创新投入强度的方程式如下：

$$st_{it} = \begin{cases} st_{it}^{*} = \alpha + \beta_j X_{jit} + \varepsilon_{it}, \text{if } st\_d_{it} = 1 \\ 0, \text{if } st\_d_{it} = 0 \end{cases} \tag{5.3}$$

其中，st_{it}^{*} 反映创新投入强度的未观察到的潜在变量，X_{jit} 是解释变量。$st_{it}^{*} > 0$ 时，可观测到的 st_d_{it} 取值为 1，st_{it} 为创新投入强度。在假设误差项满足零均值和解释变量外生的情况下，对方程（5.2）和方程（5.3）使用 Heckman 两步样本选择模型进行估计。

5.2.2 知识生产过程

用知识生产函数描述知识生产过程，其中创新产出取决于创新投入和其他解释变量，包括创新决策方程中得出的逆米尔斯比率，用以控制选择偏差。

$$output_{jit} = \alpha + \beta_{2j} st_{it}^{*} + \gamma_{2j}\,Controls_{it} + \mu_{2i} + \lambda_{2t} + \varepsilon_{2it} \qquad (5.4)$$

其中，$output_{jit}$ 中令 $j = 1$、2，$output_{1it}$ 为创新技术产出，表示企业获得专利申请或者软件著作权等科技成果；$output_{2it}$ 表示创新经济产出，表示企业新产品或技术的商业化。如果存在与创新决策（第一阶段）和知识生产相关（第二阶段）的无法观察到的特征，就会导致内生性问题，内生性意味着 st_{it}^{*} 与 ε_{2it} 相关，将导致 β_{2j} 的估计偏差。为校正解释变量的内生性问题，一种方法是以创新投入强度的预测值 $\widehat{st_{it}^{*}}$ 为解释变量，在 CDM 模型中，将 st_{it}^{*} 定义为以潜变量表示的创新努力，由于并不是所有创新活动的企业都有创新投入，但样本中 78% 的企业汇报有创新活动，说明企业都作出过创新努力，在 st_{it}^{*} 独立于 ε_{2it} 的假设下，使用预测的创新投入强度校正可能的内生性，以解释企业获得创新产出的可能性。另一种方法是使用两阶段最小二乘法，找到内生解释变量创新投入的工具变量。Morris（2018）选择使用创新投入强度回归方程的残差项作为创新投入的工具变量，该工具变量满足与解释变量相关，且与被解释变量不直接相关的特征。$Controls_{it}$ 为其他影响创新产出的变量，包括从第一阶段开始的逆米尔斯比率，以控制选择偏差。ε_{2it} 为残差项，均值为 0，标准差为常数，且与解释变量不相关。μ_{2i} 表示不可观测的企业异质性因素。λ_{2t} 表示时间效应。

5.2.3　生产率模型

通过扩展的生产函数模型模拟知识产出对企业生产率的影响。方程表示如下：

$$y_{it} = \alpha + \beta_{3j}\,output_{jit}^{*} + \gamma_{3j}\,Z_{jit} + \mu_{3i} + \lambda_{3t} + \varepsilon_{3it} \qquad (5.5)$$

其中，y_{it} 为生产率，用营业收入除以员工数目表示；$output_{jit}^{*}$ 中令 $j = 1$、2，其中 $output_{1it}^{*}$ 为技术产出，$output_{2it}^{*}$ 为经济产出；Z_{jit} 为影响企业生产率的企业解释变量；μ_{3i} 表示不可观测的企业异质性因素；λ_{3t} 表示时间效应；ε_{3it} 为残差项，均值为 0 ，标准差为常数，且与解释变量不相关。为解决解释变量的内生性问题，仍然使用两种方法：一种是使用方程（5.4）中被解释变量的预测值；使用该种方法估计方程（5.4）以及方程（5.5）时，经常使用三阶段最小二乘方法（3SLS）。由于本章所设置的创新产出的代理变量不止一种，导致难以使用联立方程模型。因此，另一种是使用两阶段最小二乘法，使用方程（5.4）的残差作为方程（5.5）内生解释变量的工具变量。

5.3 实证分析

5.3.1 变量设定

5.3.1.1 创新决策

参考 Hall（2006）、周芳等（2014）采用科技活动经费支出[①]来测度创新投入的思路。具体包括以下内容：（1）企业内部科技活动经费；（2）使用来自政府部门的科技活动资金进行的科技活动支出；（3）委托外单位开展科技活动的经费支出。

如果一家公司有以下任何一项科技活动，则认为企业进行了创新决策：（1）企业内部科技活动；（2）使用来自政府部门的资金进行科技活动；（3）委托外单位开展科技活动。

影响创新决策的因素包括：公司特征（规模、年龄、员工的受教育程度、是否亏损，是否高新技术企业、所属行业，是否出口企业）；产品多样性、市场竞争程度；政策支持；技术引进；外部融资。具体而言：

（1）大规模企业更适合于产品创新所需的大量固定成本及资本投入，中小型企业则缺乏财务资源，因而同时会影响创新决策和创新投入强度。

（2）企业年龄：熊彼特（1990）主张，新进入者是新颖和技术上优越的产品和工艺的重要来源，这使得年轻的公司比年老的公司更有可能进行

① 《中国科技统计年鉴》收录了自 1995 年以来国家 R&D 支出数据。而国家层面的科技活动支出数据则只有 1995—2009 年的，其“指标解释”中关于科技活动的定义是“在自然科学、农业科学、医药科学、工程与技术科学、人文与社会科学领域（简称科学技术领域）中，与科技知识的产生、发展、传播和应用密切相关的有组织的活动”。R&D 支出包括基础研究、应用研究与试验发展支出；科技活动经费支出不仅包含 R&D 活动支出，还包含非 R&D 活动支出，如新产品开发经费支出、购买和自制设备的支出。但是，2010 年以后，《中国科技统计年鉴》不再给出科技活动经费支出，而统一使用 R&D 内部及外部经费支出。

创新。但企业成立时间可以代表过去生产经营中获取的经验及知识累积，因此，也有可能成立时间长的企业更易于创新。

（3）员工受教育程度：增长理论认为，人力资本（教育）提高了创新能力，并促进了新技术的采用。

（4）出口企业更有可能在国际市场上遇到更激烈的竞争。出口有利于获取更多的产品和技术信息，有利于企业创新决策。

（5）考虑到创新活动的高风险性，创新企业与外部资金获取者之间的信息不对称，企业倾向于选择成本较低的创新活动，更依赖于内部资金渠道，如企业现金流、留存收益进行创新型投入。

（6）获得高新技术企业认证的企业，其创新努力更为突出。

（7）企业所属的产业类型：每个产业所具有的技术机会仍然不同，表现在不同创新知识获取活动的参与不同或创新产出的表现不同。

（8）产品多样性：使用企业主营业务收入占比表示，产品/服务多样化，说明企业在不断地开发新产品/服务，而产品/服务多样化程度较低的公司可能并不愿意对创新进行投资。

（9）市场竞争程度：企业创新的目的在于获得垄断利润，当产业集中度较高时，说明市场垄断程度高，存在进入壁垒，企业可能会通过创新维持其垄断地位。当产业集中度较低时，创新成果较容易受到模仿。引入产业集中度来衡量市场竞争程度。

（10）研发加计扣除政策、补贴能够通过降低创新活动的短期或长期成本来激发企业创新的积极性。

（11）技术引进与企业科技活动之间可能存在替代或者互补的关系。

（12）外部资金：包括企业获得的商业银行贷款、企业通过资本市场获得的资金支持。无论企业通过债权融资还是股权融资，资金供给方会对资金的用途进行限制，尤其是公开上市的企业，需要定期披露企业投融资信息，会对企业的经营形成制约，从而影响创新决策。

5.3.1.2　创新产出

使用专利等科技成果衡量企业创新的技术产出。“专利”主要是指专利权人对某一项发明创造所拥有的独享权益。日常生活中人们所说的专利又指新发明或者新技术。本章的专利采取两个维度的含义：既指新发明专有的独占权益，也就是专利权；又指取得专利权的新发明或新技术。以专利产出作为技术成果时，选用专利申请数而不采用专利授权数，主要原因是一项专利从申请到获得批准需要1~2年时间，并且专利是否授权也会受到专利机构工作效率和偏好等因素的影响。技术创新产出（数量）=企业当年获得的软件著作权+专利申请量+集成电路布图数量；并区分技术创新产出的数量和质量指标，根据2016年《高新技术企业认定管理工作指引》，发明专利和集成电路布图设计专有权作为第Ⅰ类质量的知识产出，本章选择更能代表专利目前以及未来价值的有效专利和集成电路布图设计作为技术创新产出的质量指标，即技术创新产出（质量）=有效专利数+集成电路布图。由于缺乏专利维持时间的数据，但是对于已授权的专利，专利权人通过缴纳年费以维持专利权的有效性，故有效专利的存在说明其尚在专利维持时间内，因此，选取有效专利指标与专利维持时间有相同的代表高质量专利的作用。

同时，使用创新收入（新产品销售收入+技术开发收入+系统集成收入+专利所有权转让及许可收入）衡量创新的经济产出。

影响创新产出的主要因素：（1）创新投入强度；（2）企业特征（规模、年龄、员工的受教育程度、技术引进、产品多样性）；（3）科技活动人员占比；（4）政策支持：税收减免额、财政补贴。

5.3.1.3　创新绩效：劳动生产率

用每个工人产出的自然对数表示劳动生产率的影响因素：创新产出，固定资产投入，人力资本，企业规模。

5.3.2　数据来源及描述性统计

采用中关村国家自主创新示范区企业2005—2015年调查数据。作为国内重点的高新技术产业园区，中关村内的企业均属国家重点支持的科技产业，包括电子与信息、核应用技术、生物工程和新医药、新材料及应用技术、先进制造技术、航空航天技术、现代农业技术、新能源与高效节能技术、环境保护技术、海洋工程技术等，这些产业也是风险投资重点支持的产业类型。数据集涵盖了各个年龄、规模和行业的科技型企业，涵盖了有或没有创新活动的企业。

为剔除异常值的影响，对数据进行如下清理：（1）删除某一样本中没有任何创新活动的观测值；（2）删除不符合逻辑关系的样本值，比如新产品销售收入大于总收入，固定资产大于总资产；（3）剔除总资产、销售收入、实收资本为零或负数的样本；（4）为了消除极端值的影响，对连续变量在 1% 和 99% 的水平上进行 Winsorize 处理。变量定义及描述性统计分析如表 5 -1 所示。

表 5 -1　变量定义及描述性统计分析

变量	变量含义	Obs	Mean	标准差	Min	Max
st_ d	创新决策：(0，1)	132467	0. 699	0. 459	0	1
lst	创新投入强度：ln {1 + （创新投入/员工数）}	132467	2. 549	1. 949	0	11. 866
lemployee	企业规模：ln（员工数）	132467	3. 283	1. 371	1. 099	10. 255
lage	年龄：ln（年龄）	132467	2. 103	0. 577	0. 693	4. 357
edu_ B	员工受教育水平：本科学历员工占比	120912	0. 415	0. 291	0	1
d_ export	出口虚拟变量：(0，1)	132467	0. 138	0. 345	0	1
Loss	亏损虚拟变量：(0，1)	132396	0. 354	0. 478	0	1
gaoxin	获得高新技术企业认证取值为 1，否则为 0	97306	0. 440	0. 496	0	1
diversity	产品多样性：主营业务收入/总收入	132467	0. 878	0. 246	0	1
CR	市场竞争程度：企业收入/产业总收入	132467	0. 001	0. 006	0	0. 51
lnsub	ln（1 + 政府补贴额）	126457	1. 116	2. 472	0	13. 674
rd_ tax	研发加计扣除政策：(0，1)	132467	0. 041	0. 198	0	1
exp_ dum	有技术引进活动，取值为 1，否则为 0	132467	0. 011	0. 103	0	1
equity	获得股权融资后年观测值：(0，1)	132467	0. 017	0. 129	0	1

续表

变量	变量含义	Obs	Mean	标准差	Min	Max
lbank	ln（1+当年获得银行贷款额）	125785	1.153	3.126	0	17.22
output11	技术产出数量，有创新产出，取值为1	132467	0.276	0.447	0	1
output12	技术产出质量：（0，1）	132467	0.132	0.338	0	1
output21	产品创新，是否开发新产品	132467	0.195	0.396	0	1
output22	服务创新，是否开发新技术	128578	0.331	0.471	0	1
lntax	ln（1+减税额）	127128	1.935	3.025	0	14.154
st_ p	科技活动人员/员工数	131394	0.386	0.347	0	1
y	ln（营业收入/员工数）	132059	5.219	1.515	0.0001	14.486
k	ln（固定资产投入/员工数）	125936	6.055	1.375	0.025	13.909
size1	企业人数≤20	132059	0.495	0.500	0	1
size2	20<企业人员≤100	132059	0.342	0.474	0	1
innovation	创新活动（0，1）	132059	0.778	0.415	0	1

注：创新收入=新产品销售收入+技术开发收入+系统集成收入+专利所有权转让及许可收入。

创新活动指的是，企业至少存在下列行为中的一种：（1）企业内部科技活动；（2）使用来自政府部门资金进行科技活动；（3）购买技术及消化吸收；（4）委托外单位开展科技活动；（5）购买或许可任何专利或非专利发明；（6）开发创新产品/服务。构造一个虚拟变量“创新活动”，如果至少一个“是”，则该变量的值等于1，否则为0。从描述性统计可以看出，有78%的观测值至少有一种创新活动，70%的观测值进行创新决策。25%的观测值为工业企业，63.6%的观测值为服务业企业，主要为电子信息产业。

5.4 研究结论

5.4.1 创新决策

Heckman样本选择模型的设定包括结果方程和选择方程，在本章的研究中，结果方程是创新投入强度方程，而选择方程是企业创新决策方程。对于选择方程和结果方程都需要指定解释变量。选择方程的设定涉及具体的识别问题。例如，如果 Probit 模型中非线性关系较弱则模型不好识别。由于这个原因，在实证分析中通常的做法是寻找排除性约束。也就是寻找那些对选择变量产生重要影响但不会对结果变量造成直接影响的变量。为了正确识别模型，创新决策和创新投入方程的解释变量并不相同，参考 Morris（2018）的研究，在创新决策方程中加入企业是否有出口行为以及获得商业贷款额，两个变量可以对企业的经营决策进行约束而影响创新决策。

表 5－2 列出了创新决策的主要结果。系数为在样本均值上的边际效应，该边际效应是企业是否投资于创新以及投资多少。似然比检验结果显示，拒绝 $\rho = 0$ 的原假设，说明选择方程和结果方程的扰动（Rho）之间的相关系数是负的且显著。因此，样本选择模型是有效性的。在选择的排除性约束条件中：无论是工业企业还是科技服务业企业，获得银行贷款或者出口的企业都有更大的可能性投资于创新。

表 5－2　创新决策结果方程

变量	全样本		科技服务业		工业企业	
	lst	st_ d	lst	st_ d	lst	st_ d
	结果方程	选择方程	结果方程	选择方程	结果方程	选择方程
lemployee	－0.0876***	0.1500***	－0.0878***	0.1437***	－0.0759***	0.1506***
	(－12.0142)	(19.4948)	(－9.4606)	(15.6260)	(－6.4144)	(8.4827)
lage	－0.0000	－0.0100	0.0358**	－0.0040	－0.0708***	－0.0058
	(－0.0018)	(－0.6171)	(2.0378)	(－0.2083)	(－2.9593)	(－0.1487)
edu_ B	0.7863***	0.5361***	0.6403***	0.4934***	1.2435***	0.7880***
	(29.6498)	(22.5141)	(20.6396)	(17.7862)	(22.9794)	(11.6061)
Loss	－0.1404***	－0.0881***	－0.1262***	－0.0806***	－0.1635***	－0.0929***
	(－11.8598)	(－6.9945)	(－8.6712)	(－5.3284)	(－7.2516)	(－3.2150)
gaoxin	0.3383***	1.0211***	0.2711***	0.9330***	0.4527***	1.3112***
	(16.5268)	(54.0627)	(9.0216)	(40.7068)	(14.4427)	(30.5939)
diversity	－0.0211	0.2547***	0.0461	0.2616***	－0.1969***	0.0031
	(－0.7658)	(9.4965)	(1.3993)	(7.8792)	(－2.7825)	(0.0390)
CR	－0.8832	－4.6772**	－1.8727**	－3.7375	－0.5547	－13.8402***
	(－0.8248)	(－2.4950)	(－2.1112)	(－1.5622)	(－0.1692)	(－2.7983)

续表

变量	全样本		科技服务业		工业企业	
	lst	st_ d	lst	st_ d	lst	st_ d
	结果方程	选择方程	结果方程	选择方程	结果方程	选择方程
rd_ tax	0. 1308 *** (6. 2651)	1. 3054 *** (19. 1241)	0. 0458 (1. 5181)	1. 2033 *** (14. 3985)	0. 2083 *** (7. 0772)	1. 2983 *** (9. 8752)
lnsub	0. 0340 *** (15. 1594)	0. 0460 *** (13. 0297)	0. 0356 *** (12. 0530)	0. 0509 *** (12. 1043)	0. 0275 *** (7. 6623)	0. 0239 *** (2. 9672)
equity	0. 2487 *** (5. 2782)	0. 1247 * (1. 9230)	0. 2311 *** (3. 4575)	0. 1151 (1. 4236)	0. 2233 *** (3. 4496)	0. 2547 * (1. 8914)
exp_ dum	0. 3355 *** (7. 5341)	0. 9377 *** (6. 2981)	0. 3583 *** (5. 0266)	1. 3413 *** (9. 5997)	0. 3218 *** (5. 2466)	0. 5191 ** (2. 3917)
d – export		0. 2034 *** (6. 1236)		0. 3043 *** (5. 5494)		0. 1052 ** (2. 2020)
lbank		0. 0100 *** (3. 8835)		0. 0094 *** (2. 5806)		0. 0105 ** (2. 2710)
IMR (inverse mills'ratio)		–0. 1037 *** (–4. 7647)		–0. 1259 *** (–4. 5551)		–0. 1249 *** (–3. 1991)
N		120552		29355		76888

注：括号内为 t 统计量，* 表示 $p<0.1$，** 表示 $p<0.05$，*** 表示 $p<0.01$，模型控制了行业和时间固定效应，并使用以企业为聚类的稳健标准误。下述回归结果相同。

同时影响创新决策和创新投入强度的解释变量中：规模越大的企业更有可能进行创新投资，但创新投资强度较低。增加具有本科学历的员工比例与投资创新的决定以及他们投资创新的强度呈正相关关系。亏损的企业不愿意进行创新投资，并且投资强度也较低。高新技术企业无论是投资意愿还是投资能力都较高；研发加计扣除政策、财政补贴以及股权融资均同时影响企业的创新决策和创新投资强度。这与 Crespi 和 Zuniga（2012）对发展中国家的研究结论一致，说明对于创新活动的财政补贴被用于预定目的。同时，企业的技术引进促进了创新投资意愿和创新投资强度，与企业自主创新形成互补。

一些影响制造业创新投资强度的变量与对服务业的影响有差异：企业

的年龄与创新投资决策没有显著性关系，但是年轻的科技服务业企业创新投资强度更高，而年轻的工业企业创新的投资强度更低。这说明科技服务业创新的进入门槛相对较低，新进入的企业可以迅速进行创新活动。产品多样化程度越低的科技服务业企业，越愿意进行创新决策；而产品多样化程度越高的工业企业，其创新投资强度越低。产业集中度越高的工业企业，投资创新的可能性越低；与 Wadho 和 Chaudhry（2018）的结论一致，即熊彼特式的竞争对创新决策具有负面影响。这说明在产业中具有绝对垄断地位的工业企业，更不容易进行创新。

5.4.2　创新产出

如表 5－3 所示，从回归结果可以看出，创新投入强度（每名员工在科技活动上的投资）与创新产出之间存在显著的正相关关系，尤其是创新科技投入促进了技术创新以及新产品开发。创新投入强度提高 10% 意味着企业进行技术创新产出的概率平均提高 0.6%；进行新产品开发的概率平均提高 2.6%，但是创新投入对技术服务开发没有显著的影响，与 Wadho 和 Chaudhry（2018）的结论一致。因此，企业的科技活动是企业创新投入的主要形式，并且以获得商业化回报为主要目的。以上结果说明：创新产出取决于创新投入，尤其是创新收入受到创新投入的影响，由于创新科技投入不仅包括研发投入，还包括 R&D 成果应用和科技服务活动的投入，而研发成果应用活动的主要目的就是促进研发成果的商业化。

其他解释变量中，规模大、科技人员占比较高的企业获得创新产出的概率较高，无论是技术产出还是经济产出；初创企业更容易进行低质量的技术创新和新技术（服务）开发；本科以上员工比重越高，企业越容易进行新技术（服务）的开发；企业的技术引进及消化吸收促进了技术创新产出，而对新产品和新技术开发没有影响，说明样本企业倾向于技术引进而弱化了对技术的消化吸收再创新。同时，与减税促进了所有类型的创新相比，财政补贴促进了低质量的技术创新和新产品及新技术（服务）开发，但无法激励高质量技术创新产出。同时可以发现，高新技术企业进行低质量技术创新和新技术（服务）开发的倾向更大。

表 5-3 创新投入对创新产出（知识生产）的回归结果

变量	(1) 技术产出数量	(2) 技术产出质量	(3) 服务创新	(4) 产品创新
	output11	output12	output21	output22
lst	0.0633*** (3.2609)	0.0337* (1.7681)	-0.0215 (-1.0121)	0.2607*** (11.3998)
lemployee	0.0374*** (14.4957)	0.0050** (2.2065)	0.0170*** (6.1070)	0.0289*** (9.7472)
lage	-0.0322*** (-9.0941)	0.0099*** (3.0653)	-0.0132*** (-3.4641)	0.0441*** (10.2774)
edu_ B	-0.0805*** (-5.1387)	-0.1409*** (-9.0333)	0.1646*** (9.5636)	-0.2425*** (-13.2136)
exp_ dum	0.0442** (2.5015)	0.0373* (1.9578)	-0.0038 (-0.2402)	-0.0301 (-1.4544)
lnsub	0.0086*** (8.7023)	-0.0008 (-0.8250)	0.0068*** (6.3282)	0.0065*** (5.5960)
lntax	0.0131*** (18.8557)	0.0076*** (11.7143)	0.0163*** (23.5090)	0.0065*** (9.0200)
gaoxin	0.1189*** (12.6329)	-0.0786*** (-9.0061)	0.0820*** (8.4327)	-0.0242** (-2.2529)
diversity	-0.0237*** (-3.7659)	-0.0446*** (-7.7118)	0.0074 (1.1302)	0.1098*** (16.7767)
st_ p	0.2928*** (53.9634)	0.1099*** (24.5961)	0.1387*** (25.3908)	0.1345*** (25.0883)
IMR (inverse mills'ratio)	-0.1938*** (-16.2739)	-0.3565*** (-34.4139)	0.0821*** (6.8165)	-0.0419*** (-3.0453)
R^2	0.34	0.28	0.14	0.25
N	115519	115519	115519	115519

注：* 表示 $p<0.1$，** 表示 $p<0.05$，*** 表示 $p<0.01$。

5.4.3 创新对生产率的影响

结果表明，即使控制人均固定资本存量、就业和人力资本，创新经济产出对生产率的影响也是显著的。有新产品开发的企业比没有新产品开发的企业，生产率平均增加 29.5%；进行新技术（服务）开发的企业，其生产率比没有新技术（服务）开发的企业平均高 5%。但是，技术创新产出对生产率没有显著的正向影响，尤其是单纯进行技术创新的产业其生产率会下降，说明技术创新在转化为新产品、新技术方面仍然存在较大的不足，见表 5－4。

表 5－4　创新产出对生产率的影响

变量	(1) 技术产出数量	(2) 技术产出质量	(3) 服务创新	(4) 产品创新
	y	y	y	y
output11	－0.1276*** (－10.7744)			
output12		－0.2243*** (－14.0760)		
output21			0.0513*** (4.2078)	
output22				0.2950*** (23.6571)
lemployee	0.1789*** (17.1412)	0.1793*** (17.1690)	0.1782*** (17.0328)	0.1766*** (17.0493)
k	0.4760*** (76.1768)	0.4794*** (76.7043)	0.4773*** (76.2041)	0.4750*** (76.4447)
edu_ B	0.0298 (1.5048)	0.0150 (0.7549)	0.0263 (1.3210)	0.0429** (2.1673)
lnsub	－0.0161*** (－8.2605)	－0.0170*** (－8.7425)	－0.0174*** (－8.9427)	－0.0216*** (－11.0408)
lntax	0.0603*** (31.9526)	0.0598*** (31.9071)	0.0570*** (30.2515)	0.0550*** (29.4884)
IMR（inverse mills'ratio）	－0.5210*** (－23.2703)	－0.5297*** (－23.5856)	－0.4571*** (－20.5791)	－0.4082*** (－18.4087)
size1	0.3032*** (8.9304)	0.3006*** (8.8603)	0.3018*** (8.8638)	0.2950*** (8.7418)
size2	0.2474*** (11.2642)	0.2359*** (10.7527)	0.2447*** (11.1068)	0.2374*** (10.8426)

续表

变量	(1) 技术产出数量	(2) 技术产出质量	(3) 服务创新	(4) 产品创新
	y	y	y	y
R^2	0. 3373	0. 3383	0. 3364	0. 3423
N	115753	115753	115753	115753

在其他解释变量中，可以看到财政补贴降低了生产率，减税促进了生产率的提升。原因可能在于补贴与减税两种政策的实施成本不同。政府补贴根本上来自税收，补贴政策的实施依赖于征税，征税活动本身就需要付出成本，把征上来的税收一部分用于发放补贴又会发生实施成本。与补贴相比，减税更具公平性、合理性，更符合市场规则，实施成本也更低。减税既能达到补贴的效果，又不会出现补贴引发的成本。同时，与大规模企业相比，中小规模企业的生产率更高。

5.5 结论与启示

本章的主要目的是使用 CDM 框架检验创新对中关村科技企业生产率的影响。实证结果显示：企业的创新投入和人力资本在知识生产，促进技术创新产出中至关重要，将知识产出成果分为技术产出和经济产出，发现企业开发新产品和新技术的行为显著地提高了生产率；政策支持以及外部金融资源对创新活动的影响并不相同，其中，研发加计扣除政策、财政补贴以及企业通过股权融资（公开上市、接受风险投资或者大股东增资）有助于促进其创新决策和提高创新投入强度，而债权融资只影响企业创新决策。因此，创新政策的制定应适应市场环境对创新的影响。财政补贴和减税政策虽然都对创新产出有积极影响，但难以激励企业产生高质量的技术创新成果。同时，与财政补贴相比，减税更有利于生产力的提升，因此，与直接的财政补贴相比，减税更有利于高质量技术创新产出的形成，以及生产率的提高。

其他影响创新产出的因素上，技术引进虽然与企业科技活动形成互补关系，但仅有助于企业技术创新数量的增加，对新产品、新技术的开发以及高质量的技术创新产出的影响不显著，由此可见，增加产学研合作有助于提高创新能力，而非技术引进。对研发和技术的投资提高了企业进行新产品开发的可能性，科技人员的投入则提高了企业进行新技术（服务）开发的可能性，主要为科技服务业企业（电子信息产业），该类企业不仅从事科技产品开发，更重要的是进行新技术开发。

本章的研究还证明，与技术创新产出相比，企业进行新产品或新技术开发有助于提高生产率，而以专利、软件著作权为代表的技术创新则难以促进企业生产率的提高。该结论也可以说明为什么专利数量世界第一、互联网用量世界第一、大学学历人才数量世界第一、论文数量和科技投入位居世界第二的中国，却没有拥有数量巨大的创新产品，且创新对经济的驱动力不强。其中的一个原因在于科技成果与市场需求的连接度不高。这不仅体现为技术创新产出的质量不高，还体现为无法展示其基础性和原创性。还有一个原因是科技成果转化的机制不畅。因此，未来要实现创新驱动型经济增长，不仅需要充分认识创新经济增长规律，也需要从中找到能实现更高创新价值、促进创新更有效转化为生产力的关键因素。

执笔：崔静静　程郁

第6章 基于知识生产和创新获利角度的企业创新绩效评估

6.1 引言

以 Arrow、Romer、Lucas 等为代表的新经济增长理论研究者较早将技术进步作为一种具有规模递增效应的投入要素引入生产函数，进而导出了创新带来整体经济发展的规模递增效益。但 Jones 和 Williams（2000）在实证研究中却发现，研发投入的大幅增加并没有带来经济增长率相应的增长，由此提出了对知识创新规模递增的质疑。同时，一系列研究发现研发投入不会自动地进行商业化以及促进经济增长，这种现象被称为“创新悖论”（Audretsch et al.，2008），原因被归结为研发投资收益递减或创新系统失灵导致无法将研发投入转化为生产力收益（Braunerhjelm et al.，2010；Ortega - Argilés et al.，2010；Ejermo et al.，2011）。与此同时，一些微观实证研究也没有获得一致性的结果。Foray 等（2007）以及 Hall 等（2002，2006，2011）认为研发投入与增长、利润等经济绩效存在一致的正相关关系。然而，Lang（2009）对德国的研究发现，50% 的研发投入效果在 4 年内逐步释放，之后研发投入产生的效应会明显递减；Jaruzelski 等（2014）对全球 1000 家创新大型上市企业 2005—2014 年的观测发现：更多的研发支出促进了企业专利授予数量的增加，但专利数量或质量的提升并未促进利润率等经济绩效的提升。由此可见，创新绩效在不同国家、不同企业和不同时期会有明显的差异。要实现创新驱动型经济增长，不仅需要充分认识创新经济增长规律，也需要从中找到实现更高创新价值、促进创新更有效转化为生产力的关键因素。

习近平总书记在中国科学院第十九次院士大会、中国工程院第十四次院士大会开幕会上发表重要讲话，指出“科技体制改革还存在一些有待解决的突出问题，……科技投入的产出效益不高，科技成果转移转化、实现产业化、创造市场价值的能力不足……”①。随着研发投入总量规模的增长，我国创新型企业创新投入的产出绩效有什么样的变化特征，创新成果能在多大程度上助推企业盈利能力的提升，以及哪些因素影响着企业创新价值的实现，这些问题需要进一步的实证考察。创新价值链理论尝试打开从研发投入到创新价值实现的“黑箱”，Teece（1986，2006，2010）的“创新获利”（Profit from Innovation，PFI）理论分析了影响企业通过创新实现盈利增长的多重因素。目前，国内外针对PFI理论框架有较多研究案例（王缉慈等，2008；Desyllas and Sako，2013）。一些实证研究只考虑了PFI中的一个因素，如独占性机制或互补性资产（蔡新蕾和高山行，2011；贾军和张卓，2012），将知识生产和互补性资产联系在一起考察创新知识生产以及新知识价值转化的实证研究仍不多见。本章结合中关村企业2002—2012年连续观测数据，建立企业从研发投入到知识产出再到创新价值实现的两阶段创新盈利模型。为针对性地解决我国当前科技成果转换为经济价值能力不足、创新驱动经济增长动力不强的问题提供科学的政策决策依据。

6.2　理论框架

创新经济是一个包括知识创造和新知识的价值实现两个阶段的联立发展过程，创新活动包括价值创造和价值占用（Ritala and Hurmelinna - Laukkanen，2009）。Griliches（1979）知识生产函数理论、Brown和Svension（1988）两阶段R&D绩效测度和评估理论、Roper等（2008）三部分（知识的获取、知识的转化以及知识的利用和扩散）创新价值链模型，认为以生产新知识为目的的研发活动投资创造了新知识，通过提升产品质量、降

① www. xinhuanet. com/politics/leaders/2018 - 05/28/c_1122901308. htm.

低生产成本，增强企业创造新产品和开发更高效技术与工艺的能力，最终实现利润的增长、价格的下降、要素的重组等。借鉴上述思想方法，本章建立一个两阶段创新盈利模型以考察创新如何通过知识生产活动，带动企业盈利增长，见图6－1。

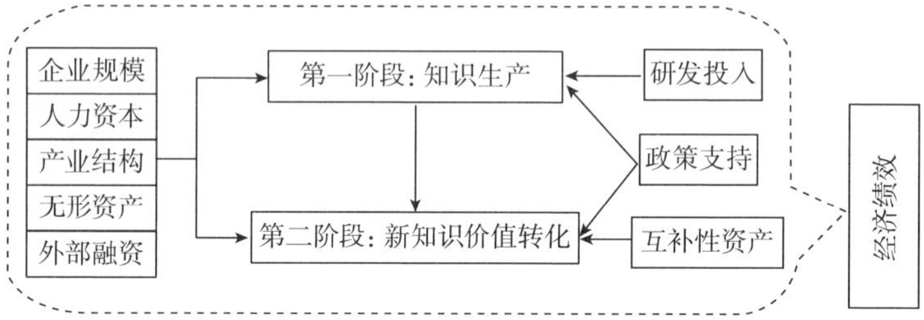

图6－1　两阶段创新盈利模型结构

6.2.1　知识生产过程

Romer等（1986）早期研究者基于知识的非竞争性和累积性假设，认为知识投入规模越大，知识积累速度越快，研发投入与创新产出呈现单调递增关系。但也有学者对知识生产的规模效应提出质疑。Arrow（1962）提出当通过外部学习进行技术与知识积累时，边干边学形成的知识积累呈报酬递减态势。Young（1993）指出在一个经济体系中，投入过多的资源用于研究而牺牲边干边学可能最终会减缓长期的增长速度。严成樑等（2010）使用中国研发投资规模、专利数量及知识存量数据，发现我国经济的知识生产函数可能并不存在规模效应。Jones和Williams（2000）认为重复性的研发投入会降低创新产出效率。Aghion和Howitt（1992）提出了“纵向创新”模型，认为当期的研究投入与对下一期的研究投入是负向相关的，创造性破坏会带来对原有产品的创新替代，导致已有的创新不再具有盈利前景。在技术机会及政策支持等因素的激励下，企业通过研发活动进行知识积累，随着知识积累越多，技术进步使得经济规模不断上升，导致创新难度扩大，竞争越多，成功的创新者所获得的垄断利润规模越小，从而出现研发投入产出的边际效应递减现象。随着企业创新能力积累到一定水平、关键性技术“瓶颈”的新突破、新的资源整合机制或者政策支持等带来新的创新机会空间，研发投入又会带动新浪潮的增长。由此提出假设1：知识生产在部分阶段会出现投入的边际产出下降，研发投入与创新产出呈波浪式增长态势。

6.2.2　新知识价值转化过程

知识生产并不一定会使创新者从中获益。Teece（1986，2006，2010）通过分析一些创新者无法获得创新利润的现象，提出PFI理论框架并说明创新者通过知识的价值转化获取创新盈利所需要满足的条件。

（1）高质量的创新成果保障创新是有价值的。较多的研究发现，专利质量高低是影响新知识价值转化的决定性因素（Boeing et al.，2016；Jaffe and Rassenfosse，2017）。（2）独占性机制①保障创新者获取并占有创新价值。在专利保护薄弱或者不完备、无法保守技术秘密导致从研发中产生的知识和收益无法保留在创新者内部。独占性机制包括突破性技术本身的特质（产品、过程、缄默性和被编码等）和保护性法律制度（专利、版权等知识产权），他们有助于创新者抵御被模仿的冲击。如Cassiman等（2013）发现在专利保护制度较强时，企业专利权有助于其利润的增加。（3）互补性技术、制造能力、分销渠道、服务等市场互补性资产②可以使创新者比竞争对手更有效地将新产品或者技术进行市场化转化。互补性资产与独占性机制的结合，可使得创新者有价值的资源和能力难以模仿，为创新者获取先行者机会优势。互补性资产无法在要素市场上获得，创新者需要有金融资源去发展或者通过合同协议或通过整合子公司来控制互补性资产。Young（1993）指出了互补性创新对于新技术商业化的重要性，最终产品的发展需要一系列中间产品的支撑，进而提出了多样化创新模型，即由中间产品和最终产品协同创新推动创新价值的实现以及两类产品的市场繁荣。Rothaermel和Hill（2005）发现提供更高水平的市场营销和技术支持的公司更有可能保持竞争优势和持续绩效。Jaruzelski等（2014）也认为高

---

① 除企业和市场结构以外的这样一些环境因素，如创新自身的技术特性和产权法律保护机制的有效性。

② 与创新提供价值的技术相结合使用的生产制造，分销渠道，市场营销或售后服务、辅助性技术等补充性资产，包括普通、专业和专用资产，它们与包含在创新中的核心技术一起，使得创新实现成功商业化成为可能，进而使创新者能尽可能地享有其创新盈利。

利润创新企业是那些可以将研发更有效地与市场需求相结合的创新者。

通过知识生产得到的新知识需要消化吸收，知识产出和互补性资产的结合有助于创新者提高生产率、降低成本、开发新需求、提升产品质量，从而实现价值转化。假设2：企业创新成果的价值实现需要互补支撑条件，互补性技术、生产销售、服务以及集成能力可以强化企业的创新盈利能力。

6.3 研究方法与设计

6.3.1 模型构建

使用Pakes和Griliches提出的专利生产函数。Aghion和Howitt认为突破性创新不是连续而是随机发生的，采用泊松分布来表达创新生产函数。本章亦以泊松分布知识生产函数为参照。

（1）知识生产函数：

$$E(PA_{it} \mid X_{it}) = \exp(\alpha_1 RD_{it} + \alpha_2 RD_{it}^2 + \alpha_3 RD_{it}^3 + \sum \beta_k X_{kit} + \sum \gamma_j Controls_{jit} + year_t + \lambda_j + \varepsilon_{it}) \quad (6.1)$$

使用永续盘存法计算研发投入存量，针对基期的选择问题，参考Cruz－Cάzares等（2013）的处理方式，用连续4年的研发投入计算研发投入存量①，折旧率设定为15%。

$$RD_{stock\,it} = RD_{it} + \sum_{1}^{w} (1-\theta)^w RD_{i(t-w)}, w = 1,2,3,4 \quad (6.2)$$

假设企业i在t年的平均专利产出与企业当年的知识存量积累有关，包括研发存量的知识生产函数：

$$E(PA_{it} \mid X_{it}) = \exp[\beta \times \log(RD_{stock\,it}) + \sum \theta_t year_t \times \log(RD_{stock\,it}) + \sum \delta_k X_{kit} + \sum \gamma_j Controls_{jit} + year_t + \lambda_j + \varepsilon_{it}] \quad (6.3)$$

（2）创新价值转化模型：

① Booz－Allen－Hamilton对全球1000个创新企业的财务数据进行分析时，也选择了5年作为衡量研发费用影响的合适时间范围。他认为除基础研究外，大多数行业的单一创新的完整生命周期为5年或更短。

$$Profit_{it} = \kappa_1 + \sum \vartheta PA_{it} + \sum \beta_j Teece_{jit} + \sum \varphi_k X_{kit} + \sum \gamma_l Controls_{lit} + year_t + \lambda_j + \varepsilon_{it} \quad (6.4)$$

以上方程中，PA_{it} 表示 t 年第 i 个企业的专利申请量，RD_{it} 表示当期研发投入，$RD_{stockit}$ 表示研发投入存量，$Profit_{it}$ 表示利润，$Teece_{jit}$ 表示影响新知识价值转化的互补性资产指标，X_{kit} 表示 k 个解释变量，$Controls_{jit}$ 表示代表企业特征因素的控制变量。以上模型中，均加入年度虚拟变量 $year_t$ 及行业虚拟变量 λ_j。

6.3.2　变量选择

根据以上分析，选择如下变量表示知识生产和新知识的价值转化过程，变量类型和具体定义如表 6 – 1 所示。

表 6 – 1　变量定义

类型	变量	定义
创新投入	研发投入	当期研发经费投入的自然对数 $= \ln(RD_{it} + 1)$
	研发存量	由永续盘存法计算得到的研发投入存量指标
创新产出	专利申请量	当年专利申请个数
	有效专利数	专利被授权后，处于法定保护的有效状态专利数
	软件著作权数	当年企业所获得的软件著作权数量
	集成电路布图数	当年企业拥有的集成电路布图数量
经济价值	利润	利润对数：$lprofit_{it} = \log[profit_{it} + \min(profit_{it}) + 1]$
互补性资产	新产品生产销售能力	当年有新产品销售收入，赋值为 1，否则为 0
	出口能力	企业出口额为正，赋值为 1，否则为 0
	技术服务能力	当年有技术收入，赋值为 1，否则为 0
	系统集成能力	当年有系统集成收入，赋值为 1，否则为 0
产业结构	产业集中度	企业的市场占有率（企业当年销售收入占市场总销售收入的比重）
政策支持	政府补贴	企业当年接受政府补贴额的自然对数（0 值 +1 取对数）
	税收减免	企业当年获取减免税优惠额的自然对数（0 值 +1 取对数）
	高新技术企业	企业获得高新技术企业认证，取值为 1，否则为 0
外部融资	公开上市	当年是上市企业，赋值为 1，反之为 0
	风险投资	当年企业有风险投资，赋值为 1，反之为 0
	银行贷款	当年银行贷款余额大于零，赋值为 1，反之为 0
控制变量	无形资产	当年企业所拥有的无形资产的自然对数（0 值 +1 取对数）

续表

类型	变量	定义
控制变量	企业规模	6 种企业规模：员工数≤5；员工数≤20；员工数≤50；员工数≤100；员工数≤500；员工数 >500
	人力资本	本科学历、研究生学历以及海外学习归国员工比例
	行业类型	农业、工业、建筑业、批零业、运输邮电业、服务业、房地产开发经营业

注：对于已授权的专利，专利权人通过缴纳年费维持专利权的有效性，专利要被维持有效，说明其尚能阻止模仿，直接或间接地创造经济绩效。

6.3.3 数据来源与处理

本章采用中关村自主创新示范区企业 2002—2012 年统计数据。为剔除异常值的影响，对数据进行如下清理：（1）剔除了只有一年观测值的样本，重点考察企业创新绩效的变化特征；（2）剔除研发投入、总收入、员工人数、无形资产总额、企业利息净支出等中任意一项小于 0 的记录；（3）为了消除极端值的影响，对连续变量在 1% 和 99% 的水平上进行 Winsorize 处理；（4）对研发强度（研发投入/销售收入）大于 1 的样本进行异常值检验。最终获得 33146 家企业样本，共 123386 个观测值。从企业获得政策支持情况来看，14% 的企业享受政府补贴，29.4% 的企业享受税收减免。从企业规模情况来看，员工人数不超过 5 人的企业占比为 14.6%；40% 的企业员工人数超过 5 人并小于 20 人，约 10% 的企业员工人数超过 100 人并小于 500 人，1.4% 的企业员工人数大于 500 人。47.5% 的企业属于非科研服务业，32.7% 的企业属于工业。从样本分类统计来看，有专利申请的企业在研发投入、研发存量、集成电路布图数、利润对数、新产品生产销售能力、出口能力、产业集中度、获得政策补贴和税收减免、公开上市以及银行贷款支持上表现更为突出，见表 6－2。

表 6－2　主要变量描述性统计

变量	变量含义	有专利申请的样本			全样本			
		样本量	均值	方差	样本量	均值	方差	最大值
lrd	研发投入	20601	10.291	5.745	114526	7.889	6.376	16.723
lrd_ stock	研发存量	20601	6.255	3.979	114526	5.087	4.718	15.292
PA	专利申请量	16404	6.306	25.76	123386	0.679	8.679	1290

续表

变量	变量含义	有专利申请的样本			全样本			
		样本量	均值	方差	样本量	均值	方差	最大值
patent_ l	专利授权量	15629	3. 335	14. 19	123386	0. 391	4. 747	530
patent_ own	有效专利数	6759	10. 08	39. 20	40773	1. 927	16. 51	1242
sc	软件著作权数	14475	1. 342	3. 421	123386	1. 823	4. 432	14
ic	集成电路布图数	9396	0. 0780	2. 303	79539	0. 0200	0. 952	200
lprofit	利润对数	25732	9. 709	0. 443	123386	9. 638	0. 358	11. 608
dum_ ne	新产品生产销售能力	20562	0. 633	0. 482	117786	0. 415	0. 493	1
dum_ te	技术服务能力	20987	0. 643	0. 479	117926	0. 649	0. 477	1
dum_ si	系统集成能力	14571	0. 057	0. 231	101800	0. 041	0. 199	1
dum_ ex	出口能力	25732	0. 107	0. 309	123386	0. 067	0. 250	1
CR	产业集中度	25732	0. 001	0. 002	123386	0. 000	0. 001	0. 008
lsubsidy	政策补贴	17066	3. 169	5. 522	114093	1. 865	4. 463	14. 91
lcredit	税收减免	18525	9. 763	9. 803	115474	5. 962	8. 854	22. 54
dum_ ht	高新技术企业	25732	0. 242	0. 428	123386	0. 154	0. 360	1
dum_ ipo	公开上市	25732	0. 025	0. 155	123386	0. 012	0. 109	1
dum_ vc	风险投资	25732	0. 062	0. 240	123386	0. 068	0. 251	1
dum_ loan	银行贷款	25732	0. 115	0. 319	123386	0. 059	0. 236	1
lasset_ int	无形资产对数	25732	10. 45	7. 223	123386	5. 929	7. 043	17. 12
edu_ B	本科学历人员	25732	0. 430	0. 254	123386	0. 460	0. 264	1
edu_ A	研究生学历人员	25732	0. 109	0. 145	123386	0. 112	0. 155	0. 762
edu_ F	海外学习归国人员	25732	0. 122	0. 153	123386	0. 039	0. 097	0. 333

6.4　实证分析结果和检验

6.4.1　知识生产函数实证结果

知识生产模型实证结果（见表 6 - 3）显示：无论是当期研发投入，还是研发投入存量，均与创新产出之间存在正相关关系。但上一期研发存量对本期创新产出的影响并不显著，说明研发投入对创新产出具有短期效应。比较研发存量与各年度的交叉影响可以看出，专利申请量和研发支出之间的关系在不同时期表现不一致。2002—2005 年，研发投入专利产出弹性逐渐下降，2006—2008 年则表现为上升趋势，2009—2011 年持续上升，

2011—2012 年开始下降①，但上升和下降的幅度并不大。从年度的固定效应看，专利研发弹性随着时间的推移表现为相同的变动特征。基于模型估计系数可以判断研发投入产出关系的长期变化特征。当期研发投入的一次项显著为正，当期研发投入的二次项显著为负，当期研发投入的三次项则显著为正，说明专利申请量随研发投入的关系满足“S”形变动的规律②。研发存量的专利申请量弹性约为 8%，说明研发每增加 10%，专利申请量平均增加 0.8%，略低于 Hu 和 Jefferson 的估计结果。Hall 对基于生产函数估算研发弹性和回报率的文献综述表明，研发弹性集中在 0.08，与本章的估计结果接近。持续的研发积累从长期来看会促进企业知识产出成果的不断增长，但在一些阶段可能因为创新突破的困难，会出现投入产出效率边际递减的情况，一旦突破关键技术，研发投入又会促进创新成果的增长，见图 6－2。

表 6－3　知识生产模型实证结果

变量名称	随机效应	条件固定效应泊松回归		变量含义	条件固定效应泊松回归	
被解释变量	泊松回归	专利申请量			专利申请量	
lrd	0.134*** (8.301)	0.043*** (9.651)		当期研发投入	0.042*** (9.882)	
lrd_ nsq	－0.015*** (－3.990)			当期研发投入平方		
lrd_ n3	0.001*** (2.942)			当期研发投入三次方		
lrd_ stock			0.077*** (4.256)	当期研发存量		0.029*** (5.365)
Llrd_ stock		0.00100 (0.112)		上期研发存量	0 (－0.083)	
CR	40.221*** (7.955)	25.813* (1.742)	24.599* (1.843)	产业集中度	50.379** (2.114)	55.209** (2.574)

① 这一变动趋势与 Hu(2017)等的研究结果相似，即 2010 年之后专利和研发支出之间的相关关系在逐渐地减弱，他们将这一结论归因为政策激励带来实用新型专利的激增。

② 由于专利形式表示的创新产出是计数形式，泊松回归的结果并不能描绘出持续研发投入的产出效应，为此对被解释变量专利取自然对数，将计数形式转变为连续变量，再使用面板数据模型进行估计。正文未列出回归结果，图 6－2 为回归结果的图形表示，其中左上图形为极大似然估计结果。

续表

变量名称	随机效应	条件固定效应泊松回归		变量含义	条件固定效应泊松回归	
被解释变量	泊松回归	专利申请量			专利申请量	
lrd_ s ~ 2002		0.0160 (0.539)	−0.0120 (−0.495)	cr2002	−49.97 (−1.634)	−58.485 ** (−2.088)
lrd_ s ~ 2003		−0.0110 (−0.402)		cr2003	−19.42 (−0.691)	−9.915 (−0.398)
lrd_ s ~ 2004		−0.054 * (−1.900)	−0.066 *** (−3.248)	cr2004	−75.066 ** (−2.398)	−83.514 *** (−3.058)
lrd_ s ~ 2005		−0.070 *** (−2.929)	−0.084 *** (−3.956)	cr2005	−80.624 *** (−2.746)	−70.093 *** (−2.681)
lrd_ s ~ 2006		−0.052 ** (−2.441)	−0.068 *** (−2.919)	cr2006	−69.925 ** (−2.574)	−72.094 *** (−2.865)
lrd_ s ~ 2007		−0.0230 (−1.229)	−0.059 *** (−2.968)	cr2007	−13.46 (−0.595)	−22.40 (−1.141)
lrd_ s ~ 2008		−0.0100 (−0.803)	−0.058 *** (−2.996)	cr2008	−27.32 (−1.243)	−34.780 * (−1.756)
lrd_ s ~ 2009		−0.0150 (−1.305)	−0.062 *** (−3.218)	cr2009	−17.60 (−0.852)	−11.40 (−0.613)
lrd_ s ~ 2010		0.038 *** (3.264)	−0.0260 (−1.296)	cr2010	24.29 (1.291)	31.168 * (1.768)
lrd_ s ~ 2011		0.029 *** (2.925)	−0.034 * (−1.743)	cr2011	37.551 ** (2.443)	40.762 *** (2.892)
lrd_ s ~ 2012		0.0120 (1.233)	−0.045 ** (−2.322)	cr2012		
lsubsidy	0.017 *** (17.193)	0.014 *** (5.409)	0.017 *** (6.946)	政府补贴	0.014 *** (5.341)	0.017 *** (7.066)
lasset_ int	0.030 *** (30.437)	0.023 *** (7.840)	0.027 *** (10.045)	无形资产	0.023 *** (7.808)	0.027 *** (9.975)
dum_ ipo	0.615 *** (3.270)			企业上市		
dum_ vc	0.0190 (−0.586)	−0.101 (−1.379)	−0.0170 (−0.254)	风险投资	−0.125 * (−1.747)	−0.0330 (−0.490)

续表

变量名称	随机效应	条件固定效应泊松回归		变量含义	条件固定效应泊松回归	
被解释变量	泊松回归	专利申请量			专利申请量	
dum_ loan	0.171*** (11.357)	0.180*** (4.438)	0.186*** (4.965)	银行贷款	0.177*** (4.323)	0.169*** (4.465)
dum_ ht	0.425*** (25.565)	0.375*** (7.599)	0.402*** (9.166)	高新技术企业	0.376*** (7.764)	0.383*** (8.770)
Controls	年度 dummy、产业类型、人力资本、企业规模					
观测值	102691	27675	35080	观测值	27675	35080
组数	20686	4495	5506	组数	4495	5506

注：* 表示 $p<0.1$，** 表示 $p<0.05$，*** 表示 $p<0.01$，系数已转换为发生率比。*cr*2002 ~ *cr*2012 表示产业集中度与相应年份的交互项；*lrd_ s* ~ 2002 至 *lrd_ s* ~ 2012 表示研发存量与各年度的交叉项。

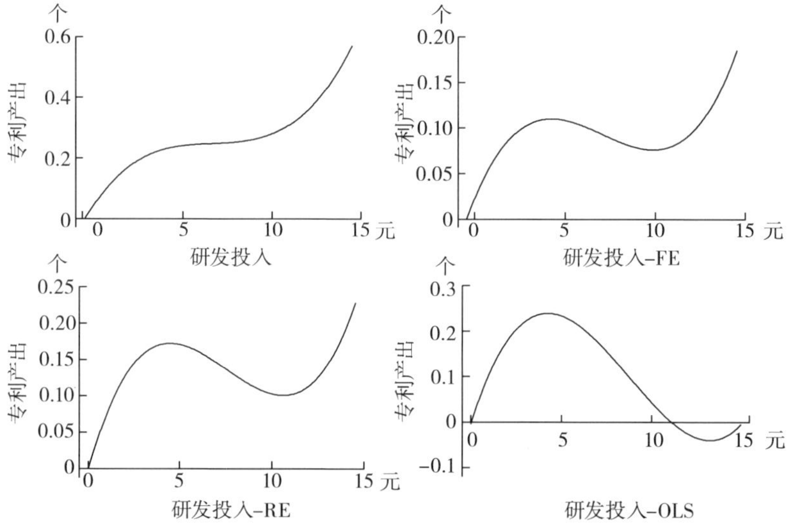

图 6-2　研发投入与专利申请量的关系图形

比较研发存量与各年度产业集中度的交叉影响可以看出，专利申请量和产业集中度之间的关系在不同时期的表现也是不一致的。2002—2005 年，产业集中度显著为负且影响程度递减，2005 年产业集中度对研发投入产出的边际效用影响比 2002 年低；2006—2011 年则表现为上升趋势；2011—2012 年又开始下降。2006 年产业集中度越高的企业，其研发投入产出边际效用越低；而 2011 年，产业集中度越高的企业，其研发投入产出边际效用越高。相同产业集中度的企业，2011年的专利申请量约比2006年专利申请量多1.1倍。这可能源于在行业秩序较为紊乱的早期，大量同类企业的竞争模仿使创新收益难以独占而抑制企业的创新积极性；而随着行业秩序和有效分工协作机制的建立，企业集群内竞争合作又能够促进企业创新。

6.4.2　创新价值转化模型的实证结果

表6-4显示：专利申请量和专利授权量对利润均具有显著的正向影响，有专利申请的企业比没有专利申请的企业平均利润高0.4%，当年有专利授权的企业比没有专利授权的企业平均利润高约0.5%。由此可见，单纯的专利产出对企业利润的影响系数较小。

表6-4　创新价值转化模型实证结果

变量名称	被解释变量	利润			
	模型	OLS	RE	FE	RE
PA	专利申请量	0.004*** (5.926)	0.003*** (6.346)	0.004*** (6.858)	0.004*** (7.409)
lasset int	无形资产	-0.002*** (-6.523)	-0.001*** (-4.520)	0.0001 (-0.275)	-0.001*** (-4.324)
dum_ ne	新产品生产销售能力			0.011*** (3.642)	0.012*** (4.569)
dum_ te	技术服务能力			0.015*** (4.649)	0.013*** (4.942)
dum_ ex	出口能力			0.027*** (2.889)	0.028*** (3.520)
Controls	控制变量	企业规模、人力资本、产业类型		年度dummy、企业规模、人力资本、产业类型	
N	观测值	111054	111054	108637	
N - cluster	组数	22119	22119	21988	
R - squared	组间R2	0.27	0.07	0.07	

注：*** 表示 $p<0.01$。为了控制潜在的异方差和序列相关问题，使用以code为聚类变量的聚类标准误。回归中省略了产业固定效应、时间固定效应以及政策支持、外部融资和控制变量的回归结果。

其他类型的创新及服务是帮助企业更充分实现创新价值的重要互补性资产，使创新成果可以通过新产品销售、技术服务、系统集成等形式转化为经济价值。具体来看，有新产品销售的企业比没有新产品销售的企业利润平均高约1%，而有技术服务能力的企业比没有技术服务能力的企业利润平均高1.5%，产品有出口的企业比产品没有出口的企业利润平均高3%。互补性资产变量结果说明，具有创新能力的企业，若同时具备新产品制造和销售能力、技术服务能力或者出口能力，可以更好掌握产业价值链的控制权，有助于创新成果成功进行商业化。无论是企业规模变量，还是代表产业市场结构的产业集中度，在知识生产阶段，企业规模越大，在行业中所占的市场份额越大，知识生产能力越强；在创新价值转化阶段，规模越大的企业拥有或控制互补性资产的能力可能越强，创新盈利能力越强。Schumpeter（1943）认为大规模、垄断性企业有助于获取创新垄断利润。同时，中小企业的互补性资产较为有限，难以从创新中受益，与Teece（1986）结论一致。

为进一步证明新知识价值转化中互补性资产的作用，引入不同变量的交互项检验企业同时拥有多样化创新知识成果（专利、软件著作权、集成电路布图）、新产品生产销售能力、技术服务能力、系统集成能力、出口能力等互补性资产是否有助于增强企业的创新盈利能力。

$$Profit_{jit} = \kappa_1 + \sum \beta_{jk} PA_{jit} \times Teece_{kit} + \sum \varphi_j X_{jit} + \sum \gamma_l Controls_{lit} + year_t + \lambda_j + \varepsilon_{it} \tag{6.5}$$

其中，$Profit_{jit}$ 表示利润。$k = 1、2、3、4$，$j = 1、2、3、4$ 且 $k \neq j$，PA_{jit} 与 $Teece_{kit}$ 分别表示影响创新价值转化的专利等科技成果、互补性资产指标，X_{jit} 表示解释变量，$Controls_{lit}$ 表示控制变量，$year_t$ 及 λ_j 分别表示控制年度和行业固定效应。

从表6-5的结果来看，软件著作权对企业利润具有显著的正向影响，但影响系数较小。集成电路布图对企业利润的影响不显著，原因可能在于集成电路产业投资大、受行业影响大等特点导致其盈利受到多方面因素的影响。但创新成果与互补性资产的交互项对企业利润的影响较大，各交互项

表6-5　基于交互项的创新价值转化模型实证结果

变量名称	被解释变量	利润						
patent_own	有效专利	0.0001 (0.324)	0.0001 (0.569)	0.0001 (0.378)	0.0001 (0.593)	0.0001 (0.593)	0.0001 (0.310)	0.0001 (0.299)
sc	软件著作权	0.002 ** (2.430)	0.002 *** (2.672)	0.002 ** (2.499)	0.002 *** (2.754)	0.002 *** (2.768)	0.002 ** (2.380)	0.002 ** (2.379)
ic	集成电路布图	-0.00100 (-0.730)	-0.00100 (-0.682)	-0.00100 (-0.699)	-0.00200 (-0.771)	-0.00100 (-0.671)	-0.00200 (-0.844)	-0.00200 (-0.748)
PA_int	专利×无形资产	0.039 *** (3.582)					0.038 *** (3.557)	0.040 *** (3.669)
PA_si	专利×集成能力		0.069 ** (2.001)					
PA_te	专利×技术服务能力			0.034 *** (3.272)				
dum_re3	新产品生产销售能力×技术服务能力×集成能力				0.061 ** (2.227)		0.060 ** (2.173)	
tex	出口能力×技术服务能力×集成能力					0.291 *** (2.903)		0.294 *** (2.911)
Controls	控制变量	企业规模、人力资本、产业类型						
N	观测值	40772	40772	40772	40772	40772	40772	40772
N - cluster	组数	13480	13480	13480	13480	13480	13480	13480

注：** 表示 $p<0.05$，*** 表示 $p<0.01$。使用以code为聚类变量的聚类标准误的固定效应面板数据模型。省略其他解释变量和控制变量结果。未给出专利×新产品销售收入的交叉项，因为专利本身就可能转化为新产品，专利与新产品销售收入不是互补的，故该交叉项的意义不大。

均在5%或1%的显著性水平上显著为正。（1）专利与无形资产交互项显著为正，说明无形资产的存在可以提升消费者对企业产品或服务的认可度，愿意付出更高的溢价；（2）专利与集成收入交互项显著为正，说明同时拥有专利和系统集成能力的企业有更强的盈利能力；（3）专利与技术收入交互项对企业利润的影响显著为正，说明技术服务可以强化其产品的专有性和提高客户的体验感，从而帮助企业提高盈利能力；（4）同时拥有新产品生产销售能力、技术服务能力和集成能力这三种互补性资产的企业比不具备这三种互补性资产的企业平均盈利高约6%；（5）同时拥有出口能力、技术服务能力和集成能力这三种互补性资产的企业，比不具备这三种互补性资产的企业平均盈利高约29%，说明企业的技术服务能力和集成能力可以通过出口的学习效应，促进企业盈利提升。由此，同时拥有多种互补性资产的企业盈利能力更强，说明专利创新若能够与新产品销售、技术服务、系统集成、无形资产等互补性资产相结合，可以帮助企业提高盈利能力，互补性资产对于企业实现创新利润具有重要作用。

6.5 结论与启示

创新是将新知识、新技术转化为商业价值的过程，需要企业具备技术创新和商业价值转换的综合能力。本章利用中关村自主创新示范区2万家高新技术企业10年观测数据对创新生产及PFI理论进行了实证检验。在创新的第一阶段，研发投入在一定阶段存在边际产出递减现象，随着知识积累和关键“瓶颈”的突破，企业研发投入与创新产出呈波浪式增长态势。在创新的第二阶段，研发投入和创新产出转化为经济价值，企业可以通过多种方式运用创新成果以提升盈利：（1）应用新知识提高产出，进而提升生产率和盈利水平；（2）应用新技术开发新产品，开拓新市场，创造新商业价值；（3）提供技术服务，并与产品销售相配合，提升整体的盈利水平；（4）运用出口等市场开拓和营销能力，实现对外部知识、技术、服务和信息的整合，促进知识生产及商业化应用；（5）将产品部件与技术服务集成，通过整体设计、生产、组装调试、服务的集成整合收获相关产业链上的价值增值。

创新型企业要更好地实现创新价值，在强化自身技术创新能力的基础上，企业必须不断强化新产品生产、市场销售、技术服务、技术集成以及出口等产业化和商业化能力，并积极通过商誉、品牌等无形资产的积累，社会资本的运用以及产业链的影响和控制力的提升来助推其盈利能力的增强。同样，对于创新政策而言，不仅需要支持企业的技术创新活动，还需要加强对其技术商业化能力的培育和支持，努力完善好市场、融资、资源对接等创新服务平台，为企业整合利用资源、增强创新盈利能力创造良好的市场环境和政策支持氛围。

执笔：崔静静　程郁

第7章 政府补贴对自主创新的促进效应

7.1 引言

在现代经济增长理论中，由技术创新带来的技术进步和知识积累是一国保持长期经济增长的重要源泉（Romer，1990）。但由于创新具有较强的外部性以及较高的风险，一个社会的整体创新水平通常低于最优水平（Arrow，1962），因此，政府将对企业创新活动进行补贴视为矫正“市场失灵”的重要手段。自1985年科技体制改革后，中国政府高度重视对科技创新的支持，随着科技兴国战略以及新一届政府“创新驱动”发展战略的逐步推进，政府科技投入持续增加。据统计，财政支出中的科技投入由1978年的52亿元快速增长至2014年的5000多亿元，这其中就有相当大的比例用于企业创新补贴。然而，现有文献对于中国政府科技创新投入效果的研究并不多，对政府特别关注的高新技术企业补贴效果的研究则更少。本章基于中关村2001—2012年3万多家高新技术企业面板数据对政府创新补贴的效果进行研究，这对我们理解政府创新政策激励的机制和绩效，以及对于政府修正现行的补贴政策具有重要意义。

国外已有很多文献对政府补贴的效果进行评估，发现政府补贴能通过降低创新活动的短期或长期成本来激发企业创新的积极性，但国内文献则相对匮乏。总体而言，国内的少量研究基本上都发现政府补贴能够提高企业的创新投入水平，但这些研究通常面临两大问题：一是假定政府补贴是外生的。事实上，企业能否获得补贴与企业自身能力、政企关系等因素密切相关。二是由于政府官员与企业之间存在信息不对称，政府补贴可能会流向已经开始投资并且成功概率较高的项目，进而有可能挤出企业原本计划的创新投入。因此，能否获得政府补贴具有明显的内生性。针对第一个问题，本章将采用中关村 2001—2012 年 3 万多家企业的面板数据，利用 PSM 和 DID 两种计量方法对企业是否获得政府补助的内生性问题进行处理。针对第二个问题，现有文献一般采用跨行业数据，这样无法消除行业异质性对回归结果的影响。比如，企业外部治理环境存在重大的行业差异，竞争性行业与垄断性行业、高技术产业与传统行业间的创新需求和创新产出也存在较强的异质性。因此，基于跨行业数据的回归可能产生有偏的结果。本章使用的样本主要集中于信息技术和高新技术服务业，可以在一定程度上克服异质性问题。另外，本章还在如下几个方面推进国内文献对于该问题的研究：第一，现有文献大多只关注补贴对企业创新产出的影响，却忽略了对企业创新投入的影响，本章同时研究政府补贴对企业创新投入和产出的影响；第二，企业得到补贴后可能会进行内涵式的自主创新，也可能会进行外延式的直接购买或引进其他企业研发的新技术，这两种机制都有可能提高企业的创新产出，但对政府而言，它显然希望看到的是前者而不是后者，本章则区分并考察了补贴对上述两种行为的影响；第三，政府补贴可能会对企业的短期创新或长期创新产生影响，本章区分并研究了补贴对这两种创新行为可能产生的不同影响。上述问题的答案对于政策制定者也尤其重要，他们显然希望看到补贴能够激励企业在长期内的自主创新和创新产出。

7.2　文献综述

创新活动往往存在较强的正外部性，因此企业通常缺乏足够的动力进行创新，这会导致企业的创新水平低于社会最优水平（Arrow，1962）；同时，由于创新活动存在较高的收益不确定性，以及由于信息不对称导致的逆向选择和道德风险问题，企业管理者也往往缺乏足够的动力进行创新。此外，在不完善的资本市场中，企业的创新投入往往难以从外部渠道获得有效的资金支持，进而也会导致创新投入不足（Nelson，1959；Arrow，

1962；Aghion and Howitt，1992）。因此，各国政府广泛使用政策扶植、补贴或税收减免等方式鼓励企业增加创新投入（Kletteet et al.，2000）。

第一，政府补贴能够降低企业的创新成本，使原本净现值为负的创新项目变得有利可图（Lach，2002；Hall，2002a，2002b），因此，创新补贴可能激励企业投入之前不愿意开展的项目；第二，当企业由于经费不足而无法继续开展创新活动，且面临较强的外部融资约束时，政府补贴能够缓解企业的“燃眉之急”，加速企业的创新进程（Jaffe，2002；Wallsten，2000）；第三，若政府补贴直接针对企业购买或更新研究设备，那么创新活动的固定成本或长期成本就会降低，企业未来开展创新活动的可能性就会提高（Görg and Strobl，2007）；第四，企业由于获得补贴而开展的创新活动可能给其他创新项目带来外溢效应（如知识的获取、专家团队的建立、当前创新项目带来的资源等），从而提高其当前或未来其他项目的成功率（Lach，2002）。有不少研究提供的证据表明，政府补贴可以提高企业的创新投入与创新产出，例如，Levin 和 Reiss（1984）、Leyden 和 Link（1991）利用美国的数据研究发现，政府补贴能够提高企业创新活动的收益，降低创新项目的风险。这一结论在欧洲部分国家中也得到了验证（Czarnitzki and Hussinger，2004）。

然而，政府补助也有可能产生挤出效应，这是因为许多企业在没有政府补贴的情况下依然有动力及能力进行创新活动，此时的政府补贴无异于企业内外部融资的替代品，且政府补贴的“融资成本”更低，因此，政府补贴未必会推动企业创新的额外增加。另外，虽然政府补贴能够降低项目成本，但它也可能通过改变企业在不同创新项目间的投资决策而挤出企业的创新投入（David et al.，2000），这种情形在创新投入要素的供给弹性较低时更容易产生（Goolsbee，1998）。例如，Wallsten（2000）利用美国的数据研究发现，企业在获得创新补贴之后却缩减了其自身的研发投入；而 Busom（2000）利用西班牙的数据研究发现，30%的企业获得政府补贴后显著削减了其自身的研发投入。因此，现有文献对政府补贴的效果仍未达成一致结论（David et al.，2000），这也表明了进一步展开研究的必要性。

国内对于政府补贴效果的研究相对匮乏。朱平芳和徐伟民（2003）考察了上海市政府科技激励政策的效果，发现直接拨款与税收减免能够促进企业的研发投入；赵付民等（2006）则发现政府对大中型企业的直接补贴对企业自身的科技投入具有正向促进作用；解维敏（2009）发现政府资助能够降低企业的研发风险和成本，进而提高企业的研发支出；郑绪涛和柳剑平（2008）的研究认为，有效的税收和补贴政策能够激励企业开展研发活动；白俊红和李婧（2011）发现政府补贴显著提高了企业的技术创新效率；秦雪征等（2012）以企业参与国家科技计划作为政府补贴的一种形式，利用PSM方法处理被补贴的内生性问题后，发现国家科技计划能够使企业产品创新和方法创新的概率分别提高20%和24%。

整体而言，目前国内的研究普遍面临如下两个问题：第一个问题是样本企业的行业过于广泛，行业的异质性会导致模型的估计结果存在偏误（Frenkel et al.，2001；Pavitt，1984；Klevorick et al.，1995）。对于高新技术产业而言，技术创新本来就是企业获得高新技术企业认定的先决条件，企业也必须保持较高水平的创新投入以应对潜在的复杂技术问题，因此高新技术产业的企业创新投入水平往往更高（Frenkel et al.，2001）。例如，Pavitt（1984）在区分了以电子和化学为代表的行业、以机械工具为代表的行业、以纺织为代表的行业后，发现不同行业的创新水平和创新来源具有明显差异。就中国而言，国企面临的融资约束较弱，在市场存在较好的投资机会时能够及时调整投资策略以应对市场变化，但小型私有企业受到融资约束可能无法迅速地作出调整。第二个问题是对企业获得政府补贴的内生性问题考虑不足。Klette等（2000）认为，企业能否获得补贴并非随机事件。比如，政府官员可能会更青睐将补贴分配给创新能力较强的企业（Lach，2002；Görg and Strobl，2007）。Hussinger（2008）、Duguet（2004）和Wallsten（2000）分别利用欧美国家的数据研究发现，规模较大的企业更容易获得政府补贴；Almus和Czarnitzki（2003）及Hussinger（2008）发现出口导向型企业往往更容易获得政府补贴。另外，企业过去的创新强度往往与当期获得补贴的概率相关（Czarnitzkiand Hussinger，2004；Wallsten，2000）。为了处理补贴的内生性，Wallsten（2000）、Busom（2000）

和 Hussinger（2003）采用 Heckman 两步法分别对美国、西班牙和德国的数据进行研究，均发现 OLS 回归大大高估了补贴的效果。此外，Lach（2002）采用 DID 法对以色列的数据进行研究，Almus（2003）、Czarnitzki 和 Hussinger（2004）、秦雪征等（2012）采用 PSM 法分别对东德和中国的数据进行研究，也均发现 OLS 回归结果高估了补贴效果。另外，虽然上述研究均对补贴的内生性问题进行了处理，但不同的内生性问题处理方法也存在明显的优劣势。整体而言，同时采用 PSM 和 DID 法评价补贴的效果是最有效的（Blundell and Monica，2000；Holger and Strobl，2007）。因此，本章也将联合采用 PSM 和 DID 法对中国政府补贴的政策效果进行更科学的评估。

7.3　数据来源与研究方法

7.3.1　数据来源

本章采用中关村高新技术企业 2001—2012 年的统计数据，它由中关村管委会搜集整理，包含了企业的创新活动、产权性质以及财务指标体系。考虑到面板估计方法的需要，我们剔除了只有一年观测值的样本，最终得到了 31569 个样本，其中有 4345 家企业在观测时段内获得政府补贴。

7.3.2　研究方法

评价政府补贴政策效果的最大困难是获得补贴的概率与企业特征相关。例如，表 7－1 报告了样本企业是否获得补贴、补贴金额与企业特征的相关系数，从中可以看出：政府补贴更多地流入国有、成熟、规模较大、出口导向型、盈利以及以往研发活动强度更高的企业，这在一定程度上反映了中国政府对高新技术企业的补贴存在“扶持强者”的倾向。

表 7－1　企业获得补贴情况与企业特征的相关系数

分类	是否国有企业	年龄	员工数	负债率	规模	平均工资	是否亏损	是否出口企业	以往研发投入
是否获得补贴	0. 28 (0. 00)	0. 06 (0. 00)	0. 27 (0. 00)	0. 00 (0. 57)	0. 22 (0. 00)	－0. 01 (0. 03)	－0. 13 (0. 00)	0. 10 (0. 00)	0. 18 (0. 00)

续表

分类	是否国有企业	年龄	员工数	负债率	规模	平均工资	是否亏损	是否出口企业	以往研发投入
补贴额的自然对数	0.30 (0.00)	0.08 (0.00)	0.31 (0.00)	0.00 (0.86)	0.25 (0.00)	-0.01 (0.00)	-0.14 (0.00)	0.10 (0.00)	0.19 (0.00)

注：括号内为 p - value。

为了解决内生性问题以及行业和企业异质性问题，我们首先利用 PSM 法对样本进行匹配：将样本分为实验组和对照组两组，实验组为至少获得一次补贴的企业，其余的为对照组。其次，我们筛选出影响企业获得补贴概率的变量矩阵 X 以估算获得补贴的概率方程。为克服反向因果关系，对于实验组，我们将其首次获得政府补贴的年份定义为 t，然后根据 $t-1$ 期的特征和创新表现，将在 t 期获得补贴的实验组样本与对照组进行匹配。为此，我们首先采用 Probit 模型估算企业获得补贴的概率方程：

$$P(subsidy_{it}=1 \mid L.X)=F\ (L.X) \tag{7.1}$$

令每一家企业 i 在 t 时刻获得补贴的概率为 P_{it}，然后根据最小距离法，即 $\min\limits_{j\in -i} \mid P_{it}-P_{jt} \mid$，为每一家实验组企业寻找一家匹配的企业 j。最后，基于匹配后的样本，利用 DID 法对政府补助的政策效果进行评估。

在评估补贴效果时，我们感兴趣的是企业获得补贴后创新水平的期望变化。一种粗略方式是用企业获得补贴前后的创新行为的变化来衡量补贴效果，但这种方法需要假定企业创新投入水平在补贴前后不受补贴以外的诸如时间变化、行业冲击等因素的影响，而这在现实中往往无法满足。对此，一个相对合理的假设是获得补贴的企业与未获得补贴的企业在不同时期的创新水平呈现相同的变化趋势。如果这个假设成立，就可以把未获得补贴的企业作为对照组，以对照组在补贴政策前后的创新水平变化作为普遍的时间趋势对政府的补贴政策进行评估。在这种情况下，补贴的效果等于获得补贴的企业在被补贴前后的创新水平变化减去根据对照组所计算得出的时间趋势。根据 DID 法的这一思想，我们设立了如下模型：

$$y_{it}=\alpha_0+\sum \varphi_t \times Year_t+\delta \times Subsidy_{it}+\nu_i+\beta X+\varepsilon_{it} \tag{7.2}$$

其中，y 是企业的创新水平，i 和 t 分别代表企业与年份，ν_i 为企业固定效应，*Year* 为年份虚拟变量，*X* 是控制变量，$Subsidy_{it}$ 为企业 i 在 t 年获得政府补贴的虚拟变量。$Subsidy_{it}$ 的估计系数为 $\Delta y_i = E(y_{i,t} \mid subsidy_{i,t} = 1) - E(y_{i,t-1} \mid subsidy_{i,t} = 0) - [E(y_{j,t} \mid subsidy_{i,t} = 0) - E(y_{j,t-1} \mid subsidy_{j,t-1} = 0)]$，即政府补贴对企业创新水平产生的影响。

7.4 变量设定

7.4.1 被解释变量

我们从企业的创新投入和创新产出两个维度考察补贴效果。创新投入主要被企业用于研发、购买或引进技术，与研究机构合作以及支付创新人员工资等支出。参考 Holger 和 Strobl（2007）的研究，我们采用创新投入的自然对数值作为创新投入的代理变量。但是，较高的创新投入未必会转化为创新产出，仅从创新投入角度评估政策的效果还不够，因此我们进一步考察补贴对企业新产品销售收入和专利申请数量的影响。专利申请能够反映技术创新的中间知识产出，能在一定程度上表征企业技术投入转化水平（Griliches，1979；朱平芳和徐伟民，2003；詹宇波等，2010）。这里之所以采用专利申请数量而非专利获得数量，是因为从专利申请到获得批准一般需要 1 ~2 年的时间，部分行业（如医药行业）可能更久，因此专利申请数量更能反映当期的创新水平（岳书敬，2008）。与专利申请数量相比，新产品销售收入表示了创新成果的商业化水平（Acs and Audretsch，2003）。

企业的创新投入可分为内涵式的自主研发，以及外延式的购买或引进技术，这两种模式的投资风险显然不同：前者意味着企业必须承担研发失败的风险。正如 Arrow（1962）所述，若政府不采取激励措施，会出现创新投资不足的情况，而且在自主研究阶段更容易表现出投资不足的情况。相对而言，购买或引进技术能够使企业在短时间内利用新技术生产出产品，并无须承担研发失败的风险。基于上述区别，本章将创新投入进一步分为企业自主研发和购买或引进技术两类，前者用企业 R&D 投入扣除补贴额后的自然对数值衡量，后者用企业用于购买和引进技术的支出的对数值衡量。此外，尽管有大量文献对补贴效果进行了评估，但我们对补贴的长期效果知之甚少，因此本章还将研究补贴的长期和长期激励效果。参照 Clausen（2007）的做法，本章采用企业雇用的高学历人才（有博士学位的员工数以及海外留学归国的员工数）作为衡量企业长期创新投入的指标。

7.4.2　控制变量

企业规模和企业年龄。有研究发现，规模较大的企业通常具有更强的创新能力，因此也更容易获得政府补贴（Hussinger，2008）。类似地，年轻的企业通常面临更强的内外部融资约束（Hall，2002b），从而无法进行大规模的创新。有研究发现，企业获得政府补贴的概率随着企业年龄的增长而提高（Busom，2000）。

企业出口行为。一方面，有出口行为的企业通常面临着更激烈的国际竞争从而具有更高的创新动机（Clausen，2007）；另一方面，政府官员也有补贴出口企业以提高其国际竞争力的动机（Blanes and Busom，2004），而且，也有研究发现出口导向型企业往往具备更高的创新水平并更容易获得政府补贴（Almus and Czarnitzki，2003；Hussinger，2008）。

以往的创新活动。一方面，企业以往的创新能力更强时，可能在过去也曾获得过政府补贴，进而降低了企业与政府间的信息不对称并使企业在当前获益；另一方面，若政府官员青睐于更容易成功的项目，则以往创新水平较高的企业更有可能在当期获得补贴，这是因为以往创新水平较高的企业在当前仍可能延续高水平的创新投资。例如，有很多研究发现，企业以往的创新投资水平能够显著提高企业在当期获得政府补贴的概率（Czarnitzki and Hussinger，2004；Wallsten，2000）。

其他控制变量。企业的负债水平、资产总额、盈利能力、产权性质、行业和年份虚拟变量等。企业的负债水平、资产总额和盈利能力刻画了企业的融资约束水平，这 3 个指标能够帮助我们捕捉政府补贴的导向。国有产权有助于减少信息不对称，从而提高获得补贴的概率。最后，我们还控制了行业和年份的虚拟变量，以控制行业间的差异以及不同年份的技术创新冲击。变量定义及描述性统计详见表 7 - 2。

表 7-2 变量定义及描述性统计

变量名称	变量定义	N	mean	sd.	min.	max.
New_ product	新产品销售收入（对数）	171053	2.198	3.739	0	11.97
Exp_ innovation	创新活动总支出（对数）	171053	3.756	3.382	0	11.97
Exp_ research	R&D 投入减去补贴收入（对数）	171053	2.542	3.129	0	9.902
Exp_ purchase	用于购买或引进技术的支出（对数）	171053	1.897	2.995	0	9.798
Patent	申请专利的个数	171053	0.382	1.588	0	11
PhD	雇用的拥有博士学位的员工个数	151563	0.526	1.373	0	9
Oversea	雇用的海外留学归国员工个数	149145	0.377	1.144	0	8
Subsidy	当年获得的补贴金额（对数）	171053	0.599	1.845	0	12.99
Age	企业年龄	171053	5.640	4.746	0	73
DTA	资产负债率	171053	0.528	0.648	0.0115	0.964
Asset	总资产（对数）	159520	8.654	2.166	0	18.67
Loss	当年的净利润是否为负，是=1，否=0	171053	0.465	0.499	0	1
Export	当年是否出口产品，是=1，否=0	171053	0.0519	0.222	0	1

7.5 实证结果

7.5.1 企业获得补贴的决定因素

我们首先检验企业特征对获得补贴的概率的影响，以验证“企业获得补贴并非随机事件”这一判断。参照 Holger 和 Strobl（2007）的研究，我们采用 Probit 模型进行回归。为了消除反向因果关系，我们对控制变量滞后一期。回归结果如表 7-3 所示：企业以往的创新支出在 1% 的统计水平上显著为正；资本雄厚的、盈利能力强的、规模较大的企业或者国有企业获得补贴的概率更高，这说明政府补贴确实有“扶持强者”的倾向。但在 2008 年以后，资产总额以及企业亏损虚拟变量的回归系数的大小和显著程度均有所下降，有两个因素可以解释这一结果：一是政府补贴“强者”的倾向随着时间的推移而减弱；二是 2008 年后，政府对高新技术企业的认定政策进行了调整，更多地根据企业的研发投入强度与专利情况来认定其是否属于高新技术企业，对企业的创新补贴政策也发生了变化。

表 7-3　2002—2012 年企业是否获得补贴的 Probit 回归结果(全样本)

变量名称	全样本	2002 年	2003 年	2004 年	2005 年	2006 年	2007 年	2008 年	2009 年	2010 年	2011 年	2012 年
SOE	0.5132***	0.4089***	0.4431***	0.4331***	0.4925***	0.5318***	0.5766***	0.5919***	0.5490***	0.5139***	0.4740***	0.5865***
	(-0.011)	(-0.06)	(-0.049)	(-0.042)	(-0.038)	(-0.035)	(-0.033)	(-0.037)	(-0.033)	(-0.036)	(-0.042)	(-0.038)
Age	-0.0070***	-0.0411***	-0.0416***	-0.0387***	-0.0213***	-0.0135***	-0.0070**	0.0033	0.0022	0.0016	0.0043	0.0003
	(-0.001)	(-0.008)	(-0.007)	(-0.005)	(-0.005)	(-0.004)	(-0.003)	(-0.004)	(-0.003)	(-0.003)	(-0.003)	(-0.003)
Employee	0.1509***	0.2201***	0.1590***	0.1443***	0.1660***	0.1506***	0.1642***	0.2123***	0.1127***	0.1264***	0.1423***	0.1689***
	(-0.005)	(-0.031)	(-0.026)	(-0.021)	(-0.019)	(-0.017)	(-0.016)	(-0.018)	(-0.015)	(-0.015)	(-0.017)	(-0.014)
LEV	0.0000	-0.0458	-0.0919**	-0.0028	-0.0275	-0.0007	-0.0385*	-0.0007	-0.0415**	-0.0327**	0.0000	0.0002
	(0.000)	(-0.055)	(-0.042)	(-0.011)	(-0.023)	(-0.001)	(-0.023)	(0.000)	(-0.020)	(-0.014)	(0.000)	(0.000)
Scale	0.0315***	0.0142	0.0366**	0.0458***	0.0342***	0.0541***	0.0312***	0.0927***	0.0154	0.0043	-0.0263**	0.015
	(-0.003)	(-0.017)	(-0.015)	(-0.012)	(-0.011)	(-0.011)	(-0.01)	(-0.013)	(-0.010)	(-0.010)	(-0.011)	(-0.011)
Loss	-0.1986***	-0.2217***	-0.2121***	-0.3047***	-0.2568***	-0.1947***	-0.1899***	-0.3359***	-0.1916***	-0.1862***	-0.0593	-0.0225
	(-0.011)	(-0.054)	(-0.044)	(-0.038)	(-0.034)	(-0.032)	(-0.03)	(-0.039)	(-0.031)	(-0.034)	(-0.038)	(-0.033)
Export	0.0480***	-0.0469	0.0205	-0.0130	-0.1261	-0.0119	-0.0940	0.0156	-0.0075	0.0879*	0.1703***	0.1969***
	(-0.018)	(-0.125)	(-0.102)	(-0.084)	(-0.081)	(-0.067)	(-0.064)	(-0.065)	(-0.053)	(-0.053)	(-0.054)	(-0.049)
Ln(R&D)	0.0581***	0.0762***	0.0661***	0.0743***	0.0766***	0.0743***	0.0725***	0.0616***	0.0640***	0.0582***	0.0428***	0.0432***
	(-0.002)	(-0.012)	(-0.009)	(-0.008)	(-0.008)	(-0.007)	(-0.007)	(-0.008)	(-0.005)	(-0.005)	(-0.005)	(-0.005)

注:***、**、*分别代表在 1%、5% 和 10% 统计水平上显著,括号内为稳健标准误。

根据表 7－3 的结果，对每一家企业每一年获得补贴的概率进行打分，采用最小距离法为每家获得补贴的企业匹配一家对照企业。考虑到 DID 法要求提供实验组在获得补贴以前至少一年的观测值，加上利用滞后一期的样本进行匹配，因此，我们要求在 t 期获得政府补贴的实验组企业在 $t-1$ 期和 $t-2$ 期均未获得补贴并存在 X 的观测值。依据上述原则，2003—2012 年分别有 362、531、512、517、565、246、517、357、166 和 572 家实验组企业，为每一家企业均匹配了一家对照企业。最终，我们用于 DID 法回归的样本为 2002—2012 年的 8690 家企业。

7.5.2 政府补贴的整体效果

下面我们利用匹配样本对模型进行回归，控制变量包含企业年龄、资产负债率、员工数目、总资产、净利润是否为负、是否出口，以及产业虚拟变量。分别利用新产品销售收入、创新活动支出和专利申请数量度量创新投入和创新结果，然后对实验组与对照组获得补贴年份前一年主要变量的描述性统计结果进行双侧 T 检验结果。从表 7－4 中可以看出：两组企业在产权性质、年龄、负债水平等方面均无显著差异，这意味着匹配样本中获得与未获得补贴的企业特征不存在显著差异，因此利用 PSM 法匹配后的样本进行回归能够有效缓解样本“自选择”问题带来的估计误差。

表 7－4　DID 模型的匹配样本单侧 T 检验

变量名称	Control Group	Treatment Group	Diff	T－value
SOE	0.445	0.455	－0.010	－0.257
Age	4.165	4.392	－0.227	－0.618
LEV	0.487	0.558	－0.072	－0.069
Size	9.181	9.316	－0.135	－1.119
Loss	0.354	0.342	0.012	0.090
Export	0.072	0.093	－0.022	－1.089

表 7－5 报告了 DID 模型的回归结果，主要自变量 $Subsidy_{it}$ 在 3 个模型中均在 5% 的统计水平上显著为正，这表明政府补贴的确能够提高企业的创新投入和创新产出水平。从回归系数的大小来看，$Subsidy_{it}$ 对创新投入的促进作用是它对创新产出促进作用的两倍，这可能与创新投入的转化效率

以及新产品的生产周期有关。

表7-5　政府补贴与企业整体创新水平的回归结果（DID）

变量名称	New_ Product	Exp_ innovation	Patent
Subsidy	0.3409***	0.3313***	0.6518**
	(0.0574)	(0.0485)	(0.2851)
Age	0.0368	0.1946	0.8027***
	(0.3883)	(0.4528)	(0.2410)
LEV	0.0001**	0.0001**	0.0004***
	(0.0001)	(0.0000)	(0.0001)
Asset	0.3878***	0.6820***	0.6918***
	(0.0208)	(0.0212)	(0.1181)
Loss	-0.6191***	-0.4988***	-0.1369
	(0.0368)	(0.0331)	(0.2155)
Export	1.0189***	1.0852***	1.9789**
	(0.1046)	(0.0773)	(0.9809)
Constant	-0.8469	-0.3279	-5.6038***
	(0.9997)	(0.5038)	(1.2607)
Year Indicator	YES	YES	YES
Firm fixed effect	YES	YES	YES
Industry Indicator	YES	YES	YES
Observations	0.1038	0.1347	0.0052
R - squared	8690	8690	8690
Number of code	8690	8690	8690

注：括号内为稳健标准误；***、** 分别代表在1%、5%统计水平上显著。

另外，企业规模的回归系数在1%统计水平上显著为正，这表明规模较大的企业通常具备更强的内部融资能力，且更容易获得规模报酬，因此其创新投入水平更高，这一结果与Levin等（1985）、Acs和Audretsch（2003）的研究一致。出口的系数显著为正，这表明有出口行为的企业会更多地进行创新，可能的原因有两个：一个是由于出口部分或全部商品的企业通常面临更激烈的国际竞争，因而具有增加创新投入的动机（Clausen，2007）；另一个是中国政府往往倾向于鼓励企业多出口创汇，从而更愿意给出口企业提供补贴。亏损虚拟变量在所有的方程中都显著为负，表明亏损企业创新投入和产出显著更低，这一结果与理论预期保持一致。

出于政策评价的需要，我们进一步在 DID 模型的基础上测算补贴的弹性，这主要是基于两点考虑：第一，DID 模型无法计算补贴的边际效应，而边际效应往往是政策评估所关心的；第二，我们希望比较 PSM 和 DID 联合回归结果与 OLS 回归结果的差异。但是，测算补贴金额的弹性时依然面临着内生性问题的困扰，为此我们参照 Wallsten（2000）、Busom（2000）和 Hussinger（2003）的方法，联合使用 PSM 和 Heckman 两步法进行回归。表 7 -6报告了回归结果：无论采用何种方法，政府补贴对新产品销售收入、创新经费投入以及专业申请数量均产生显著的促进作用；政府补贴对于创新经费支出的边际效应略高于对新产品销售收入的边际效应。联合使用 PSM 和 Heckman 两步法得到的回归系数显著小于仅使用 Heckman 两步法的回归系数，这与我们的预期相符：政府补贴“扶持强者”的倾向容易导致普通线性回归法高估政府补贴的效果，当我们采用 PSM 法进一步控制企业获得补贴的内生性后，政府补贴系数被高估的程度有所下降。整体而言，政府补贴对新产品销售收入和创新投入的弹性分别为 0. 215 和 0. 308，前者略低于后者，这与 DID 法的估计结果一致，说明政府补贴对企业整体创新投入的影响大于对创新产出的影响。另外，政府补贴额度每增加 1%，企业的专利申请数量能够增加大约 0. 6 个。

表 7 -6　政府补贴与企业整体创新水平的边际效果

变量名称	New_ product		Exp_ innovation		Patent	
	Heckman	PSM + Heckman	Heckman	PSM + Heckman	Heckman	PSM + Heckman
Subsidy	0. 2682 ***	0. 2154 ***	0. 3578 ***	0. 3077 ***	0. 5757 **	0. 6229 *
	(0. 0163)	(0. 0196)	(0. 0121)	(0. 0144)	(0. 2263)	(0. 3200)
Age	−0. 1341	0. 0778	−0. 4077	−0. 1654	0. 4058	1. 0263 ***
	(0. 4988)	(0. 5701)	(0. 3344)	(0. 3806)	(0. 3271)	(0. 3548)
LEV	0. 0000 *	0. 0000 **	0. 0000	0. 0001 ***	0. 0000 *	0. 0001 ***
	(0. 0000)	(0. 0000)	(0. 0000)	(0. 0000)	(0. 0000)	(0. 0001)

续表

变量名称	New_ product		Exp_ innovation		Patent	
	Heckman	PSM + Heckman	Heckman	PSM + Heckman	Heckman	PSM + Heckman
Asset	0. 1478 ***	0. 2930 ***	0. 3893 ***	0. 5924 ***	0. 3695 ***	0. 7198 ***
	(0. 0105)	(0. 0209)	(0. 0107)	(0. 0200)	(0. 0568)	(0. 1332)
Loss	-0. 4094 ***	-0. 4329 ***	-0. 3404 ***	-0. 3851 ***	-0. 2015 *	-0. 3587
	(0. 0233)	(0. 0384)	(0. 0203)	(0. 0339)	(0. 1221)	(0. 2554)
Export	0. 8254 ***	0. 8609 ***	1. 0159 ***	0. 9534 ***	0. 3270	-0. 5364
	(0. 0885)	(0. 1070)	(0. 0657)	(0. 0767)	(1. 5483)	(2. 0618)
Inverse mills ratio	-0. 5106 ***	-0. 4046 ***	-0. 8666 ***	-0. 7321 ***	-1. 4887 ***	-1. 6170 *
	(0. 0422)	(0. 0538)	(0. 0339)	(0. 0415)	(0. 5545)	(0. 8326)
Constant	1. 8095	0. 3056	3. 4288	1. 1713 **	-4. 8422	-7. 0160 ***
	(5. 4482)	(0. 9673)	(3. 7266)	(0. 5438)	(3. 7458)	(1. 5433)
Year Indicator	YES	YES	YES	YES	YES	YES
Firm fixed effect	YES	YES	YES	YES	YES	YES
Industry Indicator	YES	YES	YES	YES	YES	YES
Observations	135129	61874	135129	61874	135129	61874
R - squared	0. 1344	0. 1204	0. 2290	0. 1618	0. 0031	0. 0042
Number of code	26133	9198	26133	9198	26133	9198

注：括号内为稳健标准误；***、**、* 分别代表在 1%、5% 和 10% 统计水平上显著。

7.5.3　补贴的激励效果：自主创新还是外部购买

政府补贴可以通过两个不同的渠道影响企业的创新投入和产出。一个渠道是直接增加自身的研发投入，它能够给企业带来更强的技术吸收能力、更高的长期增长率以及更高的生产效率（Cohen and Levinthal，1989）。另一个渠道是直接购买或引进市场上的新技术，这样可以规避自主创新的风险并追求即期利润。仅凭观察得到补贴后的企业的创新经费投入增加并不能区分上述两个渠道。得益于数据的优势，本章将创新活动进一步划分为自主研发支出和引进或购买新技术支出。我们采用和前面类似的估计方法，回归结果报告在表 7 -7 中。

从表 7 -7 中可以看出：获得补贴后，虽然企业的整体创新水平显著提高，但企业却将更多的资源分配到引进或购买技术，并显著降低了自主研发支出。换言之，政府补贴虽然整体上提高了企业的创新投入和创新产出，却“挤出”了企业的自主研发投入。从理论上讲，政府补贴“挤出”企业的自主研发投资的原因在于：第一，由于创新活动面临着较大的风险，如果将资金投入到已经研发出来的新技术上，就能够有效规避研发失败的风险。第二，企业追求短期收益。相对于直接购买新技术，企业的研发活动更加远离市场，回报期也相对更长（Clausen，2007），而直接购买成熟技术能够迅速增加企业当期的新产品销售收入。第三，与政府补贴机制的设计有关。在政府与企业间存在信息不对称的情况下，政府通常以企业以往的创新产出为信号对企业的创新能力进行评估，这也使得企业以往的创新水平与当期获得政府补贴的概率显著相关（Blanesand Busom，2004）。因此，企业在获得补贴后，有动机将其分配给风险低、周期短的创新活动来提高当期的创新产出，以获得政府的下一期补贴。

同样地，我们进一步采用 Heckman 两步法以及 PSM 与 Heckman 两步法联合估计政府补贴的边际效应。结果发现，政府补贴对于企业自主研发支出、引进或购买技术支出的弹性分别为负和正。此外，我们发现若不对样本进行匹配处理，并将企业补贴对引进或购买技术支出的系数减去其对企业自主研发支出的系数视为政府补贴的“替代”效应，则回归模型会显著低估补贴的“替代”效应（0.163 +0.099 <0.149 +0.126）。

表 7－7　政府补贴与企业私人研发投入、引进技术投入的回归结果

变量名称	Exp_ privacy			Exp_ purchase		
	PSM + DID	Heckman	PSM + Heckman	PSM + DID	Heckman	PSM + Heckman
Subsidy	－0.2256*** (0.0500)			0.3008*** (0.0551)		
Subsidy		－0.0833*** (0.0140)	－0.1176*** (0.0174)		0.3006*** (0.0156)	0.2541*** (0.0186)
Age	0.0468 (0.4570)	－0.4393 (0.2930)	－0.2242 (0.3026)	0.3116 (0.5518)	－0.3401 (0.4539)	－0.0520 (0.6778)

续表

变量名称	Exp_ privacy			Exp_ purchase		
	PSM + DID	Heckman	PSM + Heckman	PSM + DID	Heckman	PSM + Heckman
LEV	0.0001 *** (0.0000)	0.0000 (0.0000)	0.0001 *** (0.0000)	0.0000 (0.0001)	0.0000 ** (0.0000)	0.0000 *** (0.0000)
Asset	0.4015 *** (0.0185)	0.2112 *** (0.0096)	0.3679 *** (0.0193)	0.4455 *** (0.0187)	0.2860 *** (0.0097)	0.4028 *** (0.0184)
Loss	-0.2888 *** (0.0318)	-0.2453 *** (0.0200)	-0.2369 *** (0.0338)	-0.2974 *** (0.0353)	-0.1635 *** (0.0224)	-0.2194 *** (0.0380)
Export	0.7637 *** (0.0951)	0.6725 *** (0.0788)	0.6166 *** (0.0976)	0.6530 *** (0.0928)	0.7150 *** (0.0824)	0.6347 *** (0.0953)
Inverse mills ratio		-0.0189 (0.0361)	0.0961 ** (0.0470)		-0.7738 *** (0.0413)	-0.6271 *** (0.0518)
Constant	1.9161 *** (0.5317)	4.6293 (3.3675)	2.2738 *** (0.5886)	-2.1028 *** (0.7909)	1.6504 (5.0229)	-0.8726 (0.9312)
Year Indicator	YES	YES	YES	YES	YES	YES
Firm fixed effect	YES	YES	YES	YES	YES	YES
Industry Indicator	YES	YES	YES	YES	YES	YES
Observations	65177	135129	61874	65177	135129	61874
R - squared	0.2236	0.2804	0.2451	0.0908	0.0512	0.0789
Number of code	8690	26133	9198	8690	26133	9198

注：括号内为稳健标准误；***、** 分别代表在1%、5%统计水平上显著。

7.5.4 补贴的激励效果：短期还是长期

继续沿用前面的方法，进一步研究政府补贴对于企业创新是否具有长期效应，结果发现：在 Heckman 两步法和 PSM 与 Heckman 两步法联合估计的回归模型中，补贴在5%的统计水平以上显著为正，但是联合使用 PSM 和 DID 法估计时，补贴对企业招募具有博士学位员工的激励作用微乎其微，而在以海外留学归国员工人数为因变量的回归模型中，DID 估计方法发现补贴对海外人才的促进作用远大于对企业招募具有博士学位员工的作用，但在统计上仍不显著。这说明，总体而言补贴对于企业创新的长期激励作用并不显著，这与前文“政府补贴挤出企业自主的研发投资，而增加企业用于购买和引进技术的支出”的结论保持一致。而在不使用 DID 法时，则出现了显著结果，可能原因在于：Heckman 两步法和 PSM 法忽略了实验组与对照组本身随年度变化的时间趋势，其估计效率不如 PSM 与 DID 法联合估计的效率高（见表 7－8）。

表 7－8　政府补贴与企业长期创新投入的回归结果

变量名称	PhD			Oversea		
	PSM + DID	Heckman	PSM + Heckman	PSM + DID	Heckman	PSM + Heckman
Subsidy	0. 0141 (0. 1071)			0. 1885 (0. 1165)		
Subsidy		0. 2373 *** (0. 0709)	0. 2424 ** (0. 0962)		0. 2199 *** (0. 0689)	0. 2163 ** (0. 0943)
Age	0. 1798 (0. 1446)	－0. 0450 (0. 1774)	0. 0262 (0. 1999)	0. 3843 *** (0. 1288)	－0. 1197 (0. 2351)	－0. 0072 (0. 3537)
LEV	0. 0001 *** (0. 0000)	0. 0000 ** (0. 0000)	0. 0000 *** (0. 0000)	0. 0001 ** (0. 0000)	0. 0000 (0. 0000)	0. 0001 *** (0. 0000)
Asset	0. 2782 *** (0. 0385)	0. 1397 *** (0. 0173)	0. 2694 *** (0. 0393)	0. 2501 *** (0. 0358)	0. 1334 *** (0. 0157)	0. 2523 *** (0. 0359)
Loss	0. 0266 (0. 0958)	0. 0035 (0. 0505)	0. 0231 (0. 1087)	0. 0251 (0. 0673)	0. 0035 (0. 0341)	0. 0144 (0. 0734)
Export	－0. 3150 (0. 6437)	－0. 2445 (0. 5075)	－0. 6149 (0. 6881)	1. 3197 (0. 8216)	0. 9201 (0. 6576)	1. 1153 (0. 8890)
Inverse mills ratio		－0. 5735 *** (0. 1516)	－0. 5928 *** (0. 2170)		－0. 4855 *** (0. 1778)	－0. 4788 * (0. 2455)
Constant	－1. 7749 *** (0. 6566)	0. 7235 (1. 9924)	－1. 6233 ** (0. 6883)	－2. 3810 *** (0. 6482)	－2. 9555 (4. 0746)	－2. 2054 *** (0. 6724)
Year Indicator	YES	YES	YES	YES	YES	YES
Firm fixed effect	YES	YES	YES	YES	YES	YES
Industry Indicator	YES	YES	YES	YES	YES	YES
Observations	62203	128702	59221	61172	126776	58327
R－squared	0. 0031	0. 0036	0. 0047	0. 0031	0. 0027	0. 0033
Number of code	8679	25847	9177	8667	25632	9146

注：括号内为稳健标准误；***、**、* 分别代表在 1%、5% 和 10% 统计水平上显著。

7.6　结论与启示

基于 2001—2012 年中关村的 3 万多家高新技术企业数据，本章研究了政府补贴对企业创新投入及创新产出的效果。为了处理政府补贴的内生性问题，本章联合采用 PSM 与 DID 法，结果发现：总体而言，政府补贴的确显著提高了企业的创新投入与创新产出，表现为企业创新经费支出的显著提高与企业新产品销售收入和专利申请数量的增加。在此基础上，我们分别利用 Heckman 两步法与 PSM 和 Heckman 两步法联合估计对政府补贴的边际效果进行测算，发现政府补贴对企业整体创新投入和新产品销售收入的弹性分别为 0.308 和 0.215，说明政府补贴对创新投入的促进作用略大于对新产品销售收入的促进作用。在此基础上，我们进一步将企业创新投入细分为企业的自主创新投资以及引进或购买技术，结果发现，无论采用何种估计方法，虽然政府补贴在整体上提高了企业的创新投入，但是被补贴企业将更多的创新资源分配至后者，而非前者；最后，我们还以企业的高学历员工作为企业长期创新激励的代理变量，研究发现政府补贴对企业的长期创新投入激励作用并不显著。

本章的研究表明，总体而言政府补贴对中关村高新技术企业的创新行为和创新成果有激励作用，但美中不足的是：一方面，其效果仅提高了企业的短期创新投入，并没有显著提高其长期创新投入；另一方面，被补贴企业的创新投入更多地体现为购买其他人研发出来的新技术，而不是企业进行自主研发。因此，我们认为中国政府还可以从如下方面对补贴政策进行修正：第一，将事前补贴转变为事后补贴，即对于研发成功后的企业给予补贴或者奖励，以弥补其前期投入的创新成本，这样有助于克服政府与企业之间由信息不对称导致的问题，以及克服企业的短期行为；第二，转变和创新政策的支持机制，将部分政策资助转变为股权投资，以资本金注入形式改变对资金短期使用效率的评价，或者政策资助与股权投资相配合的支持机制，以风险投资的甄选标准替代传统的政府项目评审标准，从而更容易选出市场创新效率高的企业；第三，对高学历和海外引进的高层次人才，地方政府直接给予补贴，降低企业雇用他们的成本，激发企业进行长期创新投资的积极性，从社会总体层面提高中国的长期创新水平；第四，加强对企业自主创新的支持，政策瞄准机制应更突出自主研发投入以及自主创新成果的实现。

执笔：章元　程郁　佘国满

第 8 章
孵化器税收优惠政策对创新服务的激励效应

8.1 引言

孵化器于 19 世纪 50 年代发源于美国，主要的目的在于培育初创企业，为初创企业提供研究、生产、经营的场地，通信、网络与办公等方面的共享设施，系统的培训和咨询，政策、融资、法律和市场推广等方面的支持，帮助其度过相对困难的初创期，成为能够独立运作的企业。早期对孵化器的理解更多地聚焦于物理空间场所，孵化器被视为一种为初创企业提供基本办公条件的场地空间，孵化场地和公共设施也被当作孵化器的首要特征和必备条件。目前，孵化服务已经逐步从有形创业空间的供给发展到无形的多样化创业服务上，包括帮助准备商业计划、财务与税务支持、人员招聘、市场营销、管理咨询、法律顾问、投融资服务、对接战略合作伙伴、创业导师指导、产品开发支持、技术转让与支持服务等（Mian，1996；Bakouros et al.，2002；王路昊，2014）。科技企业孵化器通过为中小科技企业提供场地、管理、技术和金融等方面的专业服务和资源，降低了企业创业成本和失败风险，拓展了企业发展空间，实现了成果转化，提高了企业存活率（Hackett，2004）、成功率及生产创新能力（Hansen et al.，2003）；经过孵化器孵育的初创企业，其销售额以及雇用劳动量的增长率高于未经过孵化器孵化的企业（Peters et al.，2004）。因而，孵化器成为当前支持创新创业、促进经济增长的重要政策工具（Reitan，1997；李岱松等，2005）。由于孵化器收入往往难以覆盖提供各类服务的成本，因此需要大量持续的公共资金支持。一些国家和地区的政府不仅为孵化器提供税收减免、房租与运营费用补贴、创建资金、孵化项目资助等支持，他们还是孵化器创建的发起者和主导者（M’Chirgui，2012）。

绝大多数国家对于孵化器采取了目标任务导向的财政政策支持，即通过合同或绩效评价明确孵化器所需要承担的服务与功能，给予创立与运营的资金支持、风险投资资助以及对入孵企业的项目支持。我国从国家层面对于孵化器的政策支持是以税收政策为主，侧重于以土地、房产的免税措施来引导社会资本建设孵化器。不同的政策机制可能会产生不同的政策效果，以任务目标为导向的财政政策，决定了孵化器的动态服务绩效成为获得政策支持的主要依据，因而可能会对服务的改善有更直接的带动和激励效应。而我国采取的是一定门槛的间接税收优惠政策，税收优惠政策的享受首先取决于孵化器的基本条件及其服务是否达到一定的标准，然后税收优惠政策的具体落实才有可能进一步影响孵化器的经营决策与服务行为。从政策机制上看，我国的孵化器政策是一种间接政策，对于促进孵化器达到一定的门槛具有明显的效果，即促使孵化器积极努力地创建成为国家级孵化器以获得优惠政策支持；但对于达到标准的国家级孵化器，政策的执行是否还能够对孵化器进一步深化和改善孵化服务并发挥有效的激励和引导作用，则需要深入的探讨和实证的检验。

8.2　我国孵化器支持政策

《国家中长期科学和技术发展规划纲要（2006—2020 年）》明确要求国家财政、税收和科技计划对孵化器建设给予鼓励政策。2007 年 8 月，财政部、税务总局颁布了《关于国家大学科技园有关税收政策问题的通知》（财税〔2007〕120 号）和《关于科技企业孵化器有关税收政策问题的通知》（财税〔2007〕121 号），明确了对符合条件的孵化器和大学科技园自用以及无偿或通过出租等方式提供给孵化企业使用的房产、土地，免征房产税和城镇土地使用税；对其向孵化企业出租场地、房屋以及提供孵化服务的收入，免征营业税；对符合非营利组织条件的孵化器和大学科技园的收入，自 2008 年 1 月 1 日起按照税法及其有关规定享受企业所得税优惠政策。2011年财税〔2011〕59号文将2010年12月31日到期的有关税收优惠政策继续执行至2012年12月31日，此后，每3年一个周期，政策不断延长执行时间，最新财税〔2018〕120号文件将对孵化器的税收优惠政策延长到2021年12月31日。其间，根据科技部新修订的国家级孵化器对在孵企业提供服务的标准和要求进行了微调。这是目前我国国家层面对科技创业以及孵化器最有力和持续的支持政策。

如图8－1所示，从孵化器数量、国家级孵化器数量以及孵化场地面积的变动情况可以看出，2007年针对孵化器的税收优惠政策施行之后，2009年及2010年孵化器数量及国家级孵化器数量出现明显的增加，增长率分别为22%和24%，孵化场地面积在2009年也出现25%的较高增长率。2010年孵化场地面积增速出现明显下降，仅有5%。而该年也是2007年《关于科技企业孵化器有关税收政策问题的通知》所规定的截止时间。2011年科技企业孵化器税收优惠政策继续施行之后，2012年孵化器数量及场地面积出现了一个新的增长高峰，增长率分别达到14%和26%。

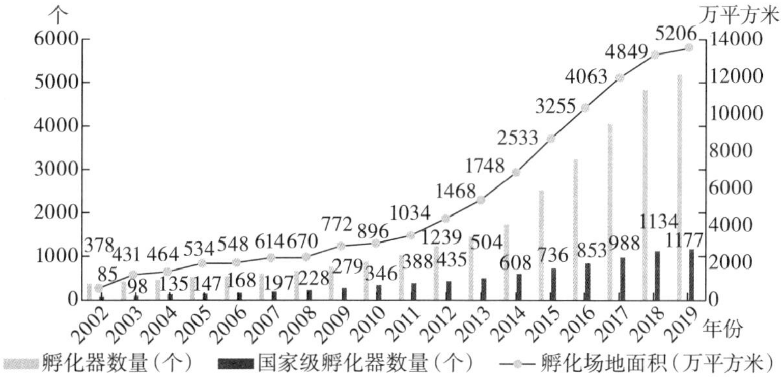

图8－1 2002—2019年我国孵化器数量及场地面积发展趋势

资料来源：《中国火炬统计年鉴》。

从政策的条件上看，获得国家级孵化器资格是享受政策的前提条件，并且政策对孵化服务以及在孵企业的要求也与国家级孵化器标准密切相关。因而，国家级孵化器的标准集中体现了当前孵化器税收优惠政策的目标导向性。目前，国家级孵化器认定和管理办法对孵化器的服务在管理人员水平、孵化基金、公共平台等方面做了非常具体的要求[①]。而从近几年国家级孵化器认定管理办法的调整来看，因为对孵化服务缺乏有效的直接评价标准，难以体现出严格的要求，但对孵化场地面积的硬性标准却是不断提高，目前国家级孵化器要求“可自主支配场地面积在 10000 平方米以上（专业技术型 5000 平方米以上）”。尽管酝酿的新一轮标准修订可能降低对场地面积的要求，科技部相关管理部门的负责人仍然认为孵化器必须要有一定的载体空间。这就意味着从国家正式的界定上，孵化器仍然是一种“器”，必须要有容纳企业的空间。这样的政策导向就使得我国孵化器的发展存在以科技地产为主体方向的问题，各个地方都在竞相扩大孵化器的载体空间面积，而对孵化器内涵服务能力的提升重视程度不高。对于孵化服务的支持，只有国家火炬计划环境项目经费对公共技术服务平台进行了补贴支持，但支持的力度还非常弱，2011 年的资助总额约 0. 3 亿元。从现有的制度条件来看，在被认定为国家级孵化器后很难通过提升和改进孵化服务来获得更大的政府支持，而孵化器的政策支持与孵化器的建设面积紧密挂钩，因而我国孵化器建设面积发展的速度非常快，但存在内涵服务的提升较为滞后的问题。

从税收优惠政策的总体执行效果看，2011 年全国国家级大学科技园和科技企业孵化器总计减免税收 1. 97 亿元，其中减免的房产税和城镇土地使用税就占到总免税额的 75. 66%。因为目前孵化器只能以企业或事业单位的形式注册建立，难以满足非营利组织的条件，也就无法依据孵化器税收优惠政策享受所得税的减免，仅有少数孵化器通过认定国家高新技术企业可以获得相应的所得税减免。所以，孵化器税收优惠政策的实际税收减免率是非常低的，见表 8 – 1。

---

① 2010 年修订的《科技企业孵化器认定和管理办法》(国科发高〔2010〕680 号)规定,国家级孵化器必须满足以下重要服务要求:管理人员中具有大专以上学历的占 90% 以上,接受孵化器专业培训的人员比例达 30% 以上;形成了创业导师工作机制和服务体系,能够提供创业咨询、辅导和技术、金融、管理、商务、市场、财务、人才、国际合作等方面的服务;专业孵化器应具备专业技术领域的公共平台或中试平台,并具有专业化的技术服务能力和管理团队;孵化器自有种子资金或孵化资金不低于 300 万元人民币,并至少有 3 个以上的资金使用案例。

表 8－1　税收优惠政策执行情况

分类	2009 年	2010 年	2011 年
国家级孵化器（家）	225	266	299
需要缴纳税费的孵化器（家）	173	201	231
享受免税政策的孵化器（家）	95	113	110
享受税收减免企业总比例（%）	42.2	42.5	36.7
税收减免企业/应纳税企业（%）	55.0	56.2	46.1
免税总额（万元）	8326	9327	11461
其中：营业税占比（%）	27.6	33.4	38.9
房产税占比（%）	36.6	40.9	41.2
土地使用税占比（%）	14.5	12.1	10.7
所得税占比（%）	2.7	3.5	4.8
应纳税总额（万元）	21786	25605	32381
其中：营业税占比（%）	23.0	24.6	32.5
房产税占比（%）	26.6	27.9	29.8
土地使用税占比（%）	7.1	8.4	7.9
所得税占比（%）	22.4	18.3	18.7
税收减免率（%）	38.2	36.4	35.4

注：1. 数据来源于 2012 年科技部联合财政部、国家税务总局开展的孵化器税收执行情况调查。

2. 税收减免率＝免税总额/应纳税总额。

根据科技部、财政部、国家税务总局的联合调查数据，调查反馈的孵化器税收减免率只有 35%。在被调查的孵化器中，约 20% 的孵化器不需要缴纳税费，因而不存在税收减免问题，这些孵化器主要是事业单位性质的孵化器。从需要缴纳税收的孵化器来看，2009—2011 年税收减免率分别为 55%、56.2%、46.1%，获得全额减免的孵化器分别为 22 家、28 家、23 家。从各类税种的纳税与免税状况来看，2009—2011 年营业税减免额分别为 2300 万元、3111 万元、4458 万元。不需要缴纳房产税和土地使用税的孵化器大多由于自身不经营房产和物业。2011 年房产税和土地使用税减免额分别为 4720 万元和 1225 万元，这些税收的减免有效减轻了大多数孵化器的经营负担。所得税也是孵化器需要缴纳的重要税种之一，但是 2009—2011 年仅 32 家孵化器获得了所得税的减免，而且获得所得税的减免并非受益于孵化器税收优惠政策，而是被认定为高新技术企业或西部地区孵化器所各自享受到的高新技术企业和西部开发所得税优惠。

8.3 孵化器税收优惠政策评估框架及理论假设

8.3.1 孵化器及政策支持对创新的激励效应

税收优惠政策通过降低科技企业的研发成本和创新投资风险，增加研发预期收益（刘凤朝和孙玉涛，2007），激励企业 R&D 投资（戴晨和刘怡，2008）。不同于普通企业，孵化器作为间接性政策工具，主要功能在于为在孵企业提供孵化服务，每一笔税收都是孵化器现金的流出，在孵化服务环节给予税收优惠，可以弥补成本支出，将有助于增强其孵化服务供给，促进对创新创业的支持。因此，税收优惠政策效应被分解为两个过程：一是政策对孵化器强化创新孵化服务能力的激励和引导，二是孵化服务对创新创业的促进作用。Hamdani（2006）主张从孵化器自身以及在孵企业两个角度考察，进而评价政策对孵化器的支持效果。现有的孵化器绩效评估以定性研究为主，通过设定评估框架分析典型孵化器案例中在孵企业的毕业、经济绩效及创新等情况（Eisenhardt et al.，2007；Schwartz and Hornych，2008）。如 Lois Peters 等（2004）通过 49 家孵化器的数据及对 4 个孵化器管理者的访谈，发现非营利性质的孵化器平均毕业的企业更多，主要原因在于这类孵化器可以优先获得政府与高校资源，如研讨会、实验室以及人脉等资源，并且依靠政府的大量补贴可以提供更全面的孵化服务。近年开始出现一些基于大样本的定量研究，如 Barbero 等（2012）使用方差分析，Rothaermela 和 Thursby（2005）使用 OLS、Logit 以及分类回归方法考察孵化绩效的影响因素。国内的研究则更突出孵化器的运作模式，孙琦等（2005）使用模糊评价方法、郭俊峰等（2013）使用价值链评价方法评估孵化器经营绩效。上述研究均围绕孵化器服务效果展开，认为孵化器对初创企业的支持效果明显（Peters et al.，2004；Scillitoe and Chakrabarti，2010）。国内针对企业孵化器优惠政策的研究，主要集中在促进企业孵化器发展的政策实施情况的定性分析与促进孵化器发展的有关政策方面的建议。

8.3.2　孵化器税收优惠政策评估流程

作为我国支持创新创业最重要的政策，孵化器税收优惠政策与创新创业的直接关联性较弱、政策的传导过程较长，是否有效地发挥了增强孵化器创新孵化力、提高了对企业的孵化绩效，需要科学的方法进行评估分析。王雪梅和雷家骕（2008）认为判断一项政策是否达到预期的效果，应当对政策过程（政策的制定与执行）与效果（直接效果与间接传导效果）进行整体评价。本章通过建立一个政策制定—政策执行—直接政策效果—间接政策效果的综合性政策绩效评估框架，对孵化器税收优惠政策的执行与实施效果进行全过程评估（见图 8－2）。

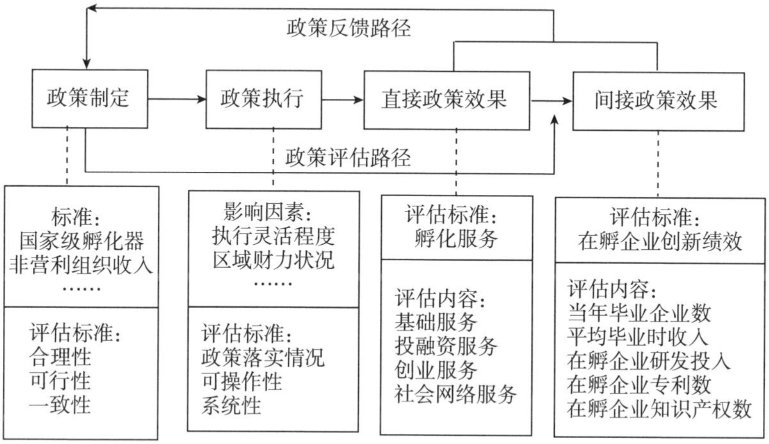

图 8－2　孵化器税收优惠政策评估框架

结合相关研究以及对孵化器的评估流程，要评估政策支持是否通过激励孵化器服务能力的提升来促进创新创业，需要考察两个阶段的效应才能综合判断孵化器政策效果。本章分别将两阶段绩效用一定的指标表示，构建模型如图 8－3 所示。

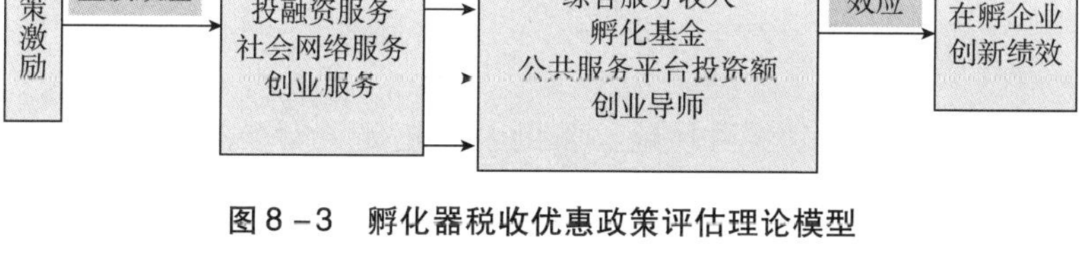

图 8－3　孵化器税收优惠政策评估理论模型

8.3.3 理论假设

第一，从政策的落实情况来看，由于各地孵化器发展情况不一，地方财税部门对不同情况下政策执行标准的理解有所差异，因此可能出现不同地区税务部门对税收优惠政策条款把控的严格程度不同。因为孵化器税收优惠政策附带了一系列对孵化空间和入孵企业的要求，对于税收政策的执行又没有具体的操作指南，对于政策执行标准是遵从科技主管部门的审批，还是由税务部门审批尚不明确，一些地区出于谨慎考虑，税务部门对孵化器在孵企业进行逐一考察，过细的审核导致了优惠政策难以充分落实。由此提出假设 H1。

假设 H1：孵化器享受到的税收优惠额度存在地区差异。

第二，从政策的直接效果来看，需要检验对孵化器的税收优惠是否切实引导和激励了孵化器改善不同类型的孵化服务。Bruneel 等（2012）根据孵化器所提供服务的不同，认为对提供基础服务（办公资源）和商业服务（管理、技术技能支持）的孵化器提供政策支持，会使孵化器更倾向于提供可以带来短期回报的基础服务，导致孵化器最终变成以租金收入为主的“房地产商”。Tang（2014）认为政策支持对孵化器提供基础服务如场地服务、管理行政服务有激励作用，但对投资融资服务以及网络服务的激励相对有限。从政策制定来看，享受孵化器税收优惠政策是以满足国家级孵化器标准为基础的，但除了该标准对公共服务面积、在孵企业、创业导师服务和创业种子资金有一定的起点要求外，政策优惠与孵化器的创新和创业扶持服务并没有直接的关联。这样的政策设计可能对激励孵化器努力创建成为国家级孵化器更有效果。因此，提出假设 H2。

假设 H2：税收优惠政策对孵化器改善基础服务具有直接激励作用。

第三，从政策的间接传导效应来看，考察孵化服务改善是否提高了企业创业的成功率和创新绩效，需在系统关联下分离出由孵化器税收优惠政策所引致的创新创业绩效提升效果。孵化器通过专业的全程扶持服务，降低了企业创业的成本和失败风险、帮助企业拓展了发展的空间与机遇，因而加速了创业企业的产生并提高了它们的存活率及成功机会。欧盟的研究报告显示，孵化器内企业的存活率显著高于中小企业整体水平，5年以上仍然存在的企业比例高达80%～90%。美国国家孵化器协会的报告指出，孵化器是促进就业的最好政策工具，从孵化器毕业的企业仍有87%保持良好的运作状态，通过支持孵化器来创造就业的平均成本只需要1100美元，而其他的措施每创造一个就业岗位其政策成本大约是1万美元（Cumming et al.，2012）。税收优惠政策通过降低科技企业的研发成本和创新投资风险，增加研发预期收益，激励企业R&D投资。不同于普通企业，孵化器作为间接性政策工具，主要功能在于为在孵企业提供孵化服务，每一笔税收都是孵化器现金的流出，在孵化服务环节给予税收优惠，可以弥补成本支出，将有助于增强其孵化服务供给，促进对创新创业的支持。由此提出假设H3。

假设H3：孵化器服务的改善有效促进了在孵企业创新绩效的提升，即存在税收优惠政策的间接传导效应。

Mian（1996）认为孵化器为在孵企业提供的针对性服务，有助于在孵企业价值的提升，Chan和Lau（2005）及Aaboen（2009）更强调孵化服务对创新绩效的影响。我国的一些研究也考察了不同孵化服务的绩效。李宇等（2012）以大连国家级孵化器园区在孵企业为样本，使用统计检验方法检验网络资源及创业导向与孵化绩效的关系；张力等（2014）则运用生存模型对孵化服务下在孵企业成功毕业因素进行统计检验；洪进等（2013）分析了孵化器所提供的不同类型服务对孵化企业创新绩效和成长绩效的影响。从孵化器实际获得税收优惠额度到孵化服务改善再到孵化企业绩效提升，三者是紧密系统关联的，必须在一体化的框架下综合考虑相互之间的关联和传导效应。

本章认为孵化器的税收优惠政策可以通过以下几种机制促进孵化器绩效增加：一是确立孵化器事业的国家战略地位和作用，使得各地方政府加强对孵化器的支持，地方政府财政投入的增加有利于孵化器加强服务能力建设①；二是弥补孵化器商业地产价值及房租价格的损失，有利于引导社会资本投资发展孵化器事业，如2011年引导社会资本对孵化器投入1500

① 我国的孵化器主要是以地方政府支持建设为主，2010年我国孵化器地方财政投资占比45%。

亿元；三是降低孵化器运行和服务的成本，使得孵化器能够有更充裕的资金改善服务能力，而孵化服务的改善则会影响在孵企业的创新绩效。

8.4 孵化器税收优惠政策评估模型

8.4.1 模型构建

对于政策绩效的评估必须要考虑内生性的问题，对于孵化器的税收政策来说，国家级孵化器是经过科技部按照相关标准认定的孵化器，相对于一般的孵化器而言，已经具备比较好的基础条件和比较强的服务能力。本章的研究只聚焦于国家级孵化器，故不用考虑因政策选择造成的孵化器服务能力差异，而重点考察税收优惠政策实施的力度对孵化器经营行为的影响。税收优惠政策激励与孵化器服务、在孵化企业绩效之间的关系不是单向的因果关系，因此难以使用传统的单方程回归模型进行分析。联立方程组模型不仅可以描述变量之间的反馈互动关系，分析孵化器税收优惠政策对孵化器孵化服务的影响以及孵化服务对在孵企业创新绩效的影响，而且可以处理内生性问题。

孵化器税收优惠政策的影响实际上应该分为两个过程：一是对孵化器税收额度的实际落实情况，本章假设当地政府的财力情况以及对创新创业的重视程度会影响税收政策执行的松紧；二是孵化器基于获得的政策好处以及对未来的政策优惠预期，决定自己在孵化服务方面的投入力度，这是孵化器服务对政策激励的反应。本章构建了包括优惠政策落实与孵化服务的联立方程模型，联合评价孵化器税收优惠政策的实际实施成效。Bruneel等（2012）认为在严格选择标准以及存在退出机制的情况下，孵化器成立时间的长短与其是否提供完善的服务有关。因此，孵化器成立时间亦为解释变量。在本章中，选择效应体现在孵化器可能会选择业绩较好的创业企业来进行孵化，从而表现出更高的孵化绩效。针对这一问题，本章认为在孵企业在规模及成长时间等方面的差异较小，无论是从租用的场地面积、注册资金、营业收入，还是成立时间上看，其均属于初创型小微企业范畴。企业规模及其他方面的差异，在实证分析中可通过变量控制减小选择效应。

$$
\begin{cases}
ltoexe_{it} = \alpha_0 + \alpha_1\, ltr_{it} + \alpha_2\, ltarea_{it} + \alpha_3\, gx_i + \alpha_{4j} \sum_{j=1}^{5} nature\_\, d_j + \\
\qquad \alpha_{5p} \sum_{p=1}^{26} province\_\, d_p + \mu_{it} & (8.1) \\
Services_{it} = \beta_0 + \beta_1\, ltoexe_{it} + \beta_2\, history_i + \beta_3\, firms_{it} + \\
\qquad \beta_{4m} \sum_{m=1}^{5} nature\_\, d_m + \beta_{5n} \sum_{n=1}^{26} province\_\, d_n + \varepsilon_{it} & (8.2) \\
Performance_{it} = \varphi_0 + \varphi_{1l} \sum_{l=1}^{5} Services_{lt} + \varphi_2\, history_i + \varphi_3\, firms_{it} + \\
\qquad \varphi_4\, innum_{it} & (8.3)
\end{cases}
$$

方程（8.1）是考虑区域政策执行差异的税收优惠额度决定方程，其中孵化器所缴纳的主要税种是营业税、房产税和所得税；孵化器的税收减免总额对数（ltoexe）是由孵化器总收入对数（ltr）、孵化器面积对数（ltarea）、孵化器是否是高新技术企业性质以及地区虚拟变量决定的。方程（8.2）是孵化器服务对政策激励的反应方程。方程（8.3）是孵化服务对在孵企业创新绩效的影响方程。在对联立方程组的估计方法上，本章选择系统估计方法——三阶段最小二乘法。

8.4.2　数据描述

本章的研究以 388 家国家级孵化器为基础，数据主要来源于两个方面：一是科技部火炬中心对国家级孵化器 2009—2012 年的统计数据，二是 2012 年科技部联合财政部、国家税务总局开展的孵化器税收执行情况的调研数据①。

国际上的研究一般采用孵化器所提供的服务作为其绩效的直接指标，而将孵化企业的毕业率及其所创造的就业、产出等绩效作为映射孵化能

① 2012 年年底国家级孵化器税收优惠政策面临到期调整，科技部联合财政部、国家税务总局对国家科技企业孵化器和大学科技园税收优惠政策的执行情况和效果进行了专项调研，由科技部火炬中心向 388 家国家级孵化器下发调查问卷，并由科技部、财政部和国家税务总局组成的联合调研组于 2012 年 11 月底赴上海、武汉、重庆进行了专题调研。其中，问卷总回收 332 份，剔除了一些因为对问题理解有偏差，导致回答不准确、有误的样本，最后获得有效样本 300 个。因为孵化器认定为国家级孵化器的时间有差异，具体到各个年份获得的样本数量也有所不同，具体来说：2012 年包括 300 个样本，2011 年包括 265 个样本，2010 年包括 225 个样本，2009 年包括 184 个样本，构成非平衡面板数据。

力的间接代理变量。本章实证模型中所选取变量的描述性统计见表8－2a、表8－2b。

表8－2a　主要变量的定义和描述性统计

名称	变量名	观测值	均值	标准差	最小值	最大值
总纳税额对数	ltotax	792	4.5724	2.9745	0	9.4630
总免税额对数	ltoexe	792	2.4393	3.0930	0	8.6677
孵化器成立时间	history	975	10.5733	4.8744	1	25
总收入对数	ltr	974	8.3427	1.5557	0	12.7625
孵化面积对数	ltarea	974	10.4497	0.8095	3.2191	13.3199
服务用房面积对数	larea3	963	7.9940	1.0957	0.8572	11.6751
综合服务收入对数	lsr	945	6.3147	2.6167	0	12.0031
孵化基金对数	lfund	957	8.2641	2.1364	0	16.0292
孵化器净利润对数	lprofit	889	2.6322	5.3840	－14.02	10.5973
公共服务平台投资额对数	lpubin	892	7.8506	2.3407	0	15.4461
专业技术人员	peo1	916	9.4	8.7	0	69
创业导师数	tutor	576	10.2	13.3	0	105
在孵企业数	firms	974	114.3	75.4	22	580
年平均毕业企业数	by_ year	965	8.8	11.9	0	278.6
累计获投融资企业数	innum	843	16.3	33.8	0	464
平均毕业时收入对数	lbyincome	680	8.4247	1.8353	0	15.4818
在孵企业研发投入对数	lR_ D	791	9.2719	2.452	0	16.068
在孵企业发明专利数	patent	933	18.7	29.7	0	592
在孵企业知识产权数	inpro	972	62	77.614	0	755
人均地区生产总值对数	lpgdp	873	9.6359	3.5525	0	11.8004

表8－2b　虚拟变量的定义和描述性统计

名称	变量名	观测值	均值	标准差	最小值	最大值	频数
高新企业虚拟变量	gx	971	0.0937	0.2916	0	1	91
东部虚拟变量	ds1	974	0.6738	0.4692	0	1	656
中部虚拟变量	ds2	974	0.2104	0.4078	0	1	205
自收自支事业单位	nature_ d1	975	0.2154	0.4113	0	1	210
差额拨款事业单位	nature_ d2	975	0.0421	0.2008	0	1	41
全额拨款事业单位	nature_ d3	975	0.2318	0.4222	0	1	226

续表

名称	变量名	观测值	均值	标准差	最小值	最大值	频数
国有企业	nature_ d4	975	0. 3672	0. 4823	0	1	358
民营企业	nature_ d5	975	0. 1385	0. 3456	0	1	135

注：减税额的数据只包括 2010—2012 年的数据，其他关于孵化器的样本还包括 2009 年的数据，因而样本数更多。虚拟变量中最后一列表示虚拟变量取值为 1 的频数。由于孵化器净利润中包括一部分负值，在取对数的过程中将负值变为其相反数再求对数。在后面的回归中，将净利润为负的企业视为没有企业所得，故无须缴纳企业所得税，故统一赋值为 0。孵化器净利润数据显示：有 25% 的孵化器净利润为负值，孵化器净利润中位数为 117000 元。货币变量均根据当年物价指数进行调整，剔除通货膨胀的影响。对于一部分 0 值变量，将其赋值为 1 后再取对数。性质变量还存在其他性质的孵化器，频数为 5。

从以上对变量的描述性统计中可以看出，大部分孵化器位于中东部地区，其中东部地区孵化器约占 2/3；约一半的孵化器属于事业单位性质的孵化器；孵化器成立时间长短不一，最长的孵化器成立时间为 45 年，其中有一半以下的孵化器在孵企业数目在 90 家以下，除 1 个没有在孵企业的孵化器外，最小的孵化器有在孵企业 22 家；并非所有的孵化器都能盈利，有 25% 的孵化器没有正利润。

8. 5　实证结果分析

8. 5. 1　联立方程组模型

从孵化器税收决定模型结果上看，孵化器的应纳税总额主要与收入、利润、孵化器性质、时间和高新技术企业显著正相关。从模型回归结果来看：（1）孵化器税收优惠额与孵化器总面积之间存在正相关关系，但是不显著，尽管房产税与土地使用税在孵化器的税收减免中是最大的一块，但在实际的税收优惠执行中还需要考虑孵化器的其他服务标准以及入孵企业是否符合相应的标准，因而并不是面积越大的孵化器就能获得越多的税收优惠。因此，场地面积条件对获得税收优惠的支持作用有限。（2）在省级地区虚拟变量中，福建省、甘肃省、湖北省、湖南省、江苏省、青海省以及上海市 7 个地区的省级地区虚拟变量显著为正，其中，青海省与甘肃省可能因为国家级孵化器数目太少而较容易受到政策重视。其他 5 个区域税收优惠政策显著的地区，明显经济较为发达，国家级孵化器数目较多，地方的政策支持力度也较大，从而促进了孵化器税收优惠政策的落实。上海、武汉东湖等地通过地方政府承担责任的方式，灵活把握政策尺度，放松了各项具体的条件。政策规定只有非营利组织性质的孵化器才能享受所得税优惠，因为几乎没有孵化器是以非营利组织形式注册的，所以也很难有孵化器享受到所得税优惠政策，但湖北武汉青山区直接将事业单位视为非营利组织给予了所得税实际上的减免，实现了对政策较好的运用（见表 8 - 3）。

在联立方程的估计中，第一阶段略去不显著的地区虚拟变量以及性质变量回归结果，第二阶段略去不显著的孵化器性质虚拟变量回归结果。为检验多重共线性问题，对解释变量相关系数进行测算，发现专业技术人员（peo1）与其他解释变量的相关系数较高，并且该解释变量在第三阶段的回归结果中并不显著，因此删除该解释变量。同时，对第三阶段单独进行回归，计算方差膨胀系数，结果 VIF 均远小于 10，认为在剔除相关变量后不存在多重共线性问题。

从第二阶段回归结果来看，税收优惠额对孵化器服务用房面积、技术人员以及孵化器综合服务收入具有显著的正向影响，说明税收优惠政策有效激励了孵化器对基础服务的提供。对孵化器的减税额每增加一倍，孵化面积平均增加 12%，孵化器综合服务收入平均增加 14.6%。但是对于资源服务、投融资服务以及网络服务而言，孵化器税收优惠额没有表现出显著的正向影响。从前两阶段的回归结果来看，假设 H1 和假设 H2 都是成立的。

表 8 - 3　联立方程组回归结果

第一阶段							
变量名称	(1) ltoexe	(2) ltoexe	(3) ltoexe	(4) ltoexe	(5) ltoexe	(6) ltoexe	(7) ltoexe
ltarea	0.073 (1.55)	0.075 (1.59)	0.073 (1.55)	0.073 (1.55)	0.024 (0.42)	0.067 (1.41)	0.073 (1.55)
ltr	0.100** (2.21)	0.101** (2.20)	0.100** (2.21)	0.100** (2.21)	0.117** (2.06)	0.110** (2.40)	0.100** (2.21)

续表

第一阶段							
变量名称	(1) ltoexe	(2) ltoexe	(3) ltoexe	(4) ltoexe	(5) ltoexe	(6) ltoexe	(7) ltoexe
gx	0.172***	0.171***	0.172***	0.172***	0.137***	0.173***	0.172***
	(3.94)	(3.88)	(3.94)	(3.94)	(2.59)	(3.89)	(3.94)
FuJian	0.132**	0.134**	0.132**	0.132**	0.175**	0.134**	0.132**
	(2.28)	(2.20)	(2.28)	(2.28)	(2.33)	(2.27)	(2.28)
GanSu	0.114**	0.115**	0.114**	0.114**	0.092	0.115**	0.114**
	(2.31)	(2.26)	(2.31)	(2.31)	(1.61)	(2.30)	(2.31)
HuBei	0.176**	0.177**	0.176**	0.176**	0.156*	0.184**	0.176**
	(2.28)	(2.17)	(2.28)	(2.28)	(1.74)	(2.40)	(2.28)
HuNan	0.246***	0.248***	0.246***	0.246***	0.257***	0.249***	0.246***
	(3.60)	(3.45)	(3.60)	(3.60)	(3.26)	(3.58)	(3.60)
JiangSu	0.298**	0.303**	0.298**	0.298**	0.278*	0.297**	0.298**
	(2.54)	(2.41)	(2.54)	(2.54)	(1.92)	(2.55)	(2.54)
QingHai	0.130***	0.131***	0.130***	0.130***	0.154**	0.132***	0.130***
	(2.77)	(2.72)	(2.77)	(2.77)	(2.56)	(2.78)	(2.77)
ShangHai	0.284***	0.287***	0.284***	0.284***	0.283***	0.285***	0.284***
	(3.12)	(2.97)	(3.12)	(3.12)	(2.74)	(3.10)	(3.12)
R - sq	0.31	0.31	0.31	0.31	0.30	0.31	0.31
第二阶段							
变量名称	lpubin	lsr	lfund	lfund	lfund	peol	larea3
ltoexe	0.051	0.146***	0.044	0.044	0.051	0.084*	0.121***
	(1.08)	(3.14)	(0.95)	(0.95)	(0.92)	(1.88)	(2.78)
history	-0.001	0.167***	0.102*	0.102*	0.131**	0.207***	0.093*
	(-0.01)	(3.05)	(1.88)	(1.88)	(2.05)	(3.95)	(1.81)
firms	0.168***	-0.086*	0.219***	0.219***	0.203***	0.213***	0.320***
	(3.28)	(-1.70)	(4.35)	(4.35)	(3.40)	(4.38)	(6.72)
nature_ d5	0.021	0.272***	0.101	0.101	0.080	0.041	-0.036
	(0.23)	(3.02)	(1.15)	(1.15)	(0.81)	(0.47)	(-0.43)
R - sq	0.10	0.07	0.08	0.08	0.09	0.17	0.17

续表

第三阶段							
变量名称	lR_ D	by_ year	lR_ D	inpro	lbyincome	patent	by_ year
lR_ D				0. 164 *** (3. 54)		0. 133 *** (2. 84)	
innum	0. 105 ** (2. 18)	0. 311 *** (7. 09)	0. 105 ** (2. 18)	0. 162 *** (3. 41)	0. 025 (0. 44)	0. 115 ** (2. 39)	0. 311 *** (7. 11)
firms	0. 073 (1. 38)	0. 375 *** (7. 77)	0. 073 (1. 38)	0. 175 *** (3. 37)	-0. 038 (-0. 62)	0. 167 *** (3. 16)	0. 371 *** (7. 72)
tutor	-0. 042 (-0. 93)	-0. 035 (-0. 85)	-0. 042 (-0. 93)	0. 114 ** (2. 56)	0. 086 (1. 62)	0. 189 *** (4. 19)	-0. 033 (-0. 81)
lfund	0. 150 *** (3. 21)	0. 066 (1. 54)	0. 150 *** (3. 21)	-0. 082 * (-1. 76)	0. 270 *** (4. 93)	-0. 098 ** (-2. 08)	0. 063 (1. 49)
larea3	0. 037 (0. 76)	-0. 014 (-0. 32)	0. 037 (0. 76)	0. 089 * (1. 86)	0. 015 (0. 27)	0. 120 ** (2. 48)	-0. 014 (-0. 32)
lpubin	0. 092 ** (2. 03)	0. 007 (0. 16)	0. 092 ** (2. 03)	0. 009 (0. 19)	0. 245 *** (4. 63)	0. 040 (0. 88)	0. 005 (0. 12)
history	0. 143 *** (2. 92)	-0. 185 *** (-4. 14)	0. 143 *** (2. 92)	-0. 054 (-1. 12)	-0. 000 (-0. 00)	-0. 081 (-1. 64)	-0. 177 *** (-3. 99)
R - sq	0. 12	0. 21	0. 12	0. 15	0. 17	0. 15	0. 27
N	463	458	463	463	323	448	463

注：符号 *、**、*** 分别表示显著性水平为 0. 1、0. 05 和 0. 01，括号内分别为系数统计量的 t 值。

从第三阶段的估计结果可以看到，不是所有的孵化器服务都可以促进在孵企业创新绩效的提升。公共服务平台投资额与孵化基金对在孵企业研发投入、孵化企业毕业时的平均收入的影响显著为正；孵化基金每增加50%，在孵企业研发投入增加 7. 5%，孵化企业毕业时的平均收入增加13. 5%。但是，随着孵化基金的增加，在孵企业获得的知识产权数以及专利数均表现出下降情形，这说明部分孵化器存在大而不强、创新服务深度不足的情况。特别是在当前孵化器以规模建设和数量为导向政策下，国家级孵化器以及税收优惠政策的标准强调孵化面积、在孵企业和毕业企业数量，孵化基金更主要被用于提高孵化企业毕业率，而非帮助孵化企业提升创新水平。此外，创业导师、获得风险投资对于孵化企业创新绩效的提升具有显著的影响。由此可见，孵化器所提供的投融资服务、网络服务以及创业辅导是促进在孵企业创新绩效提升的重要因素。

8.5.2　稳健性检验

（1）使用独立方程分析孵化器税收优惠的影响因素。

国家出台孵化器的税收优惠政策是希望凡是符合政策要求的孵化器都能够享受到政策优惠，除了与政策标准有关的指标外，不同个体的差异不应该影响政策执行情况，所以这里首先选择混合 OLS 模型，而不是固定效应模型。但考虑到现实中，不同地区在政策执行上会因为对政策的理解以及对孵化器的认识、支持态度等方面不同而存在差异，而这些因素很难直接度量，对其的忽略和遗漏可能会造成估计的偏差。因而，使用人均地区生产总值以及地区虚拟变量来表示地区政策执行的差异，如表 8 -4 所示。

表 8 -4　孵化器税收及税收优惠额决定模型

变量名称	(1) ltotax OLS	(1) ltotax RE	(2) ltoexe OLS	(2) ltoexe RE
ltarea	0. 016 (0. 14)	0. 1414 * (1. 85)	0. 2191 (1. 28)	0. 1533 (1. 13)
ltr	0. 5984 *** (9. 89)	0. 2483 *** (5. 49)	0. 1481 * (1. 78)	0. 163509 ** (2. 17)
lprofit	0. 0732 *** (4. 05)	0. 0202 (1. 41)		
lpgdp			1. 003 ** (2. 28)	0. 8384 ** (2. 42)
nature	-0. 9936 *** (-4. 70)	-0. 7380 *** (-3. 42)	-0. 3525 (-1. 25)	-0. 2489 (-0. 86)
history	0. 0587 *** (3. 03)	0. 0682 *** (3. 97)	0. 0702 ** (2. 29)	0. 0533 ** (2. 08)
gx	0. 9314 *** (2. 85)	0. 9669 * (1. 93)	1. 2868 *** (3. 29)	1. 2215 ** (2. 45)
ds1	0. 8229 *** (2. 81)	0. 8564 * (1. 93)	0. 3068 (0. 63)	0. 3228 (0. 66)

续表

变量名称	(1) ltotax OLS	(1) ltotax RE	(2) ltoexe OLS	(2) ltoexe RE
ds2	1.5979 *** (4.75)	1.3779 *** (2.67)	0.8413 (1.27)	0.8272 (1.63)
_ cons	-1.9044 (-1.62)	-0.3553 (-0.39)	-13.1258 *** (-2.79)	-10.43 *** (-2.69)
R - sq	0.23	0.21	0.07	0.10
Obs	786	786	784	784
LM 检验	chibar2 (01) = 375.98 Prob > chibar2 = 0.0000		chibar2 (01) = 76.03 Prob > chibar2 = 0.0000	
Hausman Test			chi2 (6) = 9.13 Prob > chi2 = 0.1662	

注：符号 *、**、*** 分别表示显著性水平为 0.1、0.05 和 0.01，括号内分别为系数统计量的 t 值与 z 值。通过对税收优惠额决定模型进行 LM 检验，结果强烈拒绝“不存在个体随机效应”假设，因而，在孵化器税收优惠额决定模型中也使用了不可观测效应模型，与混合 OLS 模型进行对比。对于不可观测效应模型的选择使用 Hausman 检验，接受个体效应与解释变量不相关假设，说明随机效应模型是优于固定效应模型的。第三列为联立方程组第一个方程的回归结果，模型（2）中随机效应模型采用以省份为聚类变量的标准差，混合 OLS 使用稳健标准差，提高了估计结果的准确性。

孵化器的营业税是由收入决定的，所得税是由利润决定的，所以营业税与收入、所得税与利润均表现出显著的正相关关系。虽然房产税和土地使用税与孵化器的营业面积有关，但有些孵化器因为是租赁或者划拨使用房产，不具有房产的所有权而不需要缴纳这两类税收，这两类税收在孵化器应纳税总额中仅占 35% 左右。因而只有在随机效应模型中剔除了收入和利润变量后，孵化器面积才与应纳税额有微弱的正相关关系。事业单位性质孵化器有很多收入是不需要纳税的，且税率低于企业，所以事业单位性质的孵化器与应纳税额呈负相关关系。孵化器成立时间与纳税额呈正相关，是因为随着孵化器的发展壮大，其服务业务量增加，导致其应纳税额增加。同样，具备高新技术企业资格的孵化器规模实力比较强，收入与所得也比较高，相应地，应纳税额也比较高。从地区分布来看，东中部地区孵化器相较于西部地区孵化器而言，所纳税额度更高。从孵化器税收优惠决定模型结果来看，收入、成立时间和高新技术对其的影响与对税收的影响是一致的。孵化器所在地区的人均地区生产总值与孵化器免税额呈正相关关系，即对于人均地区生产总值较高的地区，孵化器平均所享受到的税收优惠额更大。这可能来自三方面的效应：一是收入较高的地区，相对地方财力也比较丰厚，对税收优惠政策的执行口径把握会比较松；二是这些地区发展已经进入更高阶段，对向创新驱动发展转型的需求比较迫切，对创新孵化的重视程度更高，更为积极地促进优惠政策的落实并给予了更多地方性其他政策支持；三是经济较为发达地区的孵化器发展也相对较好，自身规模也相对较大，相应地能够获得的税收减免额度也会更高。

（2）孵化器税收优惠政策对孵化器服务影响模型。

分别考察孵化器税收优惠总额对孵化器所提供的服务用房面积（area3）、孵化器综合服务收入（sr）、孵化基金（fund）、孵化器专业技术人员（peo1）数以及创业导师数（tutor）5 个不同的孵化服务方面因素的影响（见表 8 –5）。

表 8 –5　孵化器税收优惠政策对孵化服务影响

变量名称	fund	area3	sr	peo1	tutor
ltoexe	0.0675*** (2.66)	0.01 (0.08)	0.05087* (1.68)	0.2037** (2.26)	0.2272* (1.65)
history	0.0317** (2.00)	0.0028 (0.34)	0.0839*** (4.40)	0.4229*** (7.29)	0.0857 (0.97)
nature	–0.3273** (–1.97)	–0.309508*** (–3.6)	–0.9116*** (–4.58)	–1.3569** (–2.28)	–0.6228 (–0.66)
ltarea	0.3802*** (4.31)	0.85313*** (18.7)	0.1597 (1.51)	–0.3061 (–0.82)	0.9824** (1.96)
firms				0.0248*** (5.54)	–0.0129* (–1.81)
ds1	0.5956** (2.51)	0.252545** (2.06)	–0.1722 (–0.61)	–0.6812 (–0.81)	0.6187 (0.46)
ds2	0.5181* (1.91)	–0.02082 (–0.15)	–0.5601* (–1.72)	–0.4280 (–0.44)	2.9946 (1.92)
_cons	5.6324*** (16.1)	–1.15181** (–2.38)	4.2235*** (3.77)	5.6475 (1.51)	–5.2475 (–0.99)

续表

变量名称	fund	area3	sr	peo1	tutor
R - sq	0.05	0.28	0.05	0.13	0.02
Obs	784	784	784	784	784

注：符号 * 、** 、*** 分别表示显著性水平为 0.1、0.05 和 0.01。方程（2）的结果见附录，方程（3）自变量的不同对方程（2）结果的影响较小，但是从变量系数以及统计量上来看与表 8 - 3 结果相差不大。

除了服务用房外，减税额对孵化基金、孵化器综合服务收入、孵化器专业技术人员数以及创业导师数均有显著的正效应，这说明税收优惠政策对激励孵化器提供孵化服务有显著的效果。一方面减免的税收可以用于支持孵化器加大在孵化基金、孵化人员方面的投入；另一方面激励孵化器强化创新孵化服务，使孵化器的收入模式有从以房租收入为主转向以服务收入为主的可能，引导其逐步建立市场可持续的创新孵化机制。即使在控制孵化服务的滞后效应后，对除创业导师外其他三项孵化服务指标仍有显著的正效应。

8.6 结论与启示

我国针对国家级孵化器的税收优惠政策，在引导和强化孵化服务方面发挥着有效的政策激励作用，因此孵化器税收优惠政策应当进一步延续。但因为政策对于孵化服务的方向与内涵不够明确，政策激励的孵化服务与创新创业企业的发展需求不完全匹配，政策传达至在孵企业后，促进其创新的作用不明显。税收优惠政策只对孵化器的基础服务供给有明显的激励作用，特别是在当前国家级孵化器将孵化面积作为其硬性标准的形势下，这一政策主要是激励孵化器扩大面积，争创国家级孵化器。通过本章可以看到，尽管孵化器实际享受到税收优惠最大的一部分是房产税和城镇土地使用税，但并不是面积越大的孵化器所能够享受到的免税额越多。各地在税收优惠执行上还是对各项标准进行了严格把关。

同时实证结果也发现，真正对促进在孵企业创新有更大作用的不是孵化器的孵化场地、技术人员等基础条件，而是为在孵企业提供资金（孵化基金、公共服务平台投资额）、创业指导（创业导师数）以及帮助孵化器获得风险投资等。必须注意到的是，随着在孵企业数量的增加，孵化器创业导师的数量不是相应地增加，而是在下降。这在一定程度上反映了孵化器规模的扩大反而可能会降低孵化服务质量。然而，当前国家级孵化器标准仍强化规模要求的状况，下一步孵化器的政策标准应该放松规模约束，转向强化对孵化服务能力与质量的要求。事实上，随着各地孵化器楼宇的快速建设，我国孵化器孵化总面积已超过 4000 万平方米，办公场所和基本条件已经不再是企业创业的关键约束，而资金、社会网络以及创业辅导的缺乏对企业创业成长的制约越来越突出。因此，在我国已经基本完成孵化器的建设布局后，现行的税收优惠政策难以促进孵化器深层次孵化服务的提升，需要进一步优化政策机制，基于孵化器的导向性创新服务的供给及其服务绩效来确定对孵化器的支持力度，强化孵化器投融资、创业辅导等深层次创新孵化服务能力。比如，可以将确立孵化服务标准、孵化绩效目标作为孵化器所得税减免的条件，建立有效的政策激励机制引导孵化器服务功能的提升；也可通过设立专项孵化基金，根据孵化绩效评价确立资助或奖励额度；或根据孵化器提供的服务内容给予税收减免支持或高新技术服务企业认证。

执笔：崔静静　程郁

第3篇

创新载体：孵化器与加速器

第 9 章
基于创新工场案例的新型孵化器商业模式研究

9.1 引言

随着世界经济脆弱复苏，国际贸易竞争加剧，我国以投资和出口模式为主的经济增长乏力（Tang et al.，2014）。国有企业、大型民营企业和公立机构减少了员工招聘需求，而每年我国高校毕业生却不断增加，宏观就业形势严峻。如何缓解劳动力市场需求增长乏力，推动经济持续增长，是政府不得不面临的挑战。欧盟、美国、日本、中国等国家（地区）的政府均将发展科技企业孵化器、培育新兴科技企业作为迎接挑战的策略之一。科技企业孵化器是培育以新兴技术为基础的初创企业，提供其运营的基础设施及各类增值服务的服务机构，目的是提高中小型科技企业的成活率，帮助其成长。科技企业孵化器是国家创新体系的重要组成部分。我国首家科技企业孵化器于 1987 年在武汉东湖诞生，随后各地陆续创建各类孵化器。经过 20 多年的发展，涌现出了公益性、营利性、综合型、专业型、虚拟型等多种类型的企业孵化器。目前我国孵化器以公益性为主（秦军和殷群，2009），发展很快，截至 2015 年年底，中国已拥有科技企业孵化器 2530 家，全国上报众创空间名单 2345 家，共 4875 家，成为全球孵化器数量最多的国家。与快速增长的数量相比，我国多数孵化器运行效率不高，提供的服务往往缺乏专业性和针对性，难以满足初创企业需求。在诸多弊端中，关键问题是孵化器商业模式问题（梁云志和司春林，2010）。因此，如何构建合理的孵化器商业模式，有效帮助初创科技企业成长是非常值得研究的现实与理论问题。

现存文献有关科技企业孵化器的研究始于20世纪80年代，多集中在对科技企业孵化器内涵的理解、影响科技企业孵化器成功运行的要素分析及大学孵化器与非大学孵化器的比较研究等方面（Tang et al.，2013），而商业模式的研究则始于20世纪50年代，最近10年则多以制造业和产品市场为背景，侧重于对商业模式的理解、构成要素及框架构建等方面的研究（刘伟等，2014）。比如Morris等（2005）综合了前人的研究，归纳了认识商业模式的3个角度：经济角度，即侧重于企业如何获取利润并保持现金流（Stewart and Zhao，2000）；运营角度，即企业如何通过内部各个关键系统设计形成竞争力（Mayo and Brown，1999）；战略角度，即商业模式是一个综合体，包括了选择目标顾客、差异化自身产品与服务、自身生产与外包决策、分配资源、营销、创造顾客价值与最终获利决策（Slywotsky，1996）。我国学者欧阳桃花和武光（2013）指出商业模式包括价值定位、价值构造、价值传递和价值获取4个环节，其核心在于管理这条价值链。尽管学者们对商业模式的理解有差异，但多数都认同价值是商业模式的核心内容（司春林和梁云志，2010）。近年来，国内有少数学者对科技企业孵化器商业模式进行了研究，如司春林和梁志云（2010）以上海两家创业孵化器为例，从商业模式理论出发，对比这两家孵化器的目标客户、价值主张、价值链、动态能力和收支平衡模型，探讨这两家孵化器如何通过整合社会资源服务创业企业。陈颉和李娜（2013）比较研究天津地区4个特色科技企业孵化器，探讨其商业模式的构成要素及要素间匹配、要素与资源匹配关系。刘伟等（2014）则构建了基于技术与资本市场的商业孵化器商业模式核心要素及相应的描述性分析框架，以国内4个典型孵化器为例，呈现了核心要素的创新路径。马凤岭和陈颉（2014）以天津市首家科技孵化器的商业模式形成和演化过程为研究对象，探讨其商业模式变化规律及推动商业模式演进的机制。总之，由于学者们在案例选择、商业模式构成要素及研究视角等方面都存在差异，因此所得结论也不同。学者们认同孵化器为在孵企业创造价值的重要性，但缺乏对价值链的深入分析。

与前人的研究相比，本章拟在以下两个方面进行创新：（1）在研究对象方面，选取我国新兴的天使投资型孵化器典型代表——2009 年成立的创新工场进行深入细致分析。近年来，以移动互联网技术为基础的创业浪潮及大公司战略并购需求，催生了专门为以信息技术为基础的初创企业提供服务的天使投资型孵化器。虽然孵化器与风险投资的融合已受到了学者们的关注（翁建明，2007；郭田勇和王鋆，2006；瞿群臻，2005），但针对天使投资与孵化器的融合研究还很少。（2）在研究视角方面，以价值链为主线从价值定位、价值创造、价值实现和价值传递 4 个方面详细研究创新工场如何帮助在孵企业成长，并揭示孵化器与在孵企业共同发展的互动机制。我们期望本章能够为改善我国孵化器商业模式建设，提升在孵企业成长率，培育更多创新企业提供一些理论与实践的思路。

9.2　研究设计

9.2.1　研究方法

本章属于探索性研究，目的是分析天使投资型孵化器如何通过有效的价值链管理帮助在孵企业成长。这类问题缺乏系统的理论基础，因此采用质性研究方法，通过现象的观察、资料的收集与分析，把握现象的本质，将之抽象化，并结合欧阳桃花和武光（2013）提出的价值链管理理论，重新定义价值定位、价值创造、价值实现及价值传递这 4 个方面的内涵，探析创新工场商业模式各要素间的逻辑关系，构建本章的理论分析框架（见图 9－1）。在本章构建的理论框架中，价值定位包括客户定位和服务定位。天使投资型孵化器的目标客户是早期、特定行业、具有商业前景的初创企业。其服务定位于提供在孵企业缺乏的资源，协助早期初创企业实现商业价值快速增长和初创企业创业文化的形成。天使投资型孵化器的价值创造紧紧围绕着价值定位的预期目标展开，投入天使资金、提供增值服务、构建浓厚的创新文化氛围帮助在孵企业成长。天使投资型孵化器的价值实现体现在获取在孵企业股份或抛售在孵企业股票以收获股票溢价。同时，在孵企业获得所需的资源，或在资本市场进行初次发行，或被大企业收购，或继续自主经营，扩大企业规模。此外，孵化器构建的良好创新文化氛围促进在孵企业创业文化的形成，而接受孵化器价值理念的在孵企业反过来营造孵化器内部良好的创业文化氛围，在孵企业与孵化器及在孵企业间的交流与合作进一步加强。天使投资型孵化器通过其品牌效应进行价值传递：吸引或主动寻找优秀初创团队入驻孵化器；创新价值观在孵化器内外扩散。

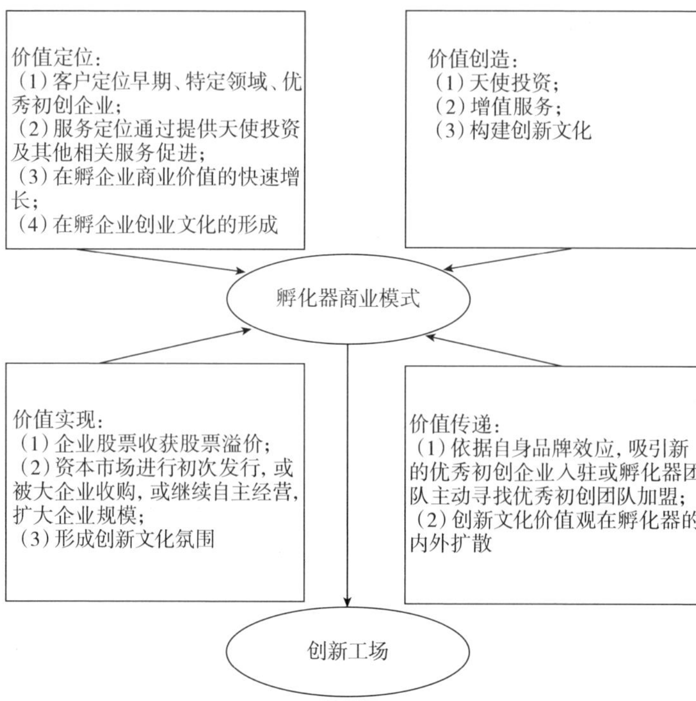

图 9-1　天使投资型孵化器商业模式理论框架

9.2.2　案例选择与数据来源

本章选取的案例是李开复博士 2009 年 9 月成立的创新工场，是我国少有的天使投资型孵化器的典型代表。天使投资有别于一般的风险投资（见图 9-2）。为降低投资风险，一般风险投资往往选择已进入成长期和成熟期的初创企业，而天使投资则选择发展初期的初创企业。在美国和英国，天使投资是初创企业种子资本和原始资本的主要来源（Becker-Blease and Esohl，2007），其对种子期企业的投资频率是风险投资的 16 倍（Maxwell et al.，2011）。而创新工场就是投资处于种子期与初创期的企业，并提供相关专业孵化服务的典型。该孵化器拥有专业的运营团队和顾问团队，旨在帮助早期创业企业成长。除了提供早期创业资金之外，创新工场也提供创业企业所需要的商业、技术等“一揽子”创业服务。

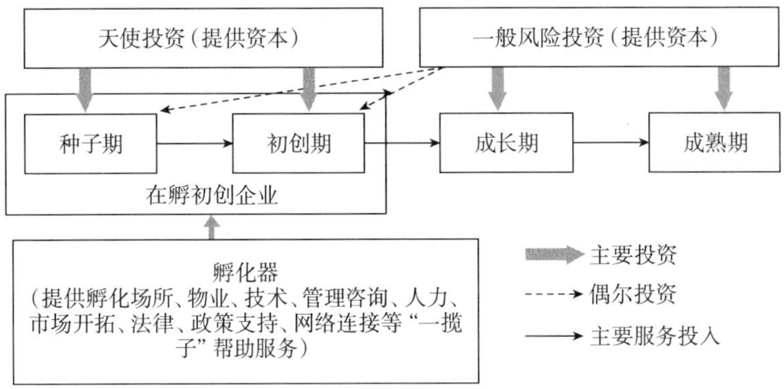

图 9－2　天使投资、一般风险投资、孵化器关系模型

我们采取一手数据、二手数据相结合的方式进行数据的收集和整理。其中一手数据来自 3 个方面：（1）企业高层访谈。2013 年 1 月 31 日，对创新工场首席运营官兼合伙人陶宁女士进行了一个小时的深度访谈。（2）现场体验。研究小组 3 名成员来到创新工场北京办公室，实地参观感受在孵企业工作氛围、孵化器提供服务方式等多方面情况。（3）调查问卷。对创新工场内部 39 家在孵企业进行了问卷调查，内容涉及创新工场提供服务范围及对创新工场文化氛围的认可程度，2013 年 11 月 19 日，回收有效问卷 37 份。二手数据来自创新工场公开发表的有关文章，相关宣传视频、访谈节目等。

9.2.3　案例分析

下面将根据图 9－1 构建的天使投资型孵化器商业模式理论框架，从价值定位、价值创造、价值实现及价值传递 4 个方面剖析创新工场的商业模式。

9.2.3.1　价值定位

创新工场的目标客户为具有一定发展潜力的早期创业企业，其投资的行业仅限于信息产业最热门的领域：移动互联网、消费互联网、电子商务和云计算。正如创新工场创始人李开复在面对“优米网”的访谈时表示：“我们只投资这些领域，其他领域我们不熟悉，不懂得。”其管理团队成员均是来自以上领域的资深人才。入孵企业除了需要具备上述行业特征外，还必须达到创新工场的严格筛选标准。该筛选标准十分注重创业者的经验及素质，以及创业团队的文化氛围。只有彼此信任、和谐奋进的团队才会受到创新工场的青睐。在服务定位方面，除了帮助初创企业的商业价值增长，创新工场更为重视的是孵化器创业文化的形成，李开复在接受“优米网”访谈时，表达了创新工场对创业文化培养的重视：

“我希望中国未来的公司是有更多有梦想、有理想的不是只追求财务回报，在公司文化上更加透明、平等，而不是老板一人做所有决定。如果创新工场在未来能够给这些公司留下些东西，我希望是这些。”

9.2.3.2　价值创造

创新工场承诺的价值是帮助在孵企业实现快速成长。这种价值创造主要通过三方面资源的有效投入及合理运用得以实现。

（1）提供天使投资基金。在2009年创新工场成立时，国内的天使投资较少且不成规模，从而制约了创业者尤其是白手起家创业者的发展。创新工场可为初创企业提供50万元至200万元的创业初始资金支持。对于资金的投入形式，创新工场采取投资金额分级指定、投资轮次定期考核的制度。根据创业团队的经验程度，为创业者提供助跑计划（针对年轻、初创团队）、加速计划（针对有经验团队）和创业家计划（针对高端经验丰富团队）这三种孵化计划。根据创业团队的创业经验，投资金额以此递减。无论是哪一类计划都有可能获得四轮投资支持（种子轮、天使轮、A轮、B轮），获得投资金额逐轮上升。种子轮投资无须考核，投入给所有进入创新工场的创业团队，随后是否能进入下一轮投资采取定期考核制度。18个月是考核周期，经过18个月的产品研发，创新工场帮助初创企业进行产品的市场对接和测试，无论其研发的产品领域有多窄，必须跻身在前两名，才有机会获得下一轮的融资。这就形成了一种倒逼机制，激励创业团队积极利用创新工场提供的一切服务尽快完善产品的开发。

（2）提供多种增值服务。创新工场提供的增值服务主要有三类：基础服务，指维持在孵企业正常运营的最基本基础设施和开办手续方面的服务；咨询服务，指有助于在孵企业成长的所有技术、商业指导和培训服务；网络服务，指与商业合作伙伴、政府、风险投资、科研机构等部门取得联系，获得外界协助。后两类服务是创新工场最有特色的服务（见表 9－1）。

表 9－1　创新工场特色服务

服务类别	优势服务分类	服务内容
咨询服务	招聘支持	利用创新工场品牌效应以及创始人李开复在大学生中的非凡影响力，在中国 IT 领域顶尖的 12 所院校进行招聘
		创新工场的员工通过个人人脉为创业企业寻找有一定从业经验的高端人才
	战略引导	咨询团队均是行业内资深人士，至少有 10 年工作经验，能及时解答创业者咨询的各种问题
网络服务	市场支持	创业企业形成企业间网络，在此基础上与其他平台如百度、腾讯等进行对接和合作，提升创新工场产品的市场认同度
		创新工场内的产品相互间有一定的帮扶作用，相互利用加以推广，降低推广的成本
	融资支持	利用创新工场影响力，为毕业企业争取更多风险投资支持，使企业获得更长足发展

在提供高质量增值服务的同时，创新工场密切关心创业环境及创业企业需求变动，及时调整提供服务的内容和方式。例如，在创新工场成立的前 3 年，我国提供财务记账的服务市场尚不健全，因此创新工场为创业企业提供记账服务。随着生产性服务市场逐渐成熟，创业企业已不再需要这种服务，创新工场随即取消了这项服务。对于在孵企业咨询的相关问题，完全由创新工场内部管理人员进行“一对一”解答服务，不采取外包给第三方的形式，保证了咨询过程的连续性和私密性。

（3）提供创新文化氛围。创新工场通过价值层、行为层、制度层、物质层 4 个层次的全方位塑造，创造良好的孵化器创新文化氛围以促进在孵企业创业文化的形成。在价值文化层面，创新工场的宣传语为“这里孵化的不仅仅是项目”，“在这里创业公司能够合作、分享、创作、成长，在这里，我们帮助创业者超越不可能”。从中可以看出其提倡的是积极创新、开放合作的创业文化。在行为文化层面，创始人李开复以身作则推广工场内部创业文化。在创新工场，李开复称所有人为自己的“工友”，而非以老板身份自居。同时为鼓励内部成员的合作交流，所有办公室的门是敞开的，创业团队有问题可以随时与创新工场管理者及其他创业团队交流。除了面对面的交流，创新工场还搭建了广泛的内外部交流平台（见表9－2）。

表9－2　创新工场交流平台

交流平台		举例	备注
内部交流平台	日常交流	微信、E-mail 平台	
	专业交流	产品体验群组	由创新工场内部2000多人组成，所有创业团队开发的产品经由这一平台进行体验，提出中肯的意见
		iPhone 的开发小组，安卓的开发小组，后台的云开发小组	技术交流
外部交流平台		外部专家培训	技术、商业多方面培训
		内外部同行交流的平台	大会议室提供给外部创业公司，方便内外部交流

在制度文化层面，创新工场遵循以下四条基本原则处理与在孵企业的关系：第一，在孵的创业团队是一家独立的公司，创新工场不做过多干涉；第二，创新工场不会因自身宣传需要总是在媒体上曝光在孵企业实际情况；第三，不签署保密协议，坚持主意是大众的，关键在于产品开发及商业化推广速度；第四，不允许创新工场内部出现“挖角”行为。这样的制度设计形成了创业团队与创新工场间平等合作的文化氛围。在物质文化层面，创始人李开复认为：“我相信办公室的装饰、上班的环境这些细节都能够改变一个人做事的方式。”物质文化层面对企业核心价值的形成有潜移默化的作用。因此，创新工场从内部装饰、员工文艺创作等多方面促进创业文化的形成。

9.2.3.3　价值实现

创新工场的价值主要通过获取在孵企业股份及股票溢价方式实现。目前，创新工场内有 50 多个创业团队，创新工场平均占用每个团队 17.6% 的股份。2009 年至 2014 年，创新工场共募集约 5 亿美元资金，共投项目公司 130 多个，其中 38 家获得 A 轮融资，14 家获得 B 轮融资，1 家获得 C 轮融资，6 家被收购，过亿美元估值的公司有 10 多个①。已成功孵化的企业包括点心、豌豆实验室、行云、友盟、知乎等十几家，在业界产生了重要影响，创新工场在这些项目上的平均回报率达到 1800%，保证了孵化器价值链中价值实现过程的顺利进行，从而使创新工场拥有较充足的回笼资金以继续完善工场各方面建设，实现了经济价值的循环，即经济反哺机制。此外，创新工场内部积极创新、开放合作的文化氛围对在孵企业创业文化的形成起到了积极作用，大部分在孵企业承认在创新工场内形成了大家都能认可和理解的交流术语、文化传统和行为规则，并建立了相互信任关系（见表 9－3）。

表 9－3　在孵企业对创新工场文化氛围认可程度

在孵企业对创新工场文化氛围认知	调查在孵企业数（家）	认可度均值（满分 7 分）	标准差
我们有共同的信念、价值观和思维方式	37	6.27	0.769
在创新工场内形成了大家都能认可和理解的交流术语、文化传统和行为规则，并建立了相互信任关系	37	6.70	0.740
创新工场所构建的积极创新、开放合作的文化氛围对企业创新发展有积极促进作用	37	6.76	0.435

9.2.3.4　价值传递

创新工场的价值传递主要有两条路径：（1）通过创新工场已经建立的品牌效应吸引优秀创业团队的加盟或创新工场进入创业园区主动寻找优秀的创业团队。（2）创新文化价值观在孵化器的内外扩散。在创新工场开放创新的文化氛围影响下，已入孵的初创企业主动帮助并感染着新入孵的初创企业，这种良性的文化反哺机制一方面在孵化器内部营造创新文化氛

① 数据来源：创新工场门户网站。

围，另一方面也对中国整体创新环境的完善起到了积极作用。随着在孵企业的毕业，创新工场倡导的创新文化扩散至工场外围，其他创业企业通过与毕业企业的交流接触也会受到其创新文化的感染，从而使创新工场对中国整体创新环境的改善起到了潜移默化的作用，形成以创新工场为源头的创新文化并使其向内外扩散（见图9-3）。

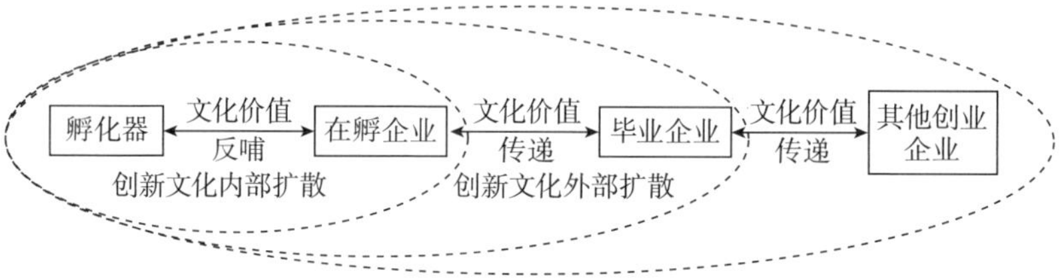

图9-3　天使投资型孵化器创新文化扩散

9.3　结论与展望

天使投资型孵化器商业模式体现了天使投资与孵化器模式的有机结合，本章深入分析了该种孵化器商业模式的核心内容：内部价值链管理机制。研究结果表明，孵化器商业模式成功的核心应是内部价值链的科学设计。首先，只有价值定位、价值创造、价值实现、价值传递这价值链条上的4个环节协调统一，才能保证整体商业模式的成功运行。其次，维系整条价值链可持续运转的动力在于经济与文化价值的双反哺机制。经济价值反哺机制保证了孵化器与在孵企业的共同商业价值增长，是双方持续发展的根本经济保障；文化价值反哺机制既有助于经济价值反哺机制的实现，也有助于孵化器内外部创新文化的扩散，从而更好地帮助初创企业实现快速发展。最后，孵化器特色增值服务是其商业模式成功的重要保障。入孵企业在创新工场内获取了在其他孵化器很难获得的天使投资、市场、技术和创新文化环境，这些高质量的资源促进了在孵企业的成长。

本章将价值链理论引入孵化器商业模式的研究，揭示了“黑箱”内部的运行过程，为研究孵化器商业模式提供了科学的方法论。同时，研究聚焦新型孵化器——天使投资型孵化器，提出了孵化器与在孵企业的经济与文化价值的双反哺机制，为指导这一新兴孵化器的发展提供了思路。

本章基于单一孵化器的案例分析，结论存在一定的局限性。未来可以进行不同类型的孵化器商业模式比较研究，从而可以更全面地了解孵化器商业模式的价值链构成及运行效果，以验证和细化本案例的相关结论。

执笔：唐明凤　李翠文　程郁

第 10 章
从孵化器到加速器
——培育成长型企业的创新服务体系

10.1 引言

经过100多年的发展，全球孵化器已经走向了专业化、功能化和主体多元化的细化分工发展。根据孵化产业划分，可分为生物孵化器、软件孵化器、光电子孵化器、新材料孵化器和服务行业孵化器等专业孵化器；根据服务对象和内容划分，可分为大学科技园、留学创业园和国际企业孵化器等；根据运作模式划分，可分为虚拟孵化器、连锁孵化器和创业孵化集团等；根据运作主体划分，可分为政府或社区主办的孵化器、企业主办的孵化器、学术机构主办的孵化器和多元主体混合的孵化器（钱平凡，2000）。特别是进入21世纪后，企业加速器作为一个专门为孵化后企业提供专业服务的新概念在全球范围内流行起来，很多国家相应地制订了企业加速计划以支持孵化毕业企业的后续发展①。

目前，我国已成为全球孵化器第一大国。孵化器在规模化发展的同

① 比如，休斯敦技术中心的大休斯敦加速器（Houston Technology Center，http://www.houstontech.org/）、北艾奥瓦州的商业加速器（Northeast Iowa Business Accelerator，BusAccel，http://www.busaccel.org/）、波兰的国家商业加速器（Portland State Business Accelerator，http://www.psba.pdx.edu/）、澳大利亚的商业加速器（Business Accelerator，http://www.accelerator.com.au/）、Fulton商会创建的阶段2商业加速器（Stage 2 Business Accelerator，http://www.stage2ba.com/）、剑桥的加速器伙伴网络（Cambridge Accelerator Partners，http://www.capartners.co.uk/）、丹麦科技与创新部的"瞪羚成长计划"（Gazelle Growth Program，http://www.gazellegrowth.com/）、爱尔兰的商业加速器项目（Business Acceleration Programme，BAP，www.enterprise - ireland.com）、乔治梅森大学的国际商业加速器项目（International Business Accelerator，http://www.masonenterprisecenter.org/），等等。

时，也产生了差异化发展的需求，以高成长型企业为目标对象的企业加速器开始兴起并从孵化器中日益分离出来。目前，科技部火炬高技术产业开发中心已经确立了 3 家科技企业加速器试点单位。此外，各个地方也正积极探索加速器的发展和建设。比如，广州科学城正投资 2.8 亿元兴建 58 万平方米的加速器，深圳高新区规划了用地 15 万平方米、建筑面积 45 万平方米的软件及信息服务加速器，苏州、东莞等地也正在研究制定加速器发展规划。随着我国科技型成长企业的快速发展和孵化器功能的进一步延伸和分化，企业加速器日益成为我国促进创新和科技型企业发展的新兴政策工具。本章将解析企业加速器这种新政策工具的概念与内涵，并从成长型企业的需求出发讨论加速器的基本特征、服务体系、政策目标以及运作机制，为我国有效推进加速器建设提供政策建议和决策参考，从而保障我国加速器在大规模兴起发展的同时，能够真正提供有针对性的创新服务并切实发挥加速企业成长的作用。

10.2　发展企业加速器的必要性

美国著名企业管理大师伊查克·爱迪思在 20 世纪 50 年代出版了《企业生命周期》一书，其中将企业的成长分为了产生、成长、成熟、衰退和死亡 5 个阶段，并进一步细分为孕育期、婴儿期、学步期、青春期、盛年期、稳定期、贵族期、官僚化早期、官僚期和死亡期 10 个时期。这一理论揭示了企业成长发展的基本规律和生存发展过程中的内在制约关系，为形成和制定有针对性的企业指导、培育和扶持政策提供了重要理论依据，并由此衍生和发展出了当前普遍流行的“企业成长路线图计划”的政策框架体系。长期以来，在实践“企业成长路线图计划”时，各国都更重视对创业企业的扶持和孵育，而忽视对孵化毕业后企业的支持。但孵化毕业并不能保证企业顺利地成长、成熟和成功，很多孵化毕业企业因为脱离了孵化器相关服务网络的支持而陷入重重困难。美国孵化器协会的研究显示，孵化毕业的企业如果不能获得加速项目的支持，其在 5 年内继续保持活跃状态的概率只有 20%。我国孵化企业的发展也存在类似的情况，很大一部分企业在完成了 3 年孵化、步入成长过程后夭折。根据 2007 年《中关村发展蓝皮书》对1009家企业的调查，企业的平均寿命仅为3.7年，26.3%的企业存活期在2年内，50.5%的企业存活期在3年至5年，成长期企业的死亡率甚至高于孵化期企业的死亡率。这说明了成长期的企业犹如青春期的少年，虽然已经具备了自主决策和独立发展的能力，但却面临着各种转型发展的困惑，仍然需要公共政策的密切关注。随着我国孵化事业的蓬勃发展，孵化后企业成为一种日渐壮大的新生发展力量，相应地需要一套能够促进孵化毕业企业快速成长和保持创新活力的服务体系，以承接和延续孵化器的服务功能，收获和继续发展创新孵化的成果。

20世纪80年代，美国哈佛大学的物理学家David L. Birch提出了“瞪羚企业”（Gazelle Companies）的概念，把快速成长的中小企业比喻为跑得快、跳得高的瞪羚，并发现这类企业对美国的经济增长和就业创造作出了巨大贡献。1994年至1998年，占美国企业总数2%的“瞪羚企业”创造了800万个就业岗位，占到了该时期美国新增就业的68%。目前，我国中关村的高科技高成长的“瞪羚企业”已经达到2180家，并以每年100多家的速度增长，其收入占到了园区总收入的1/4。由此，高成长企业开始受到全社会的关注①，并日益成为世界各国公共政策的新焦点。政府之所以重视高成长企业主要有以下3个方面的原因。第一，高成长企业具有外部经济效益，能够在自身快速成长的同时带动相关产业、经济与技术体系的形成与发展，对区域经济的增长和就业作出巨大的贡献，从而成为区域经济发展的重要支撑力量和动力源泉。第二，高成长企业具有巨大的发展潜力，将最有可能成为区域内的龙头和骨干企业，最有希望建立起市场与技术优势并创建著名品牌，是增强区域经济技术竞争力的重要依托力量。第三，高成长企业能够树立创新创业的榜样，发挥积极的示范效应，它们能够成为众多中小创业企业学习的标杆。而同时，高成长企业也需要公共政策的支持，因为正如Hambrick和Crozier（1985）所指出的，高成长期是

① Inc. 100和Profit 100每年分别发布美国和加拿大最快速成长企业的名单，Ranking Europe's 500评选欧洲的“瞪羚企业”。

一个需要更加小心谨慎的时期①。大量研究显示，企业的快速成长并不一定保证高水平绩效，高增长率将影响企业有效运作的稳定性，甚至导致高失败率（Henderson，1999；Markman and Gartner，2002）。

可以看出，加速器构成了企业成长路线图政策体系的重要组成部分。公共政策支持高成长企业发展是为了帮助其突破成长过程的关键性障碍、平抑成长发展的风险和波动，高速地实现规模化的扩张发展、稳定步入健康成熟的发展阶段（见图 10－1），而其最终目标是通过加速企业的成长实现区域经济的稳定、高效、快速增长。这种政策设计的核心价值在于构筑起支持企业孵化—成长—成熟的承接递进的完整政策路线，并建立起加速成长—保留与收获创新价值—反哺创新孵化的政策反馈回路，从而形成由初创企业、成长型企业和成熟企业联合构成的具有内在良性循环机制的企业生态系统。

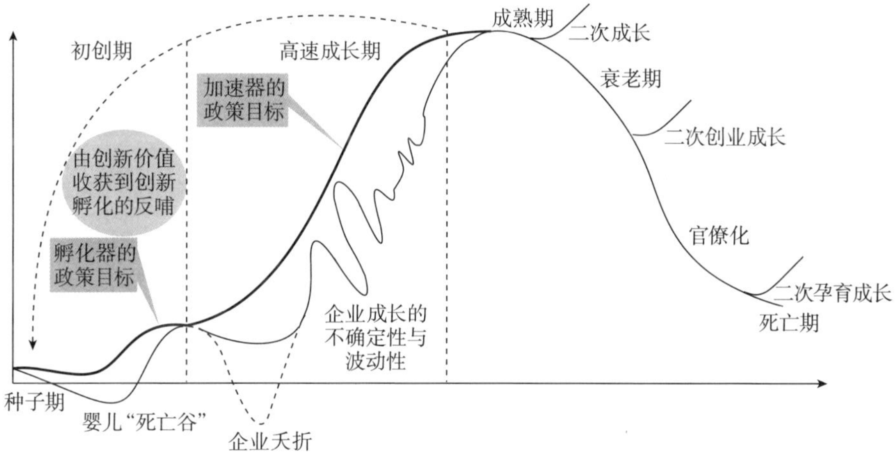

图 10－1　加速器的政策目标

10.3　企业加速器的概念与内涵

企业加速器是一个新生的支持创新和企业成长的政策概念，目前尚未

① “乍一看，每年超过 50% 的增长是一种成功，标志着企业家梦想的实现。但大量的高成长企业步履蹒跚，面临各种不幸的命运，销售额和收入的急剧下降、被低价收购甚至破产。高成长期与其说是一个可以暗自得意的时期，不如说是一个需要更加小心谨慎的时期。”

形成成熟的、普遍认可的定义和解释。美国孵化器协会认为加速器只是孵化器的一种特殊形态，其与一般孵化器的不同之处在于，服务对象更侧重于孵化后端的企业。但高成长企业与孵化企业存在显著的差异性，这就决定了加速器的特征、服务内容和形式与孵化器有着根本的不同（见表10－1）。根据对各类加速器机构的目标和任务描述的总结，我们认为加速器是为孵化毕业企业提供必要的成长性支持的专业化服务机构。由此，我们给出了如下的定义：企业加速器是以高成长企业为目标对象定制设计的一种新型的系统服务空间，是续接孵化器的扩展工作空间与延伸服务体系；它以一定的物理空间为依托，塑造适应于企业快速发展所需要的成长性工作环境，通过提供一系列企业成长所需的公共技术平台、融资、市场、人才、信息、专业管理咨询、合作与网络等资源和服务，帮助企业突破成长发展过程中的“瓶颈”和障碍，实现加速企业创新成长的政策目标。

从形态上看，加速器是一个扩大化的企业承载空间，包括办公室、研发实验室或中试基地、标准厂房，以及商务、餐饮等配套服务设施。为了满足高成长企业在短期内迅速扩容的需求，加速器需要依据对企业发展速度的评估为企业预留一定的扩容空间。此外，因为企业进入成长阶段以后开始出现明显的特征分化，加速器的形态建设需要保持充分的弹性，从而使企业能够根据各自的需求实现定制化的功能设计和空间安排。

从内涵上看，加速器是这一物理空间上所承载的制度性的框架、专业化服务体系、适应性的资源集合、快速成长的渠道与通路等综合功能。作为一种制度性的框架，加速器承担着促进成长型企业加速成长的职能。也就是说，加速器需要创新体制与机制以动员和集合各种相关资源来服务于企业的快速成长环节，通过一系列政策与制度安排建立起促进企业快速成长的各种渠道与通路，最终实现加速企业成长和提高“有竞争力的高成长企业”产出率的制度性目标。从某种意义上说，加速器实质上是围绕高成长企业的发展需求而建立的中介载体和服务网络，并由此形成成长型经济的发展环境。加速器一方面是要吸引和接纳高成长企业，另一方面要积极引入相关专业化服务机构、建立多层次的合作渠道，实现外部资源提供者与高成长企业的即时性对接。由此可以看出，加速器是以高成长企业为核心的，包括一系列服务提供者、中介联结者、资源组织者以及环境管理者的智能服务系统。

表 10－1　加速器与孵化器的比较

分类	加速器	孵化器
服务对象	孵化毕业企业、高成长中小企业	初创期的小企业
功能任务	加速成长，收获创新价值	促进创新创业
政策目标	突破成长“瓶颈”，平抑成长的波动和风险	减小创业失败率
空间特征	扩大的面积和弹性化的空间	小规模的办公场所
服务重点	规模化的生产改进与市场拓展	技术的产业化支持与商业化的辅导
服务模式	政策引导下的市场化服务；定制化战略指导、潜力挖掘、渠道拓展和网络连接	公共性服务为主；创业培训与辅导、机会发掘和合作对接
政府角色	间接协助为主，直接支持为辅；政府是重要的中介服务者和创新社会价值的收获者	直接资助与间接协助并重；政府是重要的创新参与者和投资者

10.4　企业加速器运作的理论基础

从上述的概念与内涵可以看出，企业加速器的基本功能是加速科技创新型企业的成长，并保持快速增长的持续性和稳健性。但保持高速成长远比达到一个暂时性的高增长率困难，一系列的因素会影响和抑制企业的成长速度。突破这些制约因素、解决成长型企业所面临的需求和问题是加速器有效运作的基础。彭罗斯（Penrose，1959）在其《企业成长理论》中指出，限制企业成长的因素主要有 3 个方面，即管理竞争力、产品或要素市场、不确定性和风险。而且她认为管理能力是内生于企业的自身积累和发展，因而管理对企业的成长具有关键性的约束作用①。Fischer 和 Reuber

① 彭罗斯指出，企业本质上是一个管理性生产组织，管理资源是企业进行专业化生产活动的关键性要素。企业的管理资源具有专用性特征，是企业管理团队的专业化经验和能力积累的结果，不可能通过市场交易而获得。因而，企业的管理能力决定了企业成长的速度、方式和界限，而管理对企业成长的关键性约束作用被称为“彭罗斯效应”。

(2002) 在文献总结的基础上提出，制约企业成长的管理问题主要来自 3 个方面，即人、流程和资源。综合不同学者的观点，我们认为成长型企业主要面临以下三大问题和需求：

第一，如何建立适应于快速成长的管理体制和组织结构。随着快速增长的经营规模和人员规模，成长型企业的最大挑战就是如何保证快而不乱的发展，迅速有效地实现组织结构的重构和管理体制的转型是成长型企业成功的关键。但创业技能并不等于管理技能，很多创业者并不具有管理"成长"的能力（Willard et al.，1992）。企业从创业向规模化发展的转变伴随内部管理调整与转型的问题，主要包括复杂任务下的业务流程管理、人员扩张后的人事管理、规模化发展下的财务管理与投融资决策、战略规划与协调管理、适应性企业文化的构建和共同目标愿景的形成等问题。而在这些内部管理调整的过程中，企业面临各种困难的选择。例如：管理分权的需求与官僚化的矛盾；正规化、程序化的管理与风险容忍文化的不相容性；支持规模化生产与鼓励创新的管理决策体制的冲突；等等（Fombrum and Wally，1989；Hambrick and Crozier，1985）。

第二，如何及时获得相关资源和发展渠道。资源和市场的可获得性直接影响到企业的发展和成长，特定产品需求的增加、规模生产的技术进步、掌握有前景的发现或发明、占有特殊的信息或资源等是触发企业快速成长的重要诱因。企业成长所需的资源一方面来自企业自身的积累，另一方面则来自外部接入的资源和渠道，包括引入关键人才、风险资本、与重要渠道商的合作、服务外包、并购相关企业，等等。随着专业化分工的加强和全球化、信息化的深入发展，外部的相关资源供应者成为加速企业成长的关键要素。有效的外部服务商将使成长型企业所面临的各种约束不再成为问题，因为他们在提供服务的同时也为企业带来了适应成长发展的各种管理经验和技术，而且外部服务商有利于企业在快速成长的同时保持充分的灵活性和创新性，因为业务流程的外包帮助分散了企业管理的复杂性（Fischer and Reuber，2002）。同时，他们还发现成长型企业更希望获得同行的建议和支持，因此他们建议对成长型企业采用以网络为基础的支持方法。Hite 和 Hesterly（2001）也强调了企业网络在其成长过程中的重要性，并且指出随着企业的成长，企业网络更需要有意识的构建和精心的管理。而外部供应商也能够在对成长型企业的服务过程中促进自身的发展，从而形成成长型企业与外部服务者协同发展和共同成长的机制。基于市场公平性的原则，公共政策不应当为成长型企业提供直接性的支持服务，但可以在建立促进合作的政策环境、搭建合作伙伴对接平台、构建关联互动的产业体系、创建和管理企业网络等方面为支持企业的成长作出努力。

第三，如何管理与利用不确定性与风险。不确定性和风险伴随企业成长发展的整个过程。因为不确定性和风险的存在，谨慎的企业家将会压缩扩张的规模和降低成长的速度，而且对风险的规避会使企业与具有独占性优势的创新失之交臂。敢于冒险的企业家往往会超出企业承载能力规划企业的发展，但在风险发生且缺乏外部资源支援的情况下，企业将陷入困境甚至失败。针对不确定性与风险给成长型企业带来的威胁，公共政策可以通过及时性与充分性的信息提供、项目规模化发展之前的评估、风险发生后的保险与应急机制、加强企业家对机会的捕捉和风险管理的能力等帮助企业应对不确定性与风险。

针对成长型企业所面临的上述三类问题，加速器需要提供三类有针对性的服务：一是管理服务。为企业成长后的制度化管理体系的构建、业务流程的重组、管理与组织的创新、人力资源的管理等提供管理咨询服务和政策支持。二是网络化服务。构建专家网络、创新资源网络、产业服务网络、市场网络、联盟伙伴网络以及管理支持服务网络（法律、财务、人才等服务）等网络化服务体系，通过帮助企业广泛地结网和建立深入的合作伙伴关系，使其在积极有效地利用外部资源的基础上实现跨越式发展。三是企业家服务。加强对企业家能力的培养，协助企业对自身发展能力和外部市场条件进行评估，帮助企业发现和利用潜在的机会。以这三大类服务为基础，加速器对成长型企业的加速功能将主要体现在以下 3 个方面：一是帮助入驻企业加快创新、产业化和市场化的进程，通过有效的业务重组、流程管理和资源整合提高资源的使用效率；二是帮助入驻企业突破成长的资源约束，通过引入各种服务机构、拓展各类渠道、广泛建立网络使企业获得成长过程所需要的资金、人才、信息、技术等资源，并利用各种合作关系加强和扩展企业的发展能力；三是帮助入驻企业最小化摸索与试错学习的成本和时间，通过专业化的战略咨询服务和成长导师的跟踪指导使企业迅速踏上一条通往成功的高速公路。

10.5 企业加速器的服务体系与运作模式

企业加速器本质上是一个政策性的制度框架，其创立和发展是为了实现加速企业成长发展并以此带动区域经济的繁荣这一政策目标。虽然在服务模式和运作机制上，加速器应当选择更加市场化的方式，但加速器的所有活动都必须围绕着支持成长型企业发展的政策体系运行，而配置适当的政策以及合理的政策执行机制正是加速器有效运作的关键。比如，丹麦科技与创新部的“瞪羚成长计划”（Gazelle Growth Program）和爱尔兰的“商业加速器项目”（Business Acceleration Programme，BAP）都是为成长型企业服务的政策支持框架，它们通过政策性地购买咨询服务和资助引导等将各类专家（包括高级管理者、市场专家、产业专家、技术专家、行业领衔者、国际性业务专家以及有影响力的研究机构和媒体等）和潜在的客户与合作伙伴聚集在一起以便为成长型企业提供有针对性的服务。因此，我们认为加速器的内核应当是一个政策引导性的企业成长战略支持计划，我们称之为“加速成长计划”。该计划主要包括3个方面的内容：一是战略指导型支持，组织专家或引入社会咨询服务机构帮助企业进行成长问题诊断并制定适应的成长战略，为每个企业配备成长导师以跟踪观察企业成长战略的实施情况并及时进行战略调整；二是资源型支持，在对企业成长诊断和成长战略执行监测的基础上，识别企业所需要的关键性战略资源，通过资助引导、积极引入和合作对接等方式帮助企业解决关键性资源要素的“瓶颈”问题和打通相关渠道；三是网络与平台型支持，帮助企业发展和扩大产业网络、市场网络、创新网络以及社会网络关系。可以由公共财政、非营利性的募集资金以及加速器运营收益联合设立专项“成长基金”用于实施“加速成长计划”，该基金将围绕上述支持领域用于购买定制化管理咨询服务、支付专家和成长导师的报酬、维持公共服务平台和网络关系、提供战略性的专项资助、引导风险投资、支持各类交流合作活动等。

“加速成长计划”的目的是通过一定的政策性资源配置来建立起相关外部服务资源的聚合机制，提供一个更大力度撬动和整合相关服务体系的支点和杠杆。由图 10－2 可以看出，以扩大化的办公空间和标准厂房为特征的楼宇、“一站式”政策服务窗口、全方位信息服务系统、相关的配套设施与商务服务以及“瞪羚企业”认证与“瞪羚企业联盟”构成了加速器的基本形态，而“加速成长计划”将形成吸引、联合和整合相关服务型企业和社会机构的机制，共同构建起包括国际化市场服务体系、产业技术支撑体系、投融资服务体系、管理咨询服务体系、专业化服务体系和联盟网络服务体系的制度性服务框架。

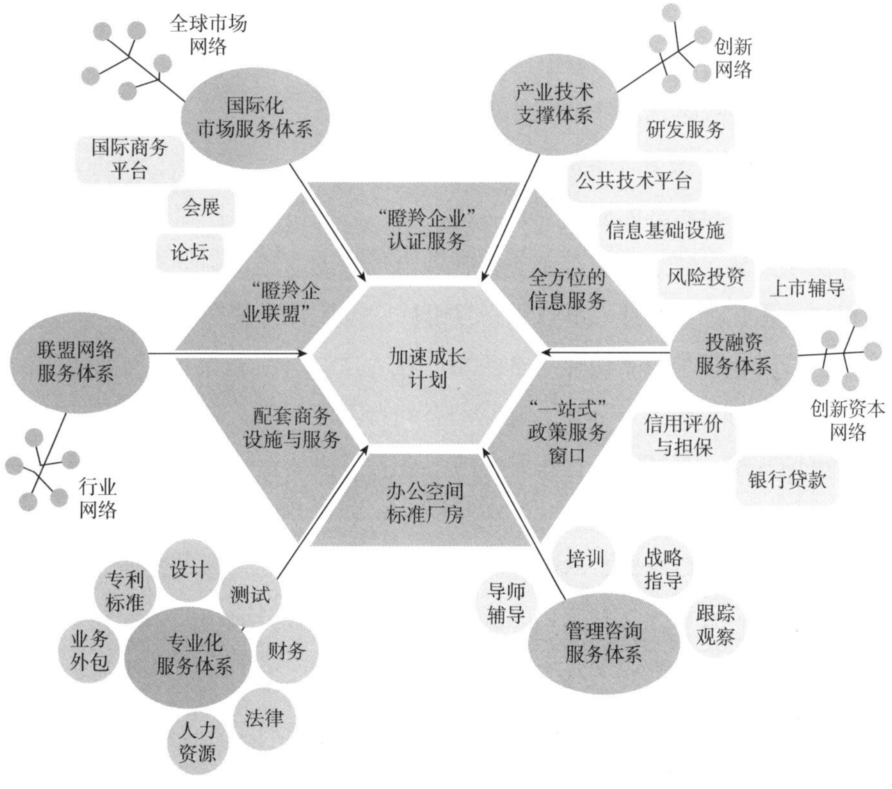

图 10－2　加速器服务体系与运作机制

（1）国际化市场服务体系。建立国际商务平台接入加速器的机制，根据入驻企业的市场发展需求有针对性地邀请和吸引相关国际科技与商务服务机构入驻国际商务平台，积极帮助成长型企业开拓和扩大国际市场网络。完善国际市场的政策与支持服务，通过与相关机构的合作，研究制定企业到相关国家开辟市场、投资发展以及建立合作的政策指南，并定期收集和发布重点行业相关国家的市场信息，帮助企业快速适应和熟悉国际市场的运作方式。吸引和发展国际市场专家成为加速器的咨询专家，为帮助企业进入国际市场提供市场分析和战略指导。

（2）产业技术支撑体系。与研究型大学、科研机构、公共技术平台以及国际技术服务机构等技术实体建立制度性的合作伙伴关系。定期对入驻企业进行技术需求调查，及时向相关技术合作机构反馈，帮助企业搜索和对接适应性的技术源和技术支撑实体。结合入驻企业的共性技术需求，自建或引入相关服务机构建立起专业的共性技术服务平台。不定期组织举行技术合作促进会，在技术专家的诊断和指导下，促进企业与相关技术服务机构联合开展战略性的技术开发和研究。

（3）投融资服务体系。定期举办“加速成长”投资论坛，促进入驻企业与风险投资与私募股权基金的对接；与证券交易所、产权交易中心建立合作伙伴关系，建立“瞪羚企业”挂牌市场快速通道，引导和鼓励相关服务机构对入驻企业进行上市辅导；与银行、担保公司密切合作，为“瞪羚企业”开辟担保和贷款快速审批的绿色通道。

（4）管理咨询服务体系。建立动态的专家资源库，特别是要积极吸引国际市场专家、市场实践者和成功的管理者。根据每个项目的特征，遴选相关的技术专家、市场专家、管理专家和战略专家对入驻企业进行战略诊断，通过对外部市场机会的观察和对企业的深入调查，帮助企业制定有效的成长战略。培育一支专业化的成长导师队伍，吸引成功的企业家加入成长导师队伍，深入企业的运作层面进行“一对一”的跟踪观察和执行指导，适时调整企业发展的战略方向。

（5）专业化服务体系。进行系统的产业规划，根据加速器的产业定位，率先引入产业链上关键的研发、测试、设计、信息服务、数据处理、系统集成、认证等服务机构，构建起相互关联、交叉服务的协同产业生态系统。建立和完善财务、法律、人力资源管理、管理咨询、专利和标准服务等专业服务体系，为成长型企业的发展提供有效的结构转型和管理变革的支撑。

（6）联盟网络服务体系。支持产业联盟组织的发展，通过积极联络与政策协调帮助入驻企业与重要战略环节的企业建立联盟伙伴关系。根据加速器内企业的行业特征，加强与全国和世界各国行业协会的联系和交流，支持企业参与国际行业协会的重要活动，根据需求可联合周边企业设立相关行业协会分会或自组建细分行业协会。联合入驻企业及区域内的高成长企业创建“瞪羚企业联盟”[①]，促进高成长企业之间的集体学习、经验交流和社会互动，形成一个企业之间能够共同讨论发展的关键问题、共同创造和挖掘机会、寻求相互支持的高端社会活动空间。

加速器是一个综合性的服务系统，加速器的运营机构既是服务的提供者，也是系统的管理者和中介联结者。作为服务的提供者，加速器运营机构以自身的核心服务能力为基础为入驻企业提供专业化的服务，具体的服务类型和项目将由运营机构的特点决定。加速器运营机构的核心服务能力可能来自 4 个方面：一是管理咨询的服务能力，为成长型企业提供专业咨询和跟踪服务，并能够有效管理专家咨询库，组织专家为入驻企业服务；二是技术服务能力，提供公共技术平台或技术支持服务；三是风险资本的投资运作能力，为成长型企业提供资金支持及过程辅导；四是政策服务能力，具有政府背景的机构可以为企业提供全方位的政策咨询、行政手续代办、项目申报、政策协商等服务。作为系统的管理者，加速器运营机构需要积极搜寻潜在的高成长企业，组织专家甄选入驻企业并定制加速成长战略，组织相关资源帮助企业实施加速成长战略，结合指标监测和专家评审认定“瞪羚企业”并颁发证书，维护和管理“瞪羚企业”和“瞪羚企业联盟”两大品牌。作为中介联结者，加速器运营机构要组织和联合外部资源和机构构建广泛的服务网络，积极与金融、技术、市场、管理咨询等相关服务机构建立长期的战略合作伙伴关系，与国内外的行业协会、国际相

---

① 由加拿大安大略省经济贸易发展部发起创立的创新联盟组织 Innovators Alliance（www. innovators. org）是一个由 150 个高成长企业 CEO 组成的经验和思想交流联盟。创新联盟创造了高成长企业之间常规性的互动机制，这不仅为它们的发展提供了很多有价值的意见，还帮助创造了大量快速成长的商业机会。

关政府机构及政策服务机构、国际企业俱乐部、领先企业联盟等战略平台性机构广泛联合和合作以扩大加速器的服务网络空间。

10.6 建设企业加速器的建议

企业加速器是一种新的政策工具，发达国家的企业加速器的发展也正处于摸索和尝试过程中，尚缺乏可借鉴的成熟经验。虽然我国孵化器20多年来的发展为加速器积累了运作的经验，但在成长型企业的服务和政策体系方面，我们还需要结合自身的情况积极探索和创新。通过本章对加速器的理解和分析，我们对我国近阶段加速器的规划和建设提出如下建议。

第一，加速器的建设应当遵循因地制宜、因材施教的原则。我国存在区域发展不平衡的问题，不同地区企业的发展程度以及企业的特点不同，因此加速器的设计应当充分考虑区域产业发展的结构和企业发育的程度，特别是企业入驻和毕业的标准应根据各地企业发展情况和行业的特征来确定。同时，企业在进入成长阶段后，差异化和特色化发展的需求增强，而且不同的企业会选择不同的成长模式和成长战略，加速器应该具有为企业提供定制化服务的能力，针对企业的成长战略和行业特性提供有针对性的服务支持，并能够根据入驻企业的需求变化及时进行调整。

第二，加速器的建设应当促进公共资源的整合利用，避免重复建设。建设加速器并不是要为高成长企业重新建立一套服务体系，而是通过推动区域内外各类公共服务资源的整合利用来更有效地为成长型企业服务。加速器更重要的是建设一种开放式的服务平台，为各类相关的服务机构提供多元化的合作接口，通过外部服务机构的接入可更有效地服务于成长型企业，从而协同改善促进企业成长的发展环境。

第三，加速器的建设要注意统筹协调、平衡利益关系。一是要建立起孵化器与加速器之间的利益平衡机制，通过设计孵化企业转移的利益分享机制或加速器反哺孵化器的机制，使孵化器积极将孵化的高成长企业输入到加速器，避免加速器与孵化器的重叠发展和对优良企业的恶性竞争，切实保证企业从孵化到加速的功能承接发展；二是要探索区域利益平衡机制，实现以功能为基础的分工发展而不是以行政区划为界限的分割发展，肃清从孵化到加速的跨区域承接障碍；三是政府要建立起对高成长企业的"创新价值"收获机制，用于反哺新兴企业的孵化以及进一步的环境建设，实现区域创新的动态可持续发展。

第四，加速器要创新公共服务体制，积极探索混合治理的服务机制。加速器属于一种半公共性服务体系，兼有公共性和市场性的混合特征。这就需要解决好政府在建设加速器过程中的政策定位问题，严格划分公共政策与市场机制发挥作用的边界，以确保公共资源发挥最大的社会效应，并避免政府对市场竞争性和公平性的不适当干预。因此，加速器的建设需要积极创新公共服务提供机制，形成分工明确、权责清晰、机制透明的新公私合作伙伴关系，为我国创建服务型政府、建立混合行政与联合治理的新政府管理模式进行先行探索。

执笔：程郁　王胜光

第 11 章
企业的成长动力机制及加速器的作用机理

加速器作为一种新型的创新服务体系日益从孵化器中独立和分离出来，并在全球范围广泛流行起来。随着我国孵化毕业企业的快速增长，孵化后服务缺失的矛盾也日益突出，大量的创业企业在离开孵化器后面临着成长乏力、竞争力薄弱，甚至生存威胁等问题。如何提升现存企业的竞争力和成长力成为我国经济持续稳定发展所必须面对的重要现实问题。目前，科技部火炬高技术产业开发中心已经确立了 3 家科技企业加速器试点单位，分别是北京中关村永丰现代企业加速器、深圳招商局光明科技企业加速器和无锡新区科技企业加速器①。但作为一种新兴的创新服务体系和政策性制度框架，加速器应当提供哪些服务、如何帮助企业实现加速成长的目标尚处于探索中。本章将从企业成长的动力机制出发来探讨加速器的战略支持体系，为我国有效推进加速器建设提供政策建议和决策参考。

11.1 加速器及其服务对象

加速器成功运作的首要条件是有效吸引和选择高成长企业。“高成长企业”的概念最早是由美国哈佛大学物理学家 David L. Birch 在 20 世纪 80 年代提出来的。他将那些快速成长和创造性发展的企业称为“瞪羚企业”

---

① 永丰现代企业加速器项目已建成 3.3 万平方米，4.5 万平方米正在建设，另有 24 万平方米规划待建，目前入驻企业已达 79 家；深圳光明科技企业加速器总占地面积为 20 万平方米，建筑面积为 40 万平方米；无锡新区科技企业加速器目前规划 6500 亩的试点区和示范区，现有建筑研发产业化房面积 30 万平方米。

(Gazelle Companies),并发现这类为数不多的“瞪羚企业”对经济增长和就业创造作出了巨大贡献①。由此,引发了学术界和政策界对高成长企业的高度关注,大量的资源和政策开始聚焦高成长企业。同时,很多学者不断地探索高成长企业的判定标准和特征,各国的商业评价机构也定期发布成长型企业排名②,这些为加速器瞄准其目标对象提供了一定依据和参考。

由表11-1可以看出,销售收入增长率是判定高成长企业最重要的指标。随着企业增长的吉布拉定律(Gibrat's Law)被打破,几乎所有的成长型企业标准都规定了起点规模,甚至对不同规模的企业作出了不同的增长率要求。但由于各类标准的用途不同以及各地区企业发展状况的差异,不同的标准对起点规模的要求有很大差异。大量研究显示,高成长企业集中于人员规模比较小的企业,而且成长型企业支持计划的目的是促进中小企业成长,因而一些标准对企业的人员规模作了限定。同时,因为不同地区、不同产业企业的成长性差异比较大,一些学者不主张采用绝对性的成长性标准,而倾向于相对性的标准,认为销售收入或人员规模的增长率位于前10的企业是高成长企业。此外,Barringer等(2005)的研究显示,高成长企业在创业者的特征、企业的战略与市场属性、商业实践以及人力资源管理4个方面与低成长企业有明显的差异。因此,高成长企业的一些典型特征也是甄别成长型企业的重要依据,如承诺增长的战略规划、增长导向的任务、创业者的增长动机、产品的属性与成熟度、独特的市场价值或技术创新以及企业的外部网络关系等。

---

① 其他学者的研究也肯定了Birch的观点。比如,Strorey(1994)的研究显示,仅占总样本5%的高成长企业对就业作出了50%的贡献;Wahman和Brunk(2008)的研究显示,2007年瑞典的“瞪羚企业”创造的新增就业就占到近3年全社会新增就业的20%;Acs、Parsons和Tracy(2008)对美国中小企业局监测数据的研究显示,高成长企业仅占企业总数的2%~3%,但几乎所有私营部门的就业和收入增长都是由这些企业贡献的,因此他们将这些企业重新命名为“高影响力企业”(High-Impact Firms),进一步强调了其经济影响力。美国国家创业委员会专门开发了成长公司指数(Growth Company Index)来监测成长企业对就业的贡献。

② 美国商业周刊发表了“美国火热增长公司”的专题报道,《财富》杂志也评选了100家增长最快的美国小企业;Inc. 100和Profit 100每年分别发布美国和加拿大最快速成长企业的名单,Ranking Europe's 500评选和发布欧洲的“瞪羚企业”名单。

表 11－1　高成长企业判定标准的比较

定义来源	成长型企业的标准
Birch（1994）	（1）5 年内年均销售额增长率在 25% 以上；（2）销售收入基数不低于 10 万美元
Storey（2001）	（1）基期销售收入在 500 万～1000 万元的企业，4 年内的销售增长率不低于 25%；（2）基期销售收入在 1000 万～1 亿元的企业，4 年内的销售增长率不低于 15%
美国国家创业委员会	雇员总人数的年增长率高于 15%
硅谷指数	（1）4 年内年均收入增长率在 20% 以上；（2）销售收入基数不低于 100 万美元
瑞典 Dagens Industri	（1）营业收入超过 1000 万瑞典克朗（约 105 万英镑），过去 3 年的营业额增长超过 100%；（2）雇员 10 人以上；（3）财务状况良好，有正常的流动资本积累；（4）增长是由积累式发展实现而非通过收购和兼并
丹麦的 Dagbladet Børsen	（1）在过去 4 年里，每年营业收入超过 100 万丹麦克朗，或总利润超过 50 万丹麦克朗；（2）每年资产负债表的收入或总利润要保持正的增长，3 年内的收入或利润应超过基期的两倍以上；（3）过去 4 年净收入为正，雇员不低于 10 人
丹麦科技与创新部的 Gazelle Growth 计划的申请资格	（1）已开发的产品或服务具有明确细分市场，而且产品上市的时间在 2 年以内；（2）具有规模化的商业运行模式，能使收入在未来一段时间达到 1 亿丹麦克朗；（3）最近一年的营业收入不低于 200 万丹麦克朗，雇员在 5～100 人之间；（4）具有适应国际化商业模式的管理体制
1000ventures. com	（1）高成长企业的收入增长率超过 50%，中等成长企业的增值率超过 20%；（2）高成长企业仅占全社会企业总数的 1%，中等成长企业占全社会企业总数的 9%；（3）高成长企业的创新是突破性的创新，中等成长企业的创新是实质性的创新
加拿大创新分析公报	（1）5 年内的收入增长一倍；（2）5 年内雇员人数增长一倍

11.2　企业成长的动力机制

企业成长问题一直是理论界的热点问题，不同的学派分别从各自的视角对企业成长规律给出不同的解释，但对于企业成长的动力源泉并没有获得一致的看法。资源基础论认为企业内部未充分利用的资源是企业成长的动机，企业成长和扩展的目的是实现最优规模，而资源的约束条件将最终决定企业成长的速度、方式和界限；钱德勒认为技术革新和市场的扩大是企业成长的根本动力，它创造了企业管理协调的需求和机会并引发了古典式企业向现代企业的转型；能力基础理论强调了发展复杂性、专有性或排他性以及难以模仿的核心能力是实现强劲增长的关键；环境学派认为制度与政策环境、集群或科技园区等特殊的区域位置（Folta et al.，2006；Löfsten and Lindelöf，2002）、市场机会与风险以及社会文化等因素影响着企业的成长性；社会网络学派认为外部网络能够帮助企业拓展市场和技术机会、组织和动员外部资源以及发掘内部潜力等，由此增强企业的发展能力，成为企业成长过程中的重要要素（Hite and Hesterly，2001；Lee and Pennings，2001）；自组织理论则认为企业是一个具有动态适应能力的复杂系统，能够基于内外部力量的相互作用进行自我能力调整和资源再组织，从而推进企业的自我演进发展和持续成长，而这种系统的自演化动力主要是来自各要素之间的动态协同机制。但在实证研究中可以发现，上述理论并不能完全解释和预测企业的成长，因此很多学者只能将企业的成长归因于与生俱来的成长型特质，如创业者的特质、创业团队的构成、企业的创业精神、对增长的承诺和渴望、开放的和以团队为基础的组织结构、强有力的领导、激励充分的人力资源管理，等等（Gundry and Welsch，2001；Barringer et al.，2005）。

由于企业成长具有复杂性、多样性和变化性的特点，单一的理论难以有效解释企业成长的动力机制，本章根据企业成长发展的阶段性特点提出了一个新的企业成长动力演进模型（见图 11－1）。在企业从初创到快速成长的发展过程中，技术创新、经营结构创新以及管理与组织创新的承接推进是企业动态演进和持续成长的内在动力。对于科技型企业来说，初创发展的核心动力是关键性技术创新的突破以及技术成果商业化机会的发掘，企业的创立和发展实际上是围绕核心技术确立差异化市场定位、建立管理团队、组织和动员相关资源、形成和保持独特市场竞争力的过程。而企业进入以规模化发展为标志的成长阶段后将面临完全不同的挑战，生产效率、质量控制和市场拓展将变得更加重要（Wu et al.，2008）。企业的快速成长则意味着企业的经营结构、组织体系以及战略关系将发生重大的变化（Moreno and Casillas，2007），是否能够适时有效地推进战略性变革和创新来积极适应新的变化则是企业保持快速成长的关键。

首先，快速成长需要建立广泛的渠道和合作关系以获得充分的人力、资本以及其他相关资源来保障，需要开拓广阔市场空间来支撑，需要发展相关业务、改造业务流程以及培养专业化能力来提高运营效率。因而，在成长初期，企业发展的动力主要是来自经营结构的创新，包括产品结构、市场结构、融资结构、人员结构、内部业务结构以及外部业务关系的改革与创新。其次，随着企业业务规模和人员规模的扩大，企业将面临规模化后的管理问题，即从非正式管理向程式化、制度化的管理体制转变，转型的关键是如何形成有效支撑规模化经营的管理和组织体制。但对于快速成长企业来说，管理体制转型面临着巨大的挑战，具体包括快速成长所带来的组织不稳定性、有效整合新组建的部门和新进入的员工、迅速发展相关的管理技能、日益膨胀的机构所带来的官僚化问题、程式化管理与灵活反应和积极创新的矛盾，等等（Fombrum and Wally，1989；Nicholls – Nixon，2005）。也就是说，企业的成长存在所谓的“彭罗斯效益”，即管理对企业的成长具有关键性的制约。因此，在企业成长的中后期，企业发展的动力主要来自管理和组织体系创新及其所推动的内部能力的适应性调整，而且企业持续成长的关键就是形成和发展具有自组织运行、自反馈调整、自学习演进动态能力的管理与组织机制。企业的成长发展具有生命周期性，总有一个从兴起、快速成长、发展减缓到衰落的过程，只有不断地创新才能打破各种发展约束，推进一轮又一轮的复兴发展。

内部资源基础和管理创新是企业成长发展的原动力，但随着社会经济体系关联性的加强，外部的空间结构和环境能够通过外部经济效益、产业协同效益、集群创新效益以及社会网络效益对企业的成长起到至关重要的作用。比如，产业集群、科技园区、孵化器、联盟组织以及专业社区等新兴的产业组织形态对促进企业的创立和成长发挥着积极的作用。我们认为空间结构与环境创新是企业创新成长曲线的外围包络线，它决定着企业成长发展的空间，并影响着企业的技术创新、经营结构创新、管理与组织创新选择。适宜的空间结构和环境是外部市场变化的灵敏反应器，能够帮助企业快速响应甚至引领市场。它提供了强大的互补性支持体系，能够帮助企业获得成长所需的关键性资源和发现新的机会；它提供了一种创新性的文化氛围，不断激励企业的创新发展。特别是进入 21 世纪后，各种新形式的协作正掀起新经济的第二浪潮，网络化成为企业成长的新机制（邬爱其和贾生华，2007），空间结构与环境的创新也相应地成为企业成长的重要驱动力。网络空间的扩展、合作程度的加深以及社会关系的加强直接推动企业的快速成长（Braggs，1999；姚小涛等，2008）。而外部的空间结构与环境可以通过创建公共服务平台、积极的政策引导以及先导性机构的引入来有意识地构建。

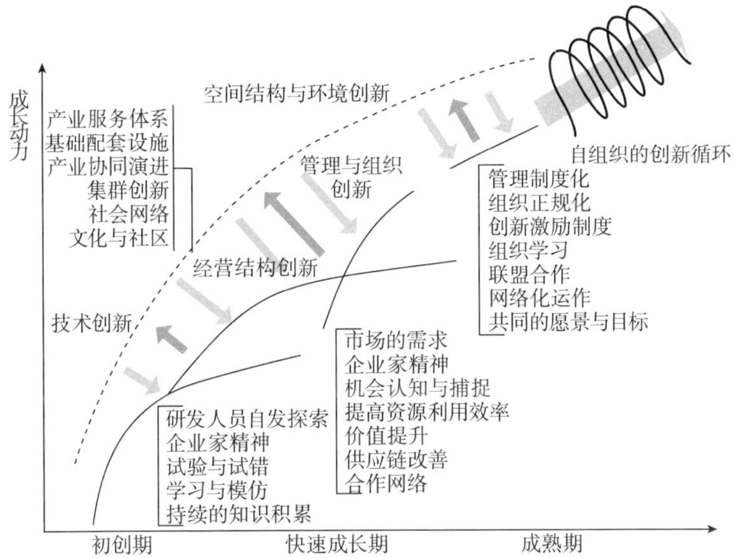

图 11－1　科技型企业的成长动力演进模型

外部的空间结构与环境是一定范围内所有企业和相关机构的产业特征、经济特征以及行为特征的集合，这决定了它与企业的成长发展具有协同演进的关系。企业的集聚、成长以及相互之间的多重关联使区域结构和环境具有自组织演进的特点（李兴华，2003），动态变化的空间结构与环境会不断向企业发出新的信号，促进企业内部能力的适应性调整。空间结构与环境的自组织是开放体系下由混沌无序状态向功能有序状态转变的耗散演进，而企业内部的自组织则是在有效管理和组织机制下所形成的协同发展的动态能力。两种不同的自组织体系的相互影响和相互决定将形成一种内外创新交替推进的协同演进机制，使企业在自组织的创新循环发展圈中实现持续的快速成长发展。

11.3 加速器的战略支持体系

因为高速的成长会带来企业经营和组织的巨大变化，使得企业内部管理与结构的调整跟不上成长的速度，因此企业快速成长的背后往往隐伏着一系列的问题和风险。大量的研究显示，企业的快速成长并不一定保证高水平绩效，高增长率将影响企业有效运作的稳定性，甚至导致高失败率（Henderson and Andrew，1999；Markman and Gartner，2002）。高增长通常是与低盈利性相联系（Davidsson et al.，2009），只有1/7的高成长企业能获得持续的高盈利增长（Zook and Allen，1999）。美国孵化器协会的研究也显示，孵化毕业的企业如果不能获得加速项目的支持，其在5年内继续保持活跃状态的概率只有20%。因此，高成长企业的发展仍然离不开相应的政策和环境的支持。加速器正是通过政策与服务体系为企业的高成长提供有效支撑和保障，并以外部环境的动态创新推进企业内部的技术创新、经营结构创新以及管理和组织创新，最终帮助成长型企业建立起自组织创新成长机制。

不同于传统的创新政策支持体系，加速器更强调战略指导、能力建设和环境催化的功能，加速器的战略服务体系可以分为3个层次：战略性指导与咨询；支持性的资源平台和网络；成长性的环境与文化氛围（见图11-2）。

第一，战略性指导与咨询是加速器的核心服务层，主要是组织专家或引导专业的咨询服务机构为成长型企业提供定制化的战略与管理咨询服务。战略性指导与咨询服务被广泛地应用于各国的成长计划和项目，比如，丹麦科技与创新部的“瞪羚成长计划”和爱尔兰的“商业加速器项目”都主要是通过购买咨询服务来支持成长型企业的发展。战略性指导与咨询服务主要包括两大类型：一是通过外部的支持服务解决企业内部管理能力积累不足的问题，帮助企业实现成长过程中的管理与组织转型，逐步建立起适应快速成长的自组织管理机制，具体包括复杂性任务下的业务流程重组、规模化发展后的组织重构、人员扩张后的人力资源管理、成长后的投融资策略、共同目标愿景的树立以及成长性企业文化的构建等问题；

二是帮助企业制定和设计成长战略，并指导和跟踪评价成长战略的实施，包括企业能力的诊断和评价、技术与市场分析、成长项目可行性研究、战略模拟等，其目的是帮助企业充分挖掘内在潜力、积极发掘技术和市场机会、最小化摸索和学习试错的成本以及防范盲目扩张发展的风险。

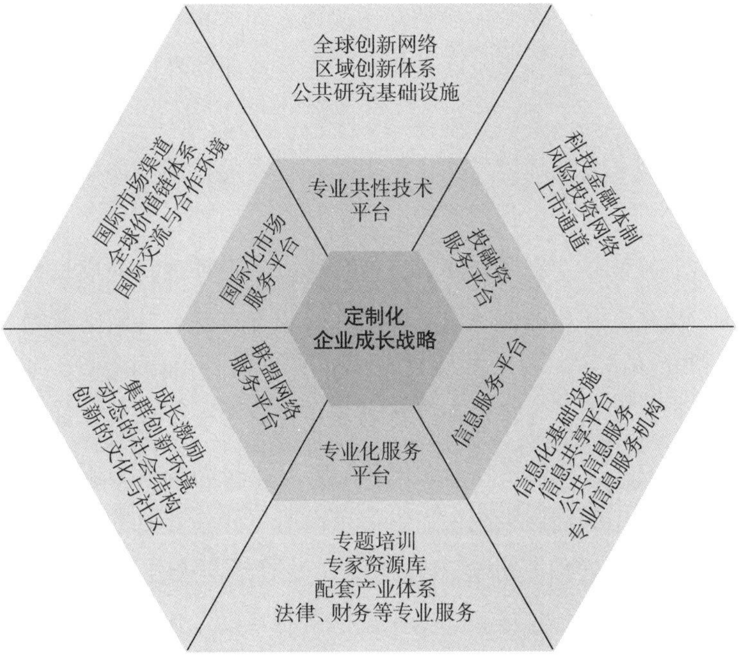

图 11－2　加速器的战略层次

第二，支持性的资源平台和网络是加速器的实体支撑框架。针对成长型企业的发展需求，加速器应当重点发展投融资平台、国际化市场服务平台、专业共性技术平台、专业化服务平台、信息服务平台以及联盟网络服务平台。Fischer 和 Reuber（2003）的研究显示，无论是企业本身、外部资源供应者，还是公共政策专家，都认为外部资源供应商对企业成长具有重要的支持作用。这些平台主要是为成长型企业提供关键性资源的接入机制和渠道，通过政策引导、积极引入和合作对接等方式聚集相关外部资源供应者和服务商，以解决企业成长过程中面临的资源约束问题，并且通过业务外包和服务外包来应对企业成长的复杂性（Nicholls－Nixon，2005）。同时，这些平台的重要功能是维护和扩展相关的产业网络、市场网络、创新网络以及联盟网络。一方面是要积极结网，主动与相关服务机构建立合作伙伴关系，加强与全球范围内各种协会组织（包括行业协会、孵化器协会、科技园区协会、重要企业联盟组织等）的联系和交流，使企业在广阔的网络空间下获得更大范围的资源支持和更多的发展机会；另一方面是稳定和深化各种合作关系，加强与合作伙伴之间的相互信任和利益共赢，促进信息交换、知识流动以及联合行动，使企业能够在网络中快速学习相关的技能、获得更深入的合作机会以及降低独立行动的成本和风险。

第三，成长性的环境与文化氛围是加速器的精髓和内涵。加速器创建了一个成长型企业和成长型要素聚集的社会空间，它不仅使企业更容易获得各种成长性的支持资源和要素，而且形成了一种独特的成长性环境和文化氛围，增强了加速器体系内主体之间的相互支持、共同学习以及成长发展的意愿和动机，而这种环境与氛围正是企业自组织创新发展的关键要素。加速器应该积极强化这种成长型文化环境要素：创造一种开放性的社会环境，建立多元化的合作与交流接口，广泛接纳和吸引多样化的主体和要素；发展动态的社会机制，加强信息沟通与共享，促进组织之间（包括企业、大学、政府以及社会团体之间）的对话与合作；树立成长型价值观，组织开展以“加速成长”为主题的各种活动，大力宣传快速成长的典范企业和成功发展的经验，并以入驻的成长型企业为基础打造“瞪羚企业”和“瞪羚企业联盟”品牌。

11.4 结论与建议

本章从企业成长理论出发，提出了企业成长发展的动力演进模型，并认为加速器是以加速企业成长为目标而系统构建的创新型空间结构与环境。这种新型的空间组织结构与创新服务体系能够为企业的成长提供战略咨询与指导、资源网络与平台以及适应性的成长环境与氛围的支持，有利于解决企业成长过程中所面临的资源、管理能力等方面的约束问题，并适时推动企业在变化与挑战来临之前率先进行创新与调整（包括技术创新、经营结构创新以及管理与组织创新），从而发挥加速企业成长发展的作用。从本章的研究可以看出，加速器不仅仅是一个物理形态的楼宇和空间，更重要的是这一物理空间上所承载的制度性的框架、专业化服务体系、适应性的资源集合、快速成长的渠道与通路以及成长型环境与文化等综合功能。因此，在加速器的发展过程中，应当淡化其物理形态与空间承载的作用，而突出其内涵与功能，避免加速器再度像部分孵化器一样沦为单纯的房东和物业。实际上，加速器的战略服务支持体系可以不受空间范围的局限，其服务所能渗透和覆盖到的范围才是最终决定加速器的组织边界。还需要注意的是，虽然加速器的服务体系和组织功能可以有意识地构建，但作为一个资源集合的环境体系，加速器的发展与企业的成长具有协同演进的特征，这就需要加速器建立起围绕企业成长发展需求变化而自适应和自调整的服务体系，从而实现动态空间环境与动态企业能力协同地自组织创新的可持续成长机制。

执笔：王胜光　程郁

第4篇

新产业新业态的培育

第 12 章

培育战略性新兴产业的政策选择

——风能产业国际政策经验的比较与借鉴

12.1 引言

经历金融危机的洗礼，全球经济进入了深度调整阶段。世界各国将推动新科技革命和新兴产业发展作为培育新经济增长点和重塑全球竞争力的重大战略抉择。发展战略性新兴产业既是我国应对新国际科技经济竞争的必然选择，又是我国当前产业链突围、传统产业升级转型、增长方式转变和实现可持续发展的内在需求。培育战略性新兴产业不同于实施一般的科技创新战略和经济刺激计划。它不仅需要实现科技创新的突破和掌握核心技术的自主权，还需要完成产业链的体系化布局，形成具有行业引领力和定价权的自主产业；它不仅能发展新兴的产业、启动新的经济增长模式，还将创造新的社会经济形态、引领社会经济技术范式的变迁。

新能源是我国确立的战略性新兴产业的重要领域，同时是国际科技经济竞争最激烈的正面战场。同时，美国计划新能源汽车领域投资 1500 亿美元，期待着以新能源革命发动一场新的涵盖经济、技术、环境和社会的“总体革命”；欧盟公布 7500 亿欧元的新冠肺炎疫情恢复计划，其中，约 1/4 的复苏资金计划用于推动欧盟发展绿色经济的项目；日本将新能源研发和利用的预算由 882 亿日元大幅增加到 1156 亿日元；韩国 2021 年向清洁能源公共研发领域投资 1. 12 万亿韩元；我国的新能源产业规划也提出在 2011—2020 年累计增加直接投资 5 万亿元。本章将总结分析新兴产业发展的特征与规律，以风能产业为例比较发达国家促进新兴产业发展的政策经验，为我国战略性新兴产业的发展提供政策建议。

12.2 新兴产业发展路径与政策支持

12.2.1 新兴产业发展路径

综观前3次科技革命，每一次的科技进步都带动了产业结构的转型升级，并引致了技术经济范式的变迁。所谓技术经济范式，是指技术全面渗透影响企业、产业和社会经济活动，成为嵌入社会经济的一种潜在行为规则、制度和方式方法（Perez，2010）。新兴产业的发展过程就是冲破旧的技术经济范式，创建新发展范式的过程。Nelson、Winter、Dosi、Metcalfe等学者总结了技术发展和渗透的路径，认为其呈现逻辑斯蒂曲线形态（见图12-1），并强调新技术与产业、经济和社会制度的协同演化。

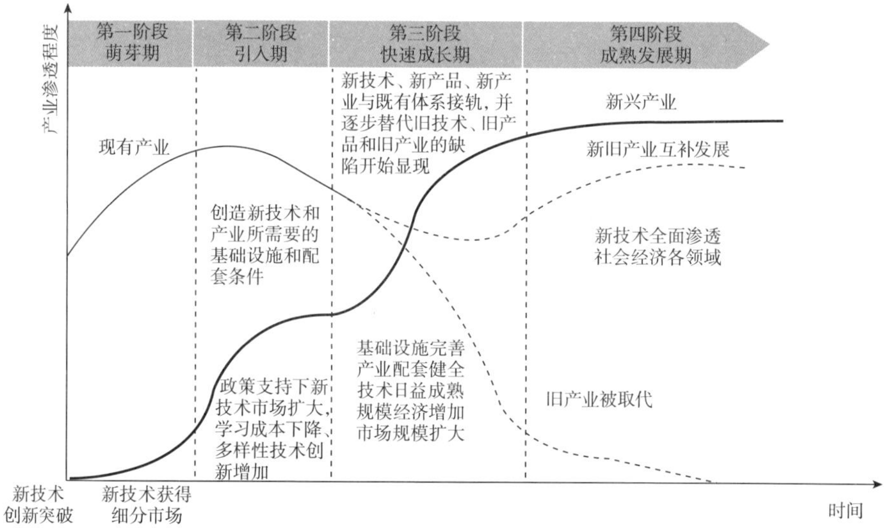

图12-1 新兴产业发展路径

以新技术为主导的新兴产业的发展大致可以分为4个阶段。

第一阶段是新兴产业的萌芽期。新技术取得了突破性创新成果，可满足特定消费群体的需求。但此时的技术具有不稳定性和不确定性，多种类型的技术都在竞相解决相似的问题；不同的技术在进行不同方向的试探，如果找到适合的细分市场，就能够支撑该技术体系的进一步开发和完善。

第二阶段是新兴产业的引入期。政府采取政策措施积极支持和培育新兴产业的发展，使得新兴产业在技术和产业体系不成熟、尚未达到市场盈亏平衡点的情况下仍获得了较大的发展空间，并逐步强化自身的技术和产业能力。但总体上，旧的技术和产业体系由于相关体系配套完善并有规模和成本优势仍占据主导地位，新兴技术只能在示范项目和特定细分领域发展，或通过调整设计接入原有配套体系进入市场边缘领域。

第三阶段是新兴产业的快速成长期。大量模仿者、跟随者的进入提高了新技术和新兴产业的社会认可度和制度的合法性，新技术日渐成熟、关联产业日益健全以及配套基础设施逐渐成熟，新兴产业的优势开始凸显（Jacobsson and Bergek，2004）。与此同时，旧技术的缺陷开始显现，一些关键的技术缺陷已经越来越难通过渐进性创新进行改进。也有学者指出，新兴技术的快速增长一般是因为“主导设计”的产生，使多样化的技术收敛于特定的方向，从而带动持续性的关联技术创新和产业发展（Utterback，1994）。新兴产业逐步占领主流市场，随着市场规模的扩大，新兴产业获得规模经济和范围经济优势，进入了快速成长期。如果旧产业能够随新技术的发展进行适应性调整，那将与新产业形成互补式协同发展的格局；而如果不能适应新的变化和满足新的需求，旧技术和旧产业将完全被取代。

第四阶段是新兴产业的成熟发展期。新技术和新产业向相关产业链纵向延伸和横向扩展，全面渗透到社会经济的各个领域，并在生产、消费、流通等各个环节引发以新技术应用为基础的创新。新技术体系和新兴产业体系日渐完善，新的标准、制度、规则逐步建立，由此形成了新的技术经济发展范式。

12.2.2　战略性支持的政策路线

即使新兴产业有着巨大的潜在优势和广阔的市场前景，但要实现向新兴产业的转型仍有很大的障碍。因为制度规则、基础设施、配套产业、消费者偏好以及维护体系和分销网络等都是与现有技术相适应的，新兴产业面临着社会制度条件不匹配和不支撑的问题（Geels，2002）。而且作为一种新的技术和新的产业，它还需要进一步完善其技术体系，让消费者了解和接受并掌握使用的技巧与技能，以及使成本降低到大多数使用者能够承受的程度。因而，新技术和新兴产业的发展离不开政策的支持和培育。对于促进技术转型和新兴产业的发展目前大致有两大理论，分别是战略利基管理和社会技术远景。

战略利基管理（Strategic Niche Management）强调了细分市场对培养创新和诱导新兴产业发展的作用，将有意识、有目的地创建战略细分市场作为培育新兴产业的重要政策方法。技术利基是新技术实践中所形成的松散性正式和非正式规则，并受到相对小规模的产业、使用者、研究者、政策制定者和其他相关主体等网络群体的保护（Raven，2005）。技术利基实际上是严酷选择环境下的“保护性空间”（比如，由补贴或战略性投资所创造），以避免新技术被市场排斥或挤出。市场的创造是技术与市场协同发展的过程。利基市场的保护能够使新兴技术主体试验不同的技术和不同的市场，并在产业实践中学习和积累技术能力与市场经验、形成完整的供应链和健全的产业结构。Schot（1996）进一步指出，实行战略利基管理的3个过程分别是建立预期、形成网络和深入学习。预期是明确行为主体投入新技术和新兴产业的合法性，并释放出未来巨大市场前景的信号；预期能够转化为具体的议事日程和启发式搜索，从而直接指导着试验和完善方案的设计（Van Lente，1993）。社会网络包括触发转型的所有主体，他们的观念和态度决定着当前设计及试验方案的选择，在主流技术范式下为新技术的产生和新兴产业的发展创造机会和条件。学习既包括技术与市场能力方面的学习，也包括方法、规则和制度方面的学习，学习和适应的程度直接影响到新发展路径的可行性和希求性。

社会技术远景（Socio - Technical Landscape）是由广泛外部因素所勾勒的发展图景和社会制度框架，它包括一系列反映社会结构和发展趋势的因素。尽管社会技术远景是比范式更基础和更难以人为改变的外部环境结构，但通过捕捉其变化特征能够在一定程度上分析和判断未来的战略性方向；而且社会技术远景的变化会对技术范式转换和内部结构转型产生压力，正确揭示这种变化趋势并通过政策引导战略性调整能够强化转型的预期和动力。Scott（1995）指出管制、规范和认知的约束和引导能够有意识地构建新的社会技术远景，促进新兴产业的发展。管制是指约束行为和调节互动关系的正规制度，包括法律、政府规章、审批、协议、程序、标准以及奖惩的激励结构等，具有强制性和约束力；规范是指由社会学家所强调的价值、规则、权利义务、责任和任务预期等规范性约束，是内化于社会活动中的行为准则；认知是人们看待世界的方式和方法及由此对世界和现实所赋予的意义，如信念信仰、偏好、象征、知识架构、刻板印象等，它影响着人们对新兴事物的理解、认识和接受程度（Geels，2004）。由此，社会技术远景理论认为培养新兴战略不仅需要各种支持性政策，更需要积极构建支撑性的制度环境，具体包括促进新技术和知识传播以强化社会对其普遍接受和信任、建立适应性的制度和法律以保护新兴产业的发展、形成通用性的标准和规则以加速其广泛应用与推广。

以两大产业与技术转型理论为指导，本章认为支持新兴产业的发展，需要根据不同发展阶段的特点，给予有针对性和侧重性的支持（见表 12－1）。

表 12－1　培育新兴产业的政策路线

发展阶段	第一阶段 萌芽期	第二阶段 引入期	第三阶段 快速成长期	第四阶段 成熟发展期
重点任务	促进技术创新 突破	市场引导培育 适应技术选择	完善配套体系 规模化扩张	标准化延伸 新范式推广
政策措施	技术主导政策 ·支持自由探索 ·战略科研项目 ·鼓励多样性技术创新	市场主导政策 ·示范项目 ·需求导向、用户互动创新资助 ·补贴、政府采购 ·支持企业进入 ·消费偏好引导 ·宣传与培训 ·强化市场预期	产业政策 ·建立基础设施 ·完善产业配套 ·扶持关键设备 ·促进集群发展 ·支持联合创新 ·商业模式创新 ·战略产业投资 ·产业法律保护	规范性政策 ·市场规范 ·行业技术标准 ·贸易扩张及贸易规则 ·强化支持性社会观念和政治环境

第一阶段强调触发和促进技术创新突破，以科技创新政策为主，既需要以市场前景和技术预见为基础的任务导向型科研支持，也需要加强基础研究和多领域的自由探索，旨在获得潜在战略领域的多样化技术选择。

第二阶段重点在于实施战略利基管理，创造和培育市场。战略利基管理一方面需要通过建立示范项目、政府采购、补贴、税收优惠、信贷支持等措施，支持企业的进入和投产；另一方面要积极构建新兴产业的战略发展图景，通过高层战略共识与愿景、规划与政策承诺、相关知识的宣传与普及、相关技术技能的培训与教育以及消费价值观的引导等来提高社会对新兴产业的认可和支持度。

第三阶段是决定产业主导权的关键阶段，重点要完成产业链的战略性部署，即通过产业政策支持产业的配套完善、协同与集成创新以及市场的规模化扩张。具体的政策措施包括：以立法促进和保护产业发展，确立制度的合法性；完善基础设施，促进产业的规模化应用；健全产业配套体系，加强对核心设备、关键材料以及研发、设计、供应与销售网络等核心价值环节的支持；促进联合创新和产业集群的发展，提高产业的协同创新与集成整合能力；通过战略性股权投资和商业模式创新，加快产业的扩张与整合。

第四阶段主要是建立规范和推广新技术范式。其政策措施包括：规制和规范市场，保障新兴产业的发展，如环境规制、反垄断等；支持行业和技术标准的建立，以标准化和模块化加快推进新兴技术向相关领域的推广和规模化应用；建立促进性和保护性的贸易规则，保障国际市场的开拓和全球产业链分工的控制权；树立新的社会价值观、引导新的消费习惯形成和建立支持性的政治环境，形成有利于新兴产业发展的社会环境。

12.3 风能产业发展的国际政策经验

石油危机的爆发以及石化能源所带来的环境问题，引发了全球对可再生能源的关注。从20世纪70年代开始，在各国政策的大力支持下，可再生能源产业已实现了从萌芽到兴起并成为重要的补充性能源发展起来，推动着传统能源利用模式的转型。这里将以风能为例，选取丹麦、德国、英国、美国、荷兰5个国家分析各自支持新能源产业的政策措施。由表12－2可以看出，各个国家均采取了研发资助、示范项目、装机或替代补贴、电价补贴、强制购电、税收优惠以及法律保障等措施，支持风电的发展。但由于政策的系统性、延续性、稳定性以及导向性不同，最终产生了不同的效果。

表 12－2　各国风电发展状况与支持政策比较

分类	丹麦	德国	英国	美国	荷兰
2008 年风电能力	3180 兆瓦	23903 兆瓦	3241 兆瓦	25170 兆瓦	2225 兆瓦
占发电总量	20%	7%	1%	2%	3%
发电成本	58～62 欧元/（千瓦·时）	70～105 欧元/（千瓦·时）	110～120 欧元/（千瓦·时）		
R&D 支持	始于 1976 年，1984—1999 年 343 万欧元	始于 1974 年，1991—1999 年 301 万欧元	1991—1999 年 367 万欧元	1981 年达 1.4 亿美元，近几年每年 4000 万美元左右	始于 1976 年，1974—2003 年 3 亿美元
安装补贴	总投资的 30%；大风机替代小风机资助 20%～40%	总投资额的 20%～45%		总投资 50%～55%	补贴投资额的 35%
减免税	返还能源环境税；7000 瓦以下发电所得不征税	按发电量给予 10 年税收返还；税收补贴 9.2 欧分/瓦	免除气候变化税	1993 年 12 月后安装的风机给予 1.5 美分 10/（千瓦·时）优惠（10 年）；投资额 10% 的返还	增值税由 17.5% 下降到 6%
强制上网	始于 1979 年，以平均销售电价 85% 购买风电	始于 1991 年，以平均销售电价 90% 购买风电（20 年）	竞标价全部收购；每年 3% 供应可再生能源，10 年提高到 10.4%	强制要求达到一定的可再生能源配比标准	平均电价 13～14 分荷兰盾/（千瓦·时），最高 20.3 分荷兰盾/（千瓦·时）
绿色电力市场	发电获 0.27 丹麦克朗/（千瓦·时）的补贴；“绿色能源证书市场”	家庭使用可再生能源补贴计划	绿色关税	居民自愿以 10% 的溢价使用可再生能源；公共事业单位必须购买一定比例的绿色电力	规定购买绿色电力的最低限量；输送 10 千瓦·时获“绿色证书”，否则罚 5 分荷兰盾/（千瓦·时）
出口支持	对外援助支持风机出口	装备出口最多的企业获价格 70% 的出口信贷补贴			

续表

分类	丹麦	德国	英国	美国	荷兰
批准认证	1979 年国家实验室风机设计认证	风电场设计评估和风电机组认证		1998 年国家能力技术中心和 Underwriters 实验室风机认证	
法律保障	可再生能源购电法、能源法、可再生能源促进法	可再生能源购电法、可再生能源法、可再生能源市场化促进方案	非化石燃料义务法、国家电力法、英国电力传输和贸易规定	能源税收法、能源政策法、公共电力管制政策法、美国清洁能源安全法案、清洁能源就业与美国电力法案	新电力法
社会接受	家庭所有或共有占 80%；独立游说组织	私人所有或共有占 90%；强政治保护网络	社区没有收益；市场价值导向激励过度开发		缺乏地方装机许可支持；政策变化频繁

12.3.1 支持技术创新

美国和荷兰曾经是全球风能的技术领导者，它们在风能领域的研发投入分别位居全球第一和第三。荷兰早期对各类风能项目给予了充分的支持，荷兰能源研究所（ECN）拥有较强的基础研究和大型风机研究能力并为企业提供免费的风机测试，使荷兰很早就实现了风机技术的领先优势。但荷兰的风能市场没能发展起来，大量风电企业因难以实现规模经济而一直缺乏竞争力，因而政府转而支持成本有效型创新，使企业、研究所和大学重新导向了低成本的两叶片设计（Bergek and Jacobsson，2003）。单一的资助标准使大量企业被排斥在保护性市场之外，1988 年只有 7 家企业取得风机认证（这一认证是获得装机许可、投资补贴的先决条件）。美国强调的是以“大科学”政策推动突破性创新，主要是以任务导向的研发合约支持大型风机的研制（Spencer et al.，2005）。美国以拥有全球风电 94.5% 的高引用率专利的绝对技术优势（Nemet，2009），成为风电核心技术的控制者。但这样的资助机制也决定了美国风电技术存在与产业脱节的问题。国家可再生能源实验室以航空科技为基础研制风机，但实际环境中并不存在航空模型所假设的稳定风流，使其研制的风机难以在现实中使用（Garud and Karnøe，2003）；相对封闭的科研体制也使技术没能有效扩散到企业。这使得美国的第一个风机认证比丹麦晚了近 20 年。英国也偏向性地支持大型风机的技术创新，而且存在研发资助不持续和不稳定的问题，因而也没能取得实用型的技术突破。

而丹麦和德国的研发支持政策有意识地避免影响研究者和企业的技术创新方向，从而获得了多样性的技术创新。德国在以航空知识为基础研制大型风机失败后，迅速转向了以应用工程学和造船知识为主而开发的小型风机并取得了成功。1974 年到 2003 年，丹麦的研发投入仅为美国投入量的 1/7，但却从实际需求出发获得了多样性实用创新成果。丹麦早期的研发项目主要是立足于满足农业小型风机的需求，技术含量比较低，但风机制造商在与使用者、研究机构、配套企业的长期互动中通过“试错”学习实现了技术和能力的积累（Spencer et al.，2005）。自 1979 年开始，丹麦的国家 Riso 实验室就承担了风电设备的检测工作，并成为关键的创新节点，它鼓励生产者和使用者利用测试数据持续完善技术。

12.3.2　创造市场与培育产业

美国和荷兰也是风电市场的先驱者，荷兰曾是有名的“风车王国”，而美国在 20 世纪 80 年代风电装机容量曾达到世界的 95%。荷兰的国内风电市场没有发展起来主要有三大方面的原因：一是政策只支持风机安装，而不支持后续部件维护，从而使得两大龙头企业因难以负担成本而退出市场；二是由于中央与地方的政策协调失败，风电项目难以在地方获得安装许可权；三是 1996 年风电投资补贴到期，而新的税收优惠政策效果也不显著。同时，荷兰也没能抓住国际市场快速发展的机会，偏向性的研发资助政策使荷兰的风机大多数是两叶片设计的大型风机，而德国市场普遍采纳三叶片设计且当时很少使用大型风机。市场培育和开发失败导致荷兰风电企业纷纷倒闭，2003 年荷兰仅存的大规模风机制造商 Largewey 破产并被收购，致使荷兰风电市场完全被国外制造商控制。同样，1986 年美国风电投资税收减免政策废止，导致加利福尼亚州风电设备制造企业一蹶不振；1992 年开始实施的生产税收信贷政策（PTC）又非常不稳定，1999 年、2001 年和 2003 年 PTC 到期后没有获得继续延长，因而 2000 年、2002 年和 2004 年美国风电装机容量大幅下跌（曹瑄玮和刘洪涛，2010）。国内市场的萎缩也沉重打击了美国的风电设备产业，1985 年美国加利福尼亚州 67% 的风机是由本国制造的，而 1999 年后 65% 的加利福尼亚州风机是进口的。近年来，美国重新加大了对风电市场的培育力度，2008 年美国风电装机容量超过德国，成为世界最大的风电市场，风机制造的国产化率也提高到了 50%。

与美国和荷兰相比，德国和丹麦的支持政策有更好的延续性和稳定性，保障了新兴产业顺利度过学习和适应期。德国在《可再生能源购电法》废止后立刻出台了《可再生能源法》，并规定了补偿性的收购价格保持 20 年不变。丹麦和德国对风电上网都选择了固定上网电价（Feed - in Tariff，FIT）模式，以平均销售电价为基准并给予一定优惠幅度后全部收购。与英国所实施的低价竞标配额收购制相比，固定上网电价有更大的市场保护力度。因为配额制一方面限制了市场规模，另一方面低价竞标机制抑制了多样性创新，这些都制约了产业能力的长期发展。而且丹麦的发、输、配电 3 个环节完全分开，其中，上游发电企业和下游配电公司都是完全市场化的竞争主体，而负责输电及电力调度的国家电网公司变成了一个隶属国家气候与能源部的非营利机构，这既保证了可再生能源的优先上网，也使得用户购买的电是最便宜的。因而，从实施的效果来看，尽管配额制更鼓励降低成本，但英国最终的风力发电成本却远高于德国和丹麦。同时，德国和丹麦都积极应用产业政策加强了对国内设备制造商的扶持，这包括对企业信贷、电网设施、就地配套、地方政府本地采购、投建和升级资助等支持，从而建立起了完整的产业链和有竞争力的产业体系。目前，丹麦拥有世界上最大的风机制造商 Vestas，占全球市场的 12.5%；全球十大整机制造商中德国占据了三席，拥有全球最大的部件制造商 Enercon，并在生产地形成了相当完备的产业配套能力。

除了市场保护之外，德国和丹麦还非常重视消费引导和市场开拓。丹麦的风电发展本身具有很好的群众基础，早期的风电站建设很多是出于个人的兴趣和喜好，政府也积极支持风力资源数据收集和开展公共教育。德国一方面对可再生能源的消费给予补贴，另一方面通过中小学教育、社区宣传以及非政府组织活动等树立环保意识，引导社会形成绿色消费偏好。此外，因为国内市场已经开始饱和，丹麦和德国都通过国际援助项目积极开拓国际市场。目前，风电设备和技术是丹麦第二大出口产业，德国风电设备的出口比例高达 75%。

12.3.3　社会制度保障

法律保障是新能源产业发展的重要基础，但社会基础也是影响风电快速推广应用的重要因素。尽管各国可再生能源法律体系都已非常完备，但美国、英国以及荷兰的政治和社会支持力度均不及德国和丹麦。不同于大多数国家的电厂所有模式，丹麦和德国采取了以地方或社区为主的独特组织方式，80% ~90% 的风机归私人或合作社所有（Ibenholt，2002；Szarka，2006）。地方和社区居民的参与使得他们能够直接从风电项目中获益，这不仅有利于扩大装机容量，而且使风电支持政策获得了广大民众的拥护。然而，英国、荷兰在装机扩容过程中，都面临着地方政府和社区居民不支持的问题，他们认为安装风机会影响景观并产生噪声。

丹麦和德国都有支持风电发展的政治联盟网络，这是确立产业合法性和政策支持稳定性的重要政治基础。丹麦议会资助技术示范项目发展独立的群体，德国也成立包括风电设备供应商和风机所有者联合构成的风能协会（Lipp，2007）。随着风电市场和产业规模的扩大，风电利益共同体也随之壮大，他们持续给政府施加压力，从而争取更有力的政策支持和政治认同。而且为了加强政策协调、提高政策组合效果，丹麦合并了环境与能源部并任命一名支持可再生能源的部长，德国将可再生能源的事务从经济部转移到了环境、自然资源保护和核能部。

12.4　结论与启示

丹麦、德国、英国、美国和荷兰 5 个国家风能产业发展的经验显示，新兴产业的培育需要科技、产业、市场、法律制度、社会认同以及政治支持等全方位和系统性的政策支持。在学习和借鉴上述经验的基础上，重新思考我国风能产业发展过程中出现的问题，本章认为我国的战略性新兴产业培育还应注意以下几点。

第一，既要重视科技创新，也要重视产业体系与规则制度的战略性构建。在培养战略性新兴产业过程中，我们有一种思路是以战略性技术的突破性创新来带动产业的跨越式发展。但从美国和荷兰的经验可以看出，突破性技术创新并不必然带来产业的繁荣，只有通过研发设计、主体生产、零部件配套、电网传输、终端应用及相应的制度和技术标准的体系化构建和价值整合才能赢得实质性的产业主导权。而且在技术创新的路径选择上，不能盲目追求高新技术的突破性创新，而更应重视技术与自身能力、市场需求和产业发展的适应性，要以产业和市场的实践为基础促进技术渐进式创新和持续积累。

第二，“战略利基市场”必须要稳定、持续和保障有力，要为新兴产业的成长和学习提供充分的时间、空间和机会。长期稳定的政策支持是丹麦和德国风能产业成功的重要经验，而我国选择了英国的市场竞价模式，导致了超低价中标和超过40%的风力发电被排斥在市场之外。2009年7月底，国家发展改革委发布了《关于完善风力发电上网电价政策的通知》，改竞标定价机制为标杆定价，并根据不同的区域和建设条件制定了四类标杆价格。这一积极的调整对于保障我国风能产业的持续健康发展有着非常重要的意义。此外，政府还可以通过改变市场规制和制度规则为新兴产业创造市场，如限制碳排放、征收环境税、实行碳交易等，一旦这些成为固定的制度并获得法律的保障，将会给新兴产业的发展带来稳定的预期。

第三，争取政治支持和社会认同是新兴产业能够快速增长和全面带动的重要条件。作为新生事物，人们对新兴产业的了解认识、接受认同、学习掌握以及偏好还需要一个过程，因而在产业推广过程中不能采取集中封闭和自上而下的模式，而应该积极开展对新兴产业的理念宣传、知识普及和消费引导，并鼓励基层广泛参与，使公众成为新兴产业的利益主体。由此，为新兴产业的市场扩张和全方位社会渗透奠定坚实的社会基础。同时，为防止旧制度和旧产业利益集团的抵制，还应该建立新兴产业的政治保护网络，以争取充分的政治支持和维持政策制度的延续性。

执笔：程郁　王胜光

第 13 章

互联网时代创业活动的新特点

——基于创客创业活动的探索性研究

创业在创新发展、新兴产业成长等方面作出了突出贡献，对区域经济发展和社会转型具有重要意义（林嵩，2011）。

当前新一轮产业技术革命正在全球深入开展，特别是互联网与移动互联技术创新速度加快，互联网垂直产业链不断完善，传统产业互联网化不断深入，全面渗透和改造着传统生产与生活方式，催生巨大的新生市场需求，引导产业爆发式增长，塑造了繁荣发展的互联网经济。以此为契机形成了全球性的新一轮创业高潮。中国是全球互联网经济的中心地带之一，中国的互联网企业在全球互联网企业中占据重要地位，中国的大市场为互联网时代的创新创业活动提供了需求侧的巨大动力。在此背景下，中国互联网创业活动呈现快速发展态势。

互联网革命在带来广泛的创业机会的同时，还推动了创新创业范式[①]的巨大转变，塑造了互联网经济时代创业活动的新特点和新模式。了解新一轮创业活动特点，把握其内在发展规律，是围绕创业开展国家布局，应对全球经济发展新态势的前提条件。

关于创业方面的研究在 20 世纪 70—80 年代就已兴起，如 Kirzner（1973）主要致力创业者个人特质和能力的研究；Ajzen（1991）、Shapero（1982）主要提出了创业事件理论，关注创业事件的产生；Hulbert 等

① 佩雷兹(2009)提出了“技术经济范式”的概念,意指一套通用的或成为常识的技术和组织原则。本章所指创新创业范式即为“技术和组织方面的普适性原则”。

(1997)、Shane 和 Venkataramen（2000)、张玉利等（2008）等则对创业机会进行了讨论和研究；Baker 和 Nelson（2005）主要研究在创业资源紧缺情境下的创业机会开发。然而诸多关于创业活动的研究成果，主要关注的是创业者本身或单一创业企业的发展，主要针对工业经济时代开展的创业问题研究。结合互联网技术和经济发展背景，目前学术界对新一轮创业活动的时代性特征和模式的研究较为欠缺。

创客是互联网时代创业者的典型代表，本章在借鉴 Timmons 创业框架的基础上，结合互联网时代创业活动本身兼具创新活动特质的特点，形成"3 +1"的基本分析框架，以创客创业活动为对象进行新一轮创业活动特点的研究。研究结果显示，依托互联网时代衍生出的各类组织和平台，创业机会挖掘正在向长尾端市场端延伸；创业资源整合和团队组建活动得到了互联网背景下无限延展的创业网络的充分支持；项目开发模式发生重大转变，在创业项目开发过程中，开放创新和用户参与成为其创新研发的重要路径。

13.1　基本分析框架

对互联网时代创业活动特征的分析涉及创业过程的多个方面，需要借助一个合理的框架才能够科学而有逻辑地进行分析和解释。现有创业理论存在 3 个有代表性的创业分析框架，即 Gartner 的创业框架、Timmons 的创业框架、Ma 和 Tan 的创业框架（张炜，2011)。其中，Gartner 从个体（创业者)、组织特征、环境、过程 4 个维度进行理论架构（Gartner and William，1985)。Ma 和 Tan 的框架中包括创业主张、创业实践、创业绩效、创业先行者 4 个维度。Timmons 从机会、资源和团队 3 个维度进行了创业过程框架的构建。互联网通过互联网技术的普及应用着力塑造万物互联的时代，创造了丰富的创业机会，同时对创业资源的获取、创业组织的建设、创业项目的开发等方面有深刻影响。因此，Timmons 教授所提出的机会、资源和团队三要素模型较为适合本章的分析需求，同时 Timmons 的创业框架也是得到广泛认可的经典分析框架。因此，本章将主要结合 Timmons 创业模型建立分析框架。

13.1.1 Timmons 的创业框架

被誉为“创业教育大师”的 Timmons 在其所著《新企业的创建》(*New Venture Creation*) 一书中提出了经典的创业理论模型——Timmons 模型。在这个模型中 Timmons 指出，影响创业的主要因素是机会、团队和资源。成功的创业活动，必须要能将机会、团队和资源三要素作出最适当的搭配，并且要能随着创业事业发展而作出动态的调整（见图 13 - 1）。

Timmons 认为机会的挖掘是创业过程的起点，也是影响创业成功与否的首要因素，在大多数情况下，好的机会甚至比资源和团队更为重要。同时，机会的形式、大小和深度决定了资源与团队所需的形式、大小和深度，也就是说，资源和团队情况需要依据机会而确定。因此，在某种程度上甚至可以说创业过程就是围绕着机会的识别、开发、利用的过程（林嵩等，2004）。

资源是创业过程中的必备要素，如创业资金、人才资源、市场渠道、客户资源等，这些资源在很大程度上决定了创业项目是否能顺利启动，以及创业最终是否能够成功。当企业可获取的资源水平上升时，企业成功创建比率上升（Hannan and Freeman，1987；Carroll and Khessina，2005）。如创业初期的资金资源，对创业启动至关重要，被誉为创业起步时期需要面对的关键障碍（Schoonhoven et al.，1990）。美国小企业管理局（SMB）调查显示，80% 的创业企业夭折是由创业初期资金链条断裂所致。因此，如何发现资源，从何种渠道获取资源，合理利用和控制资源成为创业过程中的重要工作。

创业团队是高潜力企业的关键要素，只有一个构成合理，具备领导力、创业精神和创业基本素质，能够适应市场环境变化的创业团队，才能在混沌和充满不确定性的环境中敏锐地发现隐藏的商机，牢牢抓住创业机会，有效整合创业所需资源，制订可行的商业计划，带领企业快速成长。创业者和创业团队还要不断挖掘更大的市场机会，合理运用资源，使创业三要素之间保持平衡，以保证创业企业稳健成长。

13.1.2 本章的分析框架

Timmons 的创业分析框架从本质上说是一个基于传统行业领域创业的

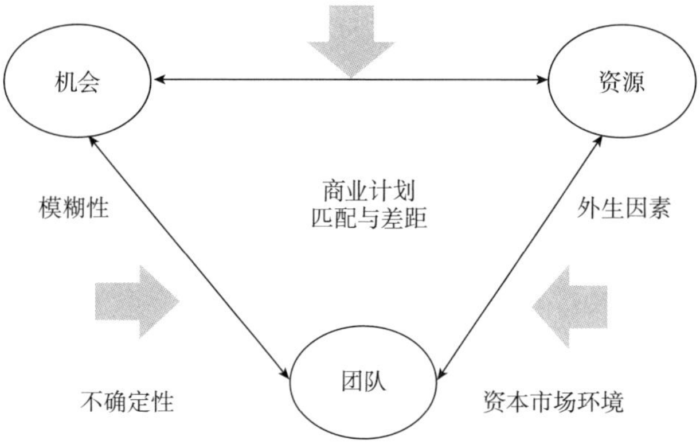

图 13－1 Timmons 创业模型

资料来源：蒂蒙斯，斯皮内利．创业学［M］．周伟民，吕长春，译．6 版．北京：人民邮电出版社，2005：31.

模型分析框架，对于传统行业领域的创业活动来说，在机会、团队和资源条件具备，商业计划合理的情况下，创业活动基本就可以有条不紊地开展，创业的具体项目实施环节在创业过程的研究中似乎并非关键内容。

然而，本章所研究的互联网背景下的创业活动，是依托互联网思维和技术所开展的创业活动，是典型的创新型创业。这种创业活动主要是以引进新产品和新工艺、开辟新市场、控制新的原材料供应来源，以及实现新的组织形式等方式，实现生产要素的"新组合"为基本手段，以打破现有经济系统均衡（Jonathan，2003），改变原有供求关系为特点的创业活动，是伴随丰富的知识创造和产出的创业活动行为。而非在已有市场中建立新企业，以对已有产品或服务作出最低程度的变更为手段（Aldrich and Martinez，2001），优化现有供求关系框架内的以资源配置为侧重点的传统创业活动（Kirzner，1973；Hayek，1945），这类创业活动几乎没有为它们所进入的市场增加新知识（Carroll and Khessina，2005）。

因此，互联网时代的创业活动开展过程本身又是一个创新的过程，创新活动以其知识的复杂性和高风险特征极大地增加了整个创业过程的难度，项目开发进程与最终产品的状态是决定创业成败的关键环节。基于此，本章的分析框架将在 Timmons 的三要素创业框架中加入项目产品开发这一关键节点，整个创业过程则可表述为创业团队在发掘创业机会基础上，制订项目开发计划、整合内外资源、进行创新产品研发与销售的过程。

13.2 创客及其创业发展情况

“创客”一词来源于英文单词“Maker”。创客专注于实体物品的创造，是努力把各种创意转变为现实的人（Chris Anderson，2012）。2005年前后，在互联网技术深入发展、硬件开源平台逐渐壮大，3D打印、3D扫描仪、CAD工业设计软件和激光切割机等相关技术逐步成熟的背景下，创客开始与信息技术相结合，进行软硬结合产品的创新与创造。创客群体不断壮大，创造力和影响力不断增强，创业活动也日渐增多，进而演变为在全球范围颇具声势的“创客运动”。

具有创业精神的创客们，以互联网软硬结合领域为主要方向，开展创业活动，并在可穿戴设备、智能家居、健康医疗设备等方面取得了显著成绩，诸多创业项目获得了很高的市场认可度。如开源3D打印机Makerbot创业项目，自2009年成立公司至2012年9月，打印机售卖总数已超过13000台；智能手表Pebble创业项目在Kickstarter上几天内就收到了8.5万多份订单。同时创客的创业活动也得到了投资者的青睐，如家庭自动化产品Electric Imp从数家大型风险投资机构获得了800万美元的融资；纽约开源硬件DIY玩具创业公司LittleBits在A轮融资中获得了365万美元的风险投资。

繁荣发展的互联网产业、强大的制造业生态体系和丰富的人才资源等优越条件使中国逐渐显现出在软硬结合产业领域的强大优势，中国的创客运动呈现快速发展态势，并初步形成了以北京、上海、深圳为三大中心的创客文化圈。热衷于创新创造的DIY爱好者也越来越多，仅北京创客空间一家组织所辐射人群规模就超过10万。

中国创客的创新创业生态环境也在不断优化之中。在创客社区组织方面，从2010年上海成立新车间开始，我国出现供创客交流和开发制造创新产品的创客空间，随之北京、深圳、南京、成都等9个城市相继成立了几十家创客空间组织。在孵化器建设方面，针对互联网硬件创业的孵化器也在北京、深圳等地出现，如北京的创客空间，深圳的Haxlr8r、Highway1

等。从供应链角度来看，既有 Seeed Studio 等原材料供应和小批量生产提供商，又有点名时间等商品销售渠道商。从政府支持角度来看，各地政府也已经开始加大对创客的创新创业活动的重视和支持力度。例如，在北京，中关村国家自主创新示范区管委会于 2013 年 9 月将北京创客空间认定为创新型孵化器，在资金、场地等方面予以支持，北京创客空间成为亚洲地区实体面积最大的创客空间（占地 1000 平方米）。上海市政府在《科普事业“十二五”发展规划》中提出“十二五”期间全市将建设 100 个面积不小于 100 平方米，配备 DIY 实验设备的“社区创新屋”，鼓励支持普通市民开展创意和创新实践活动。依托良好的发展环境，创客创业现象逐渐增多。截至 2014 年 5 月，“北京创客空间”孵化器已孵化了 20 多个项目，其中 3 个项目估值过亿元人民币。

13.3　创客在互联网时代的创业活动分析

13.3.1　基于长尾视角的创业机会挖掘

工业经济时代规模经济占据主导地位（姜奇平，2008），产品品种越少，成本越低，生产活动越具有经济性，大规模生产范式（Mass Production Paradigm）塑造了二战后黄金时代的需求机会空间（Perez，2010）。对应于这种经济活动范式，这个时期的创业活动主要从规模经济视角寻找机会。大多数创业者进入某一行业领域时，所关注的创业机会是基于同质产品（或最低层次的改进的产品）大批量生产和销售带来的利润空间机会，即关注安德森所述长尾理论的短头部分。

互联网时代的创业机会挖掘显现出向长尾端扩展的态势，即从对单一品种、大规模的“短头”部分的机会挖掘，扩展至对小批量、多品种的“长尾”部分的市场机会的挖掘。创客的创业活动具有明显的长尾端机会挖掘的特征。创客的创业项目基本上不是着眼于满足大众需求的规模经济产品，而是依靠创意和创新来满足日趋成长的个性化需求，依靠推陈出新和更新换代促进小众市场发展，力图在细分领域、小众市场上获得商业成功（见表 13 -1）。

表 13-1 关注小众市场的创客创业项目举例

创业项目名称	目标人群	项目发展情况
智能手表 Pebble	关注时尚的青年人群	在 Kickstarter 上几天内就收到了 8.5 万多份订单
睡眠监测智能腕带 Lark	失眠症患者人群	成功设立公司，并开发出 Lark、Larkpro、Larklife 等多款智能检测腕带产品
真空低温烹饪工具 Nomiku	不喜油烟，不喜欢做饭的人群	KickStarter 上融资 58 万美元
头戴 3D 显示器 Oculus Rift	游戏爱好者	2012 年在众筹网站 Kickstarter 用 1 个月时间筹集了近 250 万美元的启动资金；2013 年 6 月 A 轮融资 1600 万美元；2013 年年底再次获得 7500 万美元的 B 轮融资；2014 年 3 月被 Facebook 收购

创业机会之所以能够向长尾端扩展，主要在于小批量、多品种产品研发制造成本的大幅度降低。产品的生产成本主要包括设计成本、生产制造成本和销售成本。在互联网时代，创客创业项目产品的三大成本得到全面降低。多样化、满足个性化需求的产品的经济性逐渐显现，甚至逐渐超过大规模、同质化产品生产和销售的经济性。如由两名创客所开发的真空低温烹调产品 Nomiku，售价为 299.5 美元，项目产品的成本不到 100 元人民币，而在 Nomiku 之前家用的真空低温烹饪工具价格则超过 1000 美元。

三大成本的降低，主要依托互联网时代所衍生的各类平台机构得以实现。一是依托开源硬件平台，项目研发团队可以充分利用开源共享模块和知识，降低产品研发设计人才投入和时间投入，大大降低设计成本。二是生产制造和销售环节由专门性平台机构代理，平台机构通过汇总众多创客的小批量需求，在一定程度上实现了范围经济，进而降低了成本。如为创客提供从 10 件到 1 万件小规模弹性生产服务的深圳公司 Seeed Studio，通过汇聚众多创客生产需求，在成立 3 年内，年收入增长率每超过 100%，利润率高达 40% ~50%。

13.3.2 基于线上线下相结合的创业网络的资源整合和团队组建

Aldrich 和 Zimmer（1986）指出，创业者被包含在一定的社会网络内，社会网络在创业过程中起到了必不可少的作用。它是创业企业低成本获取信息、资源和社会支持的重要途径（朱秀梅和李明芳，2010），积极影响创业进程并促进新企业成长（蔡莉等，2010）。创业网络规模越大，意味着与创业企业建立网络联系的网络主体越多，网络成员数量的增加能够促进创业者从更广泛的网络主体处获得所需要的资金等资源和信息（Tanas and Saee，2007）。

传统的创业网络为线下网络，由于沟通成本限制等原因，以单个创业企业为中心的线下网络中，网络主体数量少，网络活动类型单一、活动频次不高，网络主体间形成的网络链接点个数有限，网络规模一般都比较小。以这种创业网络为基础，创业企业在资源获取方面往往面临较大难度。如在创业资金的获取方面，相应可链接到的网络主体主要包括创业者自身、亲朋好友、银行等，对应这些网络成员主体的资金获取活动方式为创业者自筹、亲朋好友借债、银行抵押贷款等；在市场和客户信息资源获取方面，可以链接到的网络成员主体主要有客户、专业信息调查机构、新闻媒体等，对应的信息获取方式为传统市场调查、专业信息机构购买、新闻媒体查询等。创业团队的组建，则往往是在志同道合的朋友、同事、同学等创业者可以接触到的具有直接人际关系的群体间组建。

互联网经济时代不但衍生出了一批创新型的线下网络主体，还生成了一批虚拟网络主体和平台。依托线上线下相结合的创业网络，纳入创业网络的网络成员数量极大扩展，对应于创业资源整合的活动形式不断创新，创业网络中的链接点倍增，极大地扩展了创业网络的规模，提升了资源整合的效率。既往的线下的常规型创业网络正逐渐被颠覆，新的线上与线下相结合的创业网络正在形成。

创客在创业资金获取方面除了传统的融资渠道之外，还可以借助车库咖啡、3W 咖啡、黑马会等各类创新型孵化器，依托其背后巨大的投资人网络，开展融资活动。同时，还可以借助互联网金融，依托众筹平台等网络渠道，面向公众进行融资，极大地扩展创业网络中资金支持的网络成员主体数量，使创业资金获取变得较为容易。如 Kickstarter 是全球创客项目聚集度较高的众筹融资平台之一，在这个平台上，创客们将自己的创业项目进行展示，感兴趣的人可以对项目进行任意额度的投资，使得广泛的社会资本进入创业投资领域。如今受到诸多关注的智能手表 Pebble，当年投资人对其不屑一顾，甚至中途退出，2012 年 4 月创始团队转战众筹平台 Kicksarter，在 Kickstarter 上通过一个酷炫的视频和多张精美设计图对项目进行展示，几天内该创业团队就收到了超过 1000 万美元的支持资金，使得 Pebble 一举成为 Kickstarter 创立以来最成功的融资项目（张焱和李原，2014）。据统计，2011 年有将近 12000 个创客项目在美国 Kickstarter 众筹网站募集到近 1 亿美元；2012 年，18109 个创客项目在 Kickstarter 上成功募资 2.74 亿美元①。

在技术知识资源的获取方面，创客们可以链接到的网络主体也得到了大范围的扩展。如在开源社区中，创客们可以免费使用开源硬件平台上成千上万的硬件开发爱好者公开的源代码、数据、设计图、材料清单等内容，可以利用硬件开源网站和论坛，与技术高手进行交流，获取技术知识；创客空间等创新型孵化器还会组织包含各相关领域的专家人才的技术沙龙活动。这使得创业网络中的技术知识资源的支持主体大大扩展，技术知识交流节点倍增，极大地便利了创业企业的技术知识获取。

在供应链资源的获取方面，依托线上线下扩展的创业网络，通过网络主体间的新的组织和连接方式，创客们开创了一种新的供应链组织模式，创业团队可以通过 Sparkfun 等开源硬件的网络售卖平台获取开源模块和零件，有专业的小批量生产制造商 PCH、Seeed Studio 为其提供产品制造服务，最后依托京东、淘宝、点名时间、knewone 等网络平台进行预售和销售，形成了传统制造与网络创业的混合体，这种制造业态不再依附大型供应链和廉价工业区，而是分布式制造、小批量产品“快消”的供应链模式（见图 13－2 和表 13－2）。

图 13－2　创客制造供应链关键环节的网络主体

① 杨跃承，于磊．创客：从中国制造到中国创造［N/OL］．科技日报，（2014－03－03）［2023－01－06］．http://www.qstheory.cn/kj/yjsk/201403/t20140303_326339.htm.

表 13 - 2　传统创业网络与新型创业网络对比①

资源类型	传统创业网络		新型创业网络	
	网络主体	活动	网络主体	活动
资金	创业者 亲朋好友 银行 政府 风险投资者等	自筹 借债 贷款 项目申请等 股权分割	大众层面的网络众筹平台（Kickstarter 等）和封闭的众筹平台（天使汇等） 天使投资 社交网络（黑马会等）	众筹 路演活动等 社交交友活动等
市场信息	客户 专业调查机构 政府 媒体等	传统市场调查 购买 公开信息查询	Kickstarter 等网络互动平台 微信公众号 发烧友群体	众筹活动及用户互动 微信互动 发烧友活动
技术知识	创业者 高校院所 其他企业等	自有 购买	网络技术平台（Arduino 论坛） 新型创业服务机构	论坛发帖请求支援 与技术高手讨论 技术沙龙分享等

与创业资源的整合一样，创客创业过程中的团队组建同样受到互联网背景下迅速发展的创业网络的影响，有创业意图的个体依托社交网络可以链接到的同类圈子成员得到急速扩展，新的团队组建模式逐渐兴起。例如，不少创客是在创客空间、车库咖啡等创新型孵化器组织的技术沙龙活动、创业培训活动中结识，并迅速达成合作意向，组建创业团队；还有一些创客是在网络技术论坛中认识并最终成为创业伙伴。

13.3.3　基于开放创新与用户参与的创业项目研发

传统创新项目的实施，是一项相对封闭的活动。在项目前期阶段的市场调研之后，项目实施成为创新团队内部活动。当前，产品生命周期的不断压缩倒逼创新周期缩减，创业项目开发效率成为决定创业成败的关键。同时，创新产品研发活动的综合性和复杂性日益提高，加之用户需求的不确定性所带来的创新风险，使得创新过程更加困难。依托互联网思维以及互联网所建立的渠道，开放创新逐步渗透创业项目研发的全过程，使创新

① Hakansson(1987)提出的网络模式指出，网络包括 3 个基本要素，即节点（行为主体）、资源、活动，网络实际上就是一种关系的总和，这些关系产生于网络节点之间。

效率得到提升，创新风险显著降低。

充分利用外界知识和资源服务创业项目开发是创客开放式创新发展路径的重要表现之一。如前文所述，创客们可以依托扩展的创业网络，利用外界丰富的知识和资源，提高创新效率。如贵阳的 Angeleyes 创客创业团队，其创业项目是一款具有跟踪、识别能力的无人机 Hex Air Robot。他们在 2012 年 8 月开始项目研发活动，在项目开发初期，他们借助无人机爱好者网站 DIYDrones 丰富的开放资源，节省了大量时间、精力和资金成本，到 2012 年年底该创业团队已经开发出了产品原型。

创客的创新研发活动还充分发挥了用户（特别是领先用户）的作用。创客们可以利用众筹平台等在线互动平台进行全创新周期的市场调研，创客们可以将从创意想法、设计稿到产品雏形等项目开发各阶段的成果在众筹平台上进行展示，了解到客户对创意和产品的反馈，包括产品定位、产品定价、使用反馈等。没有需求的项目则不可能实现募集资金的期望，也就预示着这种产品的市场预期并不理想，产品开发者需进一步调整产品开发方案。筹资成功的项目则利用网络平台及时向出资人（领先用户）提供在项目开发中产品功能改进、工业设计等方面的进程报告，对用户提出的相关建议和意见作出回应。当产品成形之后，还可以采取领先用户报名内测等方式，充分了解领先用户使用体验，进行产品改进。产品上市之后，项目团队也会利用各类网络平台和渠道，与消费者保持互动和联系，了解用户体验与建议，改进产品，通过不断的创新迭代，追求越来越高的用户满意度。这种研发活动的开展模式将消费者纳入了创新的整个过程，整个创新过程充分实现了与消费者（需求方）的互动，创业活动的风险得到了有效控制（见图 13－3）。

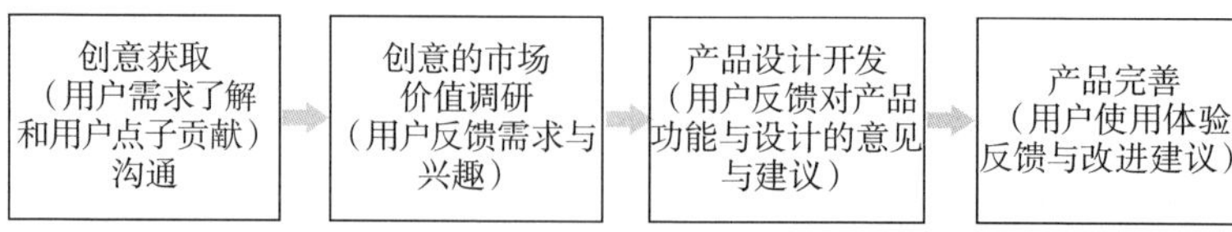

图 13－3　产品开发各阶段的用户参与内容

13.4　结论与政策建议

13.4.1　基本结论

目前互联网产业领域的创业，以及传统产业互联网化方面的创业层出不穷，这种创业与传统经济时代的创业显著不同。分析这类创业活动的特点和内在运作机理，是政府合理支持创业活动，促进创业繁荣的重要前提。本章以创客的创业活动为案例，力图从创业机会挖掘、创业资源整合、创业团队组建和创业项目开发 4 个方面，对互联网时代创业活动的特征进行分析和归纳。通过研究分析，可以得出如下结论：

（1）依托信息技术和各类开放平台，小批量、多品种产品的经济效益逐步显现，互联网时代的创业活动的机会挖掘正在向长尾端市场延伸，关注小众市场、追求长尾经济效益成为互联网时代创业的热点。

（2）互联网时代，各种类型的线上网络平台和线下网络主体不断衍生，创业者得到互联网背景下无限延展的创业网络的广泛支持，在一定程度上破解创业过程中资金、技术、渠道等关键资源整合“瓶颈”，促进新的团队组建模式的形成。

（3）依托互联网思维以及互联网所建立的渠道，在创业项目开发过程中，开放创新、用户参与、迭代创新成为被广泛接受的创新思路，有效地降低了创新型创业中的产品需求风险、创新速度风险、技术风险。

13.4.2　政策建议

长尾端市场机会与无限延展的创业支持网络为创业者提供了尚未被大企业关注的市场空间和丰富的创业支撑资源，开放式创新和用户参与创新进一步降低了创业者的风险，使整个创业活动门槛显著降低，催生了大众创新和“草根”创业时代。以互联网为代表的新一轮产业技术变革正将全球经济带入普遍的创业爆发期。李克强总理在天津第八届夏季达沃斯致辞中也专门提出，要“借改革创新的‘东风’，在 960 万平方公里土地上掀起一个‘大众创业’、‘草根创业’的新浪潮”。[①] 促进创业繁荣，从政策层面需要结合互联网时代的创新型创业活动特征，对创业支持措施和手段进行调整和完善。根据本章研究结论，提出以下支持互联网时代创业活动的政策建议：

（1）建议加大对创业服务主体和平台发展的支持力度。鼓励大企业进行软硬件开源平台等技术平台的建设；鼓励创客空间、车库咖啡等新型孵化器的发展建设；鼓励众筹平台、预售平台等互联网创业项目服务平台的发展；鼓励创业者、投资人、创业导师等形成各种形式的社会圈子和网络。通过各类创业服务主体的发展建设，扩展创业网络，构建更加有利于创业的生态环境，为创业者交流合作、获取融资服务、创业辅导服务等提供支持，为大众创业，创业经济繁荣奠定社区基础。

（2）建议加强创业教育和培训工作。发展创业导师制度，鼓励新式创业培训机构发展，引导创业俱乐部、协会等各种社会服务组织发展；鼓励大学和科研机构制订创业计划，设立创业课程和创业教育培训平台。努力培育一大批具有良好创业精神和创业素质的新型创业者。

（3）建议加强创新创业文化宣传。支持各类机构举办创业大赛活动和创业沙龙活动；支持新型创业媒体发展，引导媒体加强创业宣传力度，着力在全社会形成“崇尚创新，鼓励创业”的氛围和环境。

执笔：胡贝贝　王胜光　任静静

① finance people. com. cn/n/2014/0910/c1004 -25636510. html.

第5篇

创新经济系统的治理

第 14 章
论创新经济下的联合治理

14.1 引言

随着新知识、新技术的快速发展及其向社会经济的全面渗透，全球经济发展模式和竞争力结构正在发生变化，以创新为要素驱动和以知识型产业为国民经济主力支撑的创新经济模式日渐形成。创新经济的发展并不等同于知识要素与创新要素的简单堆砌和聚集，创新经济是一种新的技术经济范式，它引致了经济生活模式的变化以及社会组织的变迁，它需要一系列与其经济基础相适应的社会经济制度的变革来支撑其发展。

科技创新所引发的社会经济与制度模式的转型很早就受到了学者们的关注。从库恩（T. S. Kuhn）的科学范式、多西（G. Dosi）的技术范式、佩雷斯（C. Perez）的技术经济范式到日本学者 Fumio Kodama 的创新范式，都强调了技术创新要求管理制度与社会经济系统的适应性调整以及制度与创新经济的协同演进（郭斌和蔡宁，1998）。因此，从传统经济向创新经济的转型不仅是要素驱动方式的转变，而且涉及经济运行、产业与企业组织管理方式、政府行政模式、社会生活方式和制度文化等整体社会经济系统的变迁。Perez（2009）指出科技革命引发了社会经济制度的转型，信息技术革命使生产组织方式由工业时代下大规模纵向一体化模式转变为弹性自治的网络化模式；Stiglitz（1999）认为知识经济的发展使产业组织结构向更加扁平化的结构（比如，半自治的网络组织）转型；Hargrave 和 Van de Ven（2006）指出，在技术创新过程中，企业家会积极地、有意识地与互补性经济主体结盟和结网，通过集体行动或社会运动来推动制度的演变以实现与新技术相适应的制度体系。同时，新技术和新的社会经济活动范式还会对政府系统及其管制和调控模式产生影响（弗里曼和卢桑，2007）。自20世纪80年以来，随着高新技术产业的发展和全球化进程的加快，主要发达国家掀起了一场以“新公共管理”为目标的政府改革运动，如英国以“合作政府”取代过去的“竞争政府”模式、美国通过“市场责任机制”再造全面公私合作的政府①、新西兰的政府企业化改革、荷兰的公共服务自主化组织经营等（陈振明，2003）。一种以多部门协作、公私部门联合及利益相关者广泛参与的新兴的分散化和网络化政府治理机制正日益形成和发展（盖伊·彼得斯，2001）。这种新的治理机制一方面是对创新经济发展需求的积极适应；另一方面培育了孕育和激励新的创新活动、助推创新经济健康运行的制度土壤，是支撑创新经济自驱动发展、自调整适应和自组织演进的重要组织决策与执行机制。宋玉华（2002）和王春法（2002）都认为，美国新经济的繁荣高涨与其先期的政府改革和企业治理结构的调整是分不开的。本章将集中探讨这种适应并助推创新经济发展的新政府治理机制——联合治理，解析联合治理的概念内涵、形式类型、发展过程及其实现条件，着力研究创新经济对联合治理的需求以及联合治理是如何通过多主体参与、多部门协作来促进创新经济发展，并在理论和经验总结的基础上为我国发展创新驱动型经济、建设创新型国家的政府管理体制改革和体制机制创新提出思路和建议。

14.2 对联合治理的基本认识

14.2.1 概念内涵

Pressman 和 Wildavsky（1973）首次提出了政策执行过程中行政权力的

---

① 自1992年，美国开始了一场以“创造一个花钱更少、干得更好的政府”为目标的政府再造运动，其基本原则是政府功能定位的市场化和政府公共服务输出的市场化，以“政府绩效与责任法案”为保障来精简政府机构、改善管理和提高公共服务质量。而这场运动的具体措施和途径是全面的公私合作。1998年戈尔政府将“国家绩效评估”的重心转向了“全国再造政府伙伴联盟”（Donald，2005）。

分享，隐喻着公共管理的联合特征。加利福尼亚大学 Jody Freeman 教授正式提出了联合治理（Collaborative Governance）理论。她认为联合治理是一种公私互动的混合行政体制（Mixed Administration），政府通过公共服务的民营化、政府职能的对外承包、对私人自愿性规则和标准的认可等途径使私人部门或非政府组织广泛地参与到公共职能中（Freeman，1997）。Agranoff 和 McGuire（2003）采用了联合公共管理（Collaborative Public Management）的概念，认为联合公共管理是促进和运用多机构和多组织的制度安排来解决一个机构难以解决的问题；联合指共同劳动、通过合作实现共同的目标、在多部门之间进行跨边界的工作。Bryson、Crosby 和 Stone（2006）强调了其跨部门联合的属性，即政府、企业、非营利组织、社区或者整个公共部门的伙伴关系，他们认为联合治理是联结或分享两个以上组织的信息、资源、活动以及能力以共同实现任何独立部门所无法完成的任务。也就是说，这些多元主体之间存在一种权力依赖与互动的伙伴关系。Provan 和 Kenis（2008）指出了联合治理还必须包括促进联合行为的协调和监督活动，在网络化的社会结构体系下，这种治理机制体现为，由日常的结构化交流与互动所形成共同的价值、规则和信任，而这些社会机制又将在联合治理中发挥着重要的协调和监督作用。

从技术创新到最终成果的产业化和商业化是一个复杂的过程，需要众多创新主体和多个管理部门的多层次密切合作，合作的类型包括创新主体之间的技术创新网络、产业链与市场合作、管理部门之间的联合行动与政策协调、跨区域的联合协作、非正式的社会关系以及大学、产业与政府之间的“三螺旋”互动等。特别是 Etzkowitz 和 Leydesdorff（2000）指出，大学、产业与政府之间“三螺旋”的结构及其创新功能需要一种新的制度予以保证，使它们能够通过正规业务的延伸和扩展实现相互渗透与融合，在多个创新阶段以多维空间连接推进创新活动。因而，以合作为特征的创新经济的发展需要一种能够促进合作、管理合作的制度来支撑，联合治理也就成为与创新经济相伴生并协同发展的新兴社会管理制度。本章认为创新经济的联合治理是指以促进知识创新及其成果的经济价值转化为目的所采取的联合公共管理措施及相关的社会协调网络；具体来说，就是通过调动多元主体参与、推动跨组织联结互动、加强多部门联合与协调、创新公私部门连接与合作机制等多样化的联合行动来共同促进创新和提升创新经济的运行效率。

对于创新政策的实践来说，创新经济的联合治理具有两个方面的含义。一是政府如何创造一种激励和促进多元主体联合创新的制度环境，包括完善信用体系建设、加强政策与制度的稳定性、搭建创新合作平台、设立共同的战略目标、推动跨组织边界的活动等，使得经济活动主体能够通过自主建立产业合作、技术合作、战略联盟以及社会关系与人际关系等实现积极互动、灵活弹性的网络治理机制。政府公共管理的重点在于强化组织间的协调与合作以使各种正式与非正式网络发挥最大的创新效力。二是政府如何通过广泛的联合与协作来完成公共职责和提供创新公共服务，这意味着政府应当是创新网络的积极参与者和构建者，通过网络治理机制来最大限度地改进公共服务，为创新者创造更多的机会和资源。

14.2.2 类型与特征

联合的公共管理具有多个层次，包括政府之间纵向与横向的联合以及与其他公共或私营机构之间的联合；联合治理强调的是合作的过程而不是结果，合作具有多样化的形式，包括政策制定的合作（比如，跨机构的委员会）、行政合作（比如，合作项目）、执行合作（比如，单项事务的管理）以及项目合作等（Alter and Hage，1993）。从联合治理所涉及的业务关系来看，联合治理可以分为系统规划的联合伙伴关系、行政事务的联合伙伴关系以及服务提供的联合伙伴关系（Bolland and Wilson，1994）。按联合的紧密性和持续性分类，联合治理可以分为四类：一是间歇性的协调，即不同组织针对一个目标进行政策和措施调整，合作承诺只是在一定范围内；二是临时性的工作任务，为了实现特定的目的而联合的工作形式，资源分享也是在有限范围内；三是永久性或常规性的协调，通过正规制度安排来保证多重组织对联合的常规性参与和行动约束，如会员制度、区域规划小组等；四是联盟和网络结构，指相互依赖的战略性行动，也是联系最紧密的联合治理形式（Mandell and Steelman，2003）。按联合治理的网络结构分类，联合治理可以分为三类：一是自治理的结构，通过常规会议或非正规的日常互动来制定决策；二是领导性组织，即由领导性组织来完成主要决策制定和协调工作；三是网络行政组织，由一个独立性的组织来管理网络衔接事务。

网络组织形态是联合治理的基础，同样也是联合治理的重要途径，因此联合治理理论关注的重点是网络的联结结构（Linkage Structure）（Alter and Hage，1993）。Agranoff（2006）在对 14 个公共管理网络研究的基础上指出，网络可以带来 4 个方面的好处：一是增加管理者和专业人员的价值和能力，如增强技术、信息和沟通技能、学会新的联合方式等；二是给机构带来利益，包括获得其他机构的信息和资源、增强外部资源对内部知识基础的投入以及联合培训职员等；三是联合技术的提高，如制定跨机构规划、发展跨机构的共同文化等；四是获得具体的联合成效，如行动计划、能力建设会议、新的交叉机构战略、多机构的联合政策。网络所带来的这些增值绩效又会进一步维系和增强联合的能力。按战略目标不同，联合网络可分为政策制定网络、战略制定网络、资源交换网络和以项目为基础的网络（Agranoff and McGuire，1998）。根据网络功能不同，又可分为四种类型：一是信息网络，即利益相关者聚集在一起交换信息以及寻找问题的解决方案；二是发展网络，通过信息交换和学习强化组织解决问题的能力；三是扩展性网络，通过合作伙伴为顾客制订战略计划（如可用性技术、融资组合等）；四是行动网络，通过正规的联合行动来提供服务，这是联合治理中最广泛、最有影响力的网络形式（Agranoff，2003）。

14.2.3　联合过程及其有效实现

Wood 和 Gray（1991）提出了前提—过程—产出（Antecedent - Process - Outcome，APO）的联合模型，他们认为联合过程包括治理、行政、组织自主性、共同性以及信任规则和互惠性等要素。Ring 和 Van de Ven（1994）认为联合治理是一个周期性、交互性和重复性的过程。也就是说，参与联合的组织通过协商达成最低限度的合作意向和一致性预期，从而承诺为联合行动付出相应的努力，而当联合行动给组织带来价值增值时，在新一轮的合作磋商中，参与组织将会扩大它们的承诺，从而联合行动持续有效地进行下去。而决定组织是否参与或退出联合行动的因素不仅是制度性的结构，还包括对联合的侵犯性或融合性的态度。Kickert 和 Koppenjan（1997）将联合治理分为了三类管理活动：干预现存的关系结构并重建新的关系、通过确立共识促进联合条件的形成以及联合解决问题。Agranoff 和 McGuire（2001）将联合管理行为分为四种类型，即激活（Activation）、建立架构（Framing）、动员（Mobilizing）和综合（Synthesizing）。Bryson、Crosby 和 Stone（2006）强调了联合过程的六大要素，分别是达成一致、建立领导、确立合法性、建立信任、管理冲突和规划。

从联合治理的过程及其管理行为来看，要实现有效的联合治理、提高联合的效率与作用，需要强化以下几个方面的能力。

第一，识别实现目标所需要的人或资源，选择适合的联合者。也就是 Scharpf（1978）所指的“选择性激活”（Selective Activation）。选择性激活是组织间政策形成与执行的关键，选择联合主体的重要标准是它能够提供其他机构所缺乏的资源。治理联盟必须“集合那些足以解决同一问题的资源”，不然联合行动的安排将不会是有效的（Stoker 和 Mossberger，1994）。

第二，强化联合治理的社会资本基础。社会资本是信任、规范以及网络运行的重要元素。成功的联合治理需要组织间以及群体间有效协调和调整的机制，这些机制包括信息流的交换、共同学习、创造公共价值、创建共同的文化等。

第三，增强联合治理的凝聚力。要提高联合治理的凝聚力就必须提供一种等级权威的对应物（阿格拉诺夫和麦圭尔，2007）。Bardach（1998）指出协作成败取决于各种能力的构建，但领导能力是统合机构间协作的中心要素。具有声誉、权威和资源的领导有利于统合各种组织和链条，促进联合与协作。但权利的不平衡将会导致部分参与者的利益被忽视，因此在联合治理过程中应该重视非正规领导力量的培育。

第四，建立联合治理的目标绩效评估机制。在联合治理中，因为缺乏明确的委托代理责任关系，可能会导致“权威缺漏”的问题，即联合治理不能够保证责任到位（阿格拉诺夫和麦圭尔，2007）。因此，联合治理的总部机构应当监督和评估其解决方案的有效性，评估一个特定的网络如何对其利益相关者负责，如何达成既定的目标（Wondolleck and Yaffee, 2000）。

此外，相关的理论研究和实践经验表明，增强联合治理有效性的关键活动还包括促进信息交流和参与者的有效沟通、改变协作的动机、转变参与者的立场和角色、引导合作者作出承诺和维持承诺、建立持续性信任关系、采用利益相关者分析以及发展正式或非正式网络等（Kickert and Koppenjan, 1997; Bryson, Crosby and Stone, 2006; 阿格拉诺夫和麦圭尔, 2007 等）。《成功的美国政府合作指南》一书中指出了九种比较容易实现的联合措施，即非正规合作、区域间的服务合约、联合协议、借助区域外的力量、政策委员会、有确定目标的区域实体、国家规划和开发区、服务外包以及区域间的购买协议。

14.3 创新经济下多维度的联合治理

自 1987 年 Freeman 提出“创新系统”[①] 概念以来，创新的系统关联性受到广大学者和政策决策者们的高度重视。创新发展依赖于大学、企业、政府等多元主体的紧密互动与联合，并需要相关的政策和制度协同支持。为了实现创新驱动型经济发展，各个国家或地区都将创新提升到国家战略高度，通过加强各个政府部门和相关创新主体的联合行动来提升创新竞争力，创新的公共政策管理呈现典型的联合治理特征。而且随着创新系统体系化配置的完成，“系统失灵”问题日益凸显并成为制约创新经济发展的关键性障碍，由此以有效的联合治理来促进系统的协调就显得尤为重要。由于创新系统具有多层次性，贯穿于国家、区域、产业部门以及各微观创新主体等宏观、中观和微观各层面，因而创新经济的联合治理也具有多维度的特征，包括国家各部门的联合、国家与区域的纵向联合和区域内多部门的横向联合、政府与各公共或私营部门之间的联合等。

---

① Freeman(1987)认为，创新系统是公共和私人部门的机构网络，通过其活动和相互作用，激发、引入、改变和扩散着新技术。

14.3.1 国家部门之间的联合治理

1999 年，OECD 提出了创新政策体系的管理问题，强调了需要形成各独立政策工具之间协调匹配和不同部门政策之间目标一致的系统中心导向的政策体系。随即 OECD 发起了构建“第三代创新政策”的倡议，即强化创新的总体战略意义，推动创新政策与其他公共政策的协调与整合，使创新成为各个政策领域的一个中心考虑，使促进创新的一般性目标与特定政策的具体目标协调起来，从而实现创新资源的优化配置，充分利用和激活社会整体的创新潜力，并使创新成为推动整个经济社会发展的战略性力量（OECD，2005）。2002 年欧盟委员会出版了《创新明天》的政策研究报告，提出了欧盟国家建设“全球最具竞争力的知识经济体”的新政策手段——“第三代创新政策”，并建议启动了一系列跨部门、跨组织、跨领域、跨区域的联合性政策项目，推动研发、技术、产业以及区域等相关政策的整合（Lengrand and Associés，2002）。根据该报告的解释，“第三代创新政策”涉及更广泛的政策领域，而创新应当是所有政策的中心，成为经济社会各领域和各政府部门的共同任务和不同部门、不同领域达成一致性战略行动的共同目标。实际上，对大多数国家来说，实施创新国家战略和创新行动计划所面临的最大挑战就是科技政策与创新政策的治理问题（OECD，2008）。

Arnold 和 Boekholt（2003）指出了创新政策的制度协调包括 3 个层面：第一，政府与内阁的高政治层面，主要涉及政府管理机构的设置与制度性的变革；第二，部门层面，包括各个部门的职能分工、政策执行、日常决策等；第三，执行机构层面，主要指政策的具体实施层面，受制度的约束但也具有实施的自主性和自治性。Metcalfe（1994）根据协调性需要将政府的管理能力分为 5 个层次，分别是无协调性、负面协调、积极协调、政策整合和战略协调，而这几个层次也体现了行政部门之间从低层次协调到政策系统化的高层次协调。近年来，各国都加强了教育、科技、经济、产业等与创新相关的部门之间的协调与整合，对创新的管理协调已被提升到战略性联合的最高层次。具体来说，为了促进各部门在创新战略上达成一致并共同推进创新经济的发展，各国管理部门之间的联合治理措施主要包括以下 3 个方面。

第一，设立高层跨部门的决策委员会或协调委员会，促进各执行部门达成政治共识，形成一致性的战略发展目标，并围绕共同目标推进具体的政策行动。绝大多数国家的高层有科技委员会的决策咨询和管理协调制度，而且美国、日本、芬兰 3 个国家的科学技术（政策）委员会[①]具有平衡不同部门利益、协调部门管理和整合科技创新相关政策的实质性职责和权力。2006 年，法国也新组建了直接对总统负责的科学技术委员会；荷兰在内阁层面有科学技术和信息政策理事会，在部际协调层面有经济、知识和创新委员会；德国在内阁层面有教育、研究与技术评估委员会，部际协调层面有创新增长委员会，在科技创新决策咨询方面有科学委员会和联合科学会议；智利有负责政策咨询决策的国家创新竞争力委员会和负责政策执行协调的创新总理委员会（OECD，2008）。此外，即使有专门创新政策协调管理部门的丹麦和瑞典，也在近年成立了全球化委员会和研究政策委员会来负责相关政策的跨部门战略咨询与规划。

第二，进行机构调整，合并或重组相关职能部门，以改进政策的协调机制。丹麦、韩国和英国都在几次部委重组和职能扩大后，建立了涵盖广泛创新关联职责的超级创新部。丹麦分别在 1998 年和 2001 年将科技部的职责范围扩大到了研究、大学、创新、IT 和通信五大领域，2006 年又重组了内部机构，对部和执行机构的职能进行了明确划分，形成了现在主管创新的超级部——科技创新部。韩国在 1998 年将科技局改名为科技部，2004 年将科技部提升为副总理级部委，全面负责与科技相关政策的规划、协调、评估以及研发预算分配，加强宏观管理能力，而具体执行工作移交给其下新成立的科技创新办公室，2008 年又将科技部和教育与人力资源部合

① 美国是国家科学技术委员会，日本是科学技术政策会议，芬兰原来称科学技术政策委员会，2009 年 1 月 1 日后更名为研究创新委员会。

并，成立了教育科技部。2007 年英国将负责教育和科技的两大部门[①]合并，成立了创新、大学与技能部，2009 年又将创新、大学与技能部并入商务、创新与技能部，组建了新的商业、创新与技能部，更突出强调了围绕提升创新经济竞争力的政策整合。同时，西班牙在 2008 年将原来教育与科技部和产业、旅游与贸易部的部分职能合并，组建了科技与创新部。此外，芬兰[②]、澳大利亚、法国等国家也都在原有体制下对部门内或部门之间的职能进行了调整，旨在加强相关职能的整合与协调。

第三，由业务关联需求所产生的联合治理，包括通过执行局的协调、跨部门联合项目或行动以及联合规划等。比如，瑞典的创新系统管理局（VINNOVA）和芬兰的国家技术创新局（Tekes）承担资助应用导向型创新的任务，虽然它们都主要对产业管理部门[③]负责，但它们在任务执行上具有相对独立性，会根据任务的需要积极与其他相关部门合作与联合，通过联合资助、项目的共同制定与推动、多层次的对话等措施加强部门之间促进创新的联合治理。同时，为了实现国家战略目标，很多国家在内阁层面设立一些跨部门的项目、发起跨部门的联合规划，这种直接的业务关联也推动和促进了部门之间的政策协商和联合行动；而随着创新复杂性和关联性的加强，很多创新项目很难由一个部门独立完成，完成项目的需求和业务关联也会触发部门之间的自发联合。

此外，各种非正式的联系机制也有助于促进部门之间的联合治理。非正式联系或网络制度、人事流动、信息交流与沟通、各网络组织的联结（比如，协会、委员会等）以及政策协商和实质性联合行动中所建立的人

---

① 一是主管教育的教育与技能部（Department of Education and Skills，DES）和高等教育、继续教育与技能理事会（Higher Education，Further Education and Skills Directorates）；二是主管科技的贸易与产业部（Department of Trade and Industry，DTI）和科技创新理事会（Science and Innovation Directorates）。

② 2007 年 3 月，教育部将科学政策处和大学政策处合并为高等教育与科学处，解决了长期以来大学政策与科学政策的分割管理与职能重叠的问题；贸易产业部、劳动部及内务部的区域发展和公共管理司整合成立新的就业经济部后，其下属的技术司改为创新司，使技术创新及其市场化发展环境整体的相关职责被整合到一个部门。

③ 芬兰国家技术创新局隶属就业经济部，瑞典创新系统管理局隶属企业、能源与沟通部，而且它们的资金都来自各自所属部门的预算。

际关系等对改进部门之间创新的联合治理有着重要的作用。

14.3.2　区域层面的联合治理

区域层面的创新经济发展日益受到重视，如区域创新系统、区域创新环境、创新集群、高技术产业区以及科技园区等强调区域创新的理论和政策工具广泛涌现。区域创新的重要性在于任何国家创新战略、部门或技术创新系统的实现都必须落地于特定的区域，从而使国家和区域创新政策积极地协调和联合；而且随着全球经济一体化的深入发展，部分核心区域正成为主体经济发展和竞争力的典型代表。区域内创新基础设施、关联性产业、适应性支持政策的配置以及社会文化环境都会影响创新经济绩效及其溢出和扩散效应，因此区域创新经济的发展不仅需要相关政策在区域层面的协调与整合，而且需要加强区域内关联创新主体之间的有机互动，促进其与区域外的对接合作和互补协调发展。同时，在区域层面，由于区域边界与部门边界的共同存在，创新经济发展面临着被阻隔甚至阻断的风险，因而联合治理就显得尤为重要。根据区域联合治理的属性不同，又可以将其分为三种类型：与国家政策的纵向协调、区域创新系统的联合治理和跨区域的联合治理。

14.3.2.1　与国家政策的纵向协调

任何一个国家的创新战略都是通过整体统筹规划对创新基础设施和产业的战略性区域布局来实现的。而各个区域有发展区域经济的相对自主性，其自行发展所建立的区域创新与经济基础往往又成为国家布局选择的重要依据。由于国家级创新基础设施和战略基地能够形成的科技经济资源的凝聚机制，各区域都会积极投入建设，竞相争取国家的战略性资源配置和政策倾斜。但区域经济发展利益与国家战略目标并不完全一致，区域政府短视和狭隘地方主义利益的驱使会导致区域性国家创新载体的功能异化和目标偏离，而国家完全的纵向控制又会导致区域性国家创新载体无法有效嵌入和渗透区域经济并发挥应有的区域带动与跨区域联动效应，从而制约国家创新战略目标的实现。这使得国家与区域之间存在微妙的利益博弈关系，区域发展与国家战略的整合、区域政策与国家政策的协调也成为各个国家或地区所普遍面临的公共管理难题。

从各国的经验来看，国家通过在各个区域部署国家（或联邦）实验室、国家技术中心、卓越研究中心等国家直属创新载体来贯彻落实国家创新战略，并通过相关的政策计划（如美国的区域创新计划、欧盟的创新集群计划等）引导区域建设竞争力集群、创新集群、科技园区、创新产业基地等来服务于国家创新战略与目标。国家与区域的协调虽然形式上具有自上而下的行政等级关系，但即使在中央集权国家，这种纵向协调也日益从集权式管理向多层次、多主体和多中心的分散化联合治理转变（Marks and Hooghe, 2004）。国家管理部门更多的是在区域政府的广泛参与下来共同制定赋有国家使命的区域发展战略，主要战略目标和政策是与区域政府协商决定的，主要的国家创新载体是与区域政府联合共建的，从而使国家与区域之间的行政隶属关系更进一步向合作伙伴关系发展，国家与区域之间形成了紧密的利益共同体。

目前，很多国家的区域性国家创新载体主要是依靠区域政府投资建设并负责管理，但接受国家部委（或联邦政府）的资助和监管评价，如芬兰的专业技术集群和科技创新战略中心及我国的高新区①、国家产业基地、国家重点实验室等。近年来，我国“国家—区域”之间的创新治理模式也有了新的发展，在《国家中长期科学和技术发展规划纲要》的要求下启动了省部会商、省部共建和省部产学研合作等多样化的“国家—区域”联合治理机制，广东省、上海市等在内的20余个省（区、市）政府已经同科技部、教育部、农业农村部、工业和信息化部等部委建立起科技合作关系，合作共建的内容包括大学、重点实验室、创新基地、高新技术产业园区等（曾婧婧和钟书华，2009）。为了加强国家与区域的合作与协调发展，很多国家设立了专门的区域管理部门，如英国的区域发展署和芬兰就业经济部下设区域发展办公室等。一些国家还通过管理制度创新来改进国家与区域的联合治理。比如，芬兰建立了半官方的区域联盟，中央政府与区域

---

① 目前，我国大部分国家高新区是以“省市共管，以市为主，科技部门归口管理”的原则进行管理。

联盟通过协商达成一致性的方式促进中央与地方之间的协调，每年会签署经济发展的总体框架协定。

14.3.2.2 区域创新系统的联合治理

区域是众多创新主体汇集、各功能体系集成和相关政策整合的场所，区域创新系统的竞争力主要取决于区域凝合多元主体和多功能体系的管理与组织协调能力。而产生区域社会凝聚力的一种方式是将人们集合起来共同确定公共利益、创造联合计划，确定有利于区域内众多组织和居民的战略（Kanter, 1995）。因而，区域创新经济发展及其战略管理更是体现了联合治理与协作发展的特点。Henton 等（2000）提出了区域治理模型（Regional Stewardship Model），认为区域管理者更像是全能“管家”，应当具有领导型企业家、组织整合者、边界跨越者和联合建设者的多重角色①和多方参与性。而且为了促进创新和学习，政府的角色也需要从直接干预向助推者、中介人（或经纪人）、对话平台以及社会资本建设者转变（Neauwelaers and Morgan, 1999）。Bryson、Crosby 和 Stone（2006）也认为联合治理的政府体现了联合发起人（Sponsors）、联合执行者和拥护者（Champions）、边界跨越者（Cross - Spanner）以及联合促进者（Facilitators）等多重角色。可以看出，区域创新经济的管理不再是以政府为权力中心，而是以政府为网络中心的多主体参与式治理，政策的形成、制定和执行是区域利益相关者深入讨论、广泛沟通和一致承诺的结果。

科技园区是一种典型的为促进创新经济发展而构建的区域管理组织。从世界科技园区的发展实践来看，权力分散和联合共治日益成为其管理结构调整的主要方向。相当一部分的高科技园区是通过协会或基金会来实现

① 领导型企业家具有企业家创新精神和社区创导精神，是区域变革的“催化剂”，能够发现新的机会，不断为区域发展创造新的活力因子，他们可能来自私人部门、公共部门或非营利组织，但他们的共同特点是具有企业家精神的领导者；组织整合者具有整体性的视角，能够发现区域内连接与合作的需要，帮助不同的利益者实现有效的沟通，为区域发展树立共同的目标和愿景以及提供整体性的规划方案；边界跨业者能够超越传统的治理边界限制，为社区发展提供跨区域、跨组织、跨种族以及跨其他边界的解决方案。他们可能是在不同行政区域、不同组织以及不同网络之间工作的机构或者专业联盟；联合建设者能够构建起联合共建的机制，联合区域内的领导者、利益相关集团、政策专家以及社区居民各方力量共同推进区域变革，实现共同的区域发展目标。

区域管理，即由政府、企业、银行、大学和其他机构分担义务，共同承担管理职能的一种综合性管理体制。比如，美国北卡罗来纳三角研究园由三角研究基金会管理、日本熊本技术城由日本熊本高技术密集区技术开发基金会管理、法国法兰西岛科学城由科学城协会管理。完全由政府主导兴建的日本筑波科学城也涌现了大量的民间治理机构，非政府组织在 1991 年就达到 100 家。英国剑桥、曼彻斯特等大学科技园也逐步由大学主导转变为大学、企业、政府、非政府组织以及社区一体化的运作模式，而且大学的学院自治制度与文化也进一步促进了社区内各种正式与非正式的创新治理。法国索菲亚科技园的发展最初是由索菲亚—安提波利斯协会筹建，经历了政府支持下的协会与地区工商联合会共同管理之后，最终也走向了城区与科技园区统一管理以及多元主体参与联合的方向。而全球新经济的发源地硅谷从创立开始就没有专门的政府管理机构，区域管理完全是由自发的、非正式网络组织联合风险投资硅谷网络（Joint Venture - Silicon Valley Network）来实现，通过组织企业、政府、学术、劳工和更广泛的社区来共同研究区域发展战略和创新发展机制。我国的国家高新区虽然一直采取政府主导的管理模式，但国家创建高新区的目的是通过集成整合相关部门力量建立一种促进高新技术产业发展的管理体制，而且近年来我国高新区的管理也日益显现多部门协作、公私部门合作以及创新主体政策参与的特点。

14. 3. 2. 3　跨区域的联合治理

区域创新系统根植于区域，但却绝不是封闭于区域内，而是与区域外具有广泛知识、技术、产业、价值、资本等关联的开放性创新区域，而且开放创新机制和多维创新网络是区域创新系统保持创新活力的关键因素。然而，行政区域的分割会极大程度制约整体创新经济的发展，具体表现在以下几个方面：一是阻碍创新要素的跨区域流动和创新资源跨区域的整合利用；二是抑制创新成果的跨区域辐射和扩散；三是区域之间的恶性竞争会导致各区域的雷同发展和重复建设，造成资源的巨大浪费；四是区域的、封闭的发展会削弱创新活力，使区域发展逐渐走向“内卷化”收敛的路径。因而，区域创新经济的发展既需要肃清阻断业务关联的区域边界障碍，也需要区域政府承担网络连接者的角色，积极建立多层次的跨区域战略合作平台，为区域发展开拓广阔的创新空间。而且跨区域联合治理对促进创新经济的整体发展具有积极的作用。Gilles 等（2004）的研究显示，Ottawa 和 Gatineau 两个城市之间的联合治理成了两地区高技术产业竞争力的重要制度基础。很多国家相当重视跨区域联合治理，通过建立跨区域的协调机构来促进联合与协作，如美国的都会区域府际合作处、日本的广域行政、芬兰的区域中心及我国的滨海新区管理委员会等。芬兰在执行各区域项目（比如，专业技术集群）时建立了各个层次协调机制，包括国家层面的各部委、专家与区域管理部门共同构成的委员会及秘书处、项目执行层面的协调论坛和各产业领域内的联盟与协调人制度。

当前，我国国家高新区的发展有着强烈的跨区域联合治理需求。首先，吸引国家和国际创新载体的进驻、与各区域组织合作共建以及搭建广阔国内外网络渠道等是各高新区的重要任务。其次，由于不同历史阶段的扩区发展，我国大部分国家高新区呈现“一区多园”的格局，即高新区各园区分散在不同的行政区域，这造成了高新区统一管理的困难。各园区一般又由行政区自行投资建设并配置政策资源，行政区成为各园区的“衣食父母”，高新区管委会难以对其行使有效的功能管理，使得很多园区成为行政区追逐地区生产总值增长和政治绩效的工具而日益偏离创新发展的目标；而且行政区之间的利益竞争严重影响了高新区各园区的协同创新。广州高新区和无锡高新区通过调整行政区划并将行政区与多重功能区的合并来解决高新区跨区域治理的问题，但是这种方式只有在园区分布相对集中、行政区高度重视高新区发展、行政职能与功能性职能有效分工的条件下才能够实现。而大多数高新区只有通过积极的“联合治理”才有可能实现各园区的协同创新发展。最后，我国珠三角、长三角、环渤海等区域的行政分割非常严重，亟须建立跨区域的联合创新发展机制以提升大区域的整体竞争力。

14.3.3　微观创新活动的联合治理

技术创新的复杂性及其产业化流程的细化分工，使得创新经济的发展超越了组织、行业和区域的边界，形成了大学、科研院所、企业、政府、金融机构、中介组织、非政府组织等之间的合作网络关系。合作形式不仅包括正式的战略联盟、合同契约和价值链联系，还包括非正式的交流、沟通和接触等。这种合作关联使各创新主体之间结成了相互依赖的创新共同体，具有协同创新的功能，并能够提高企业的创新绩效和整个经济体系的创新能力。新的网络创新组织机制相应地产生了网络治理的需求。网络治理是指基于正式或非正式合约安排的以企业为核心的参与主体（包括非营利组织）之间的有机协调机制（Jones，1997）。网络治理的诞生并不意味着公共行政组织变得不重要了，相反，更需要政府以网络结构为基础实施联合治理，在决策制度、规范建立以及服务领域发挥重要的作用（Agranoff，2005）。同时，创新“三螺旋”理论（Etzkowitz and Leydesdorff, 2000）认为，三元主体之间形成了相互混合、互为你我的混成组织结构。在这种结构下，政府已不再仅是“旁观”的监管者，而成为创新活动的积极参与者和推动者及创新网络的搭建者和媒介。因此，微观创新活动层面联合治理的目标是促进创新主体的连接互动、提升创新能力和改善创新经济绩效，主要的机制和措施表现在以下 3 个方面。

第一，发起或建设各类网络连接组织，加强创新主体之间的联系与互动。比如，创建技术交易市场、技术转移中心、孵化器、育成中心、创新创业服务中心以及协会、联谊会、合作对接会等网络组织或平台，包括政府直接创办和间接购买创新服务。

第二，实施促进创新合作和加强网络凝合力的政策项目，包括直接的项目资助和以激励合作为导向的市场引导。比如，英国的 LINK 计划和知识转移伙伴计划、美国的合作研发中心和创新合作伙伴计划、荷兰的创新券和创新绩效合约、丹麦和瑞典的用户驱动创新计划、日本的超大规模集成电路联盟和先端医疗开发特区计划以及我国的产学研合作促进政策和风险投资引导政策等。

第三，规范网络组织的运行管理机制（包括进入条件、参与者的权利与义务、内部治理结构、决策程序，以及网络资源的使用、维护等），加强非正规制度与文化建设（如信任、关系等），强化合作承诺和合作契约的约束力。并且在积极关心创新主体的政策需求和及时有效解决或回应创新主体提出的问题的基础上，整体营造鼓励创新者参与和适应于创新网络发展的区域制度与文化环境。

14.4 结论与启示

我国正处于建设创新型国家和推动经济向创新驱动型转型的关键阶段，在大力推进创新系统的建设、知识型产业的发展的同时，还必须加紧探索建立与创新经济相适应的新型社会管理制度——联合治理，使经济模式的转变与制度转型实现相互促进的协同演进。联合治理与创新经济具有兼容性，在创新经济的混合型和网络化组织结构下，联合治理刚好能够在明确责任与边界的同时模糊其边界，从而为创新发展带来巨大的灵活性和广阔的创新空间。联合治理通过多部门的有机协调与政策整合、利益相关者的战略协商与政策参与、国家与区域的战略合作等使创新成为不同参与者的共同利益和目标，解决了创新经济所存在的“系统失灵”问题，以有效的集成整合保障了整体创新战略目标的实现；通过全方位的公私部门合作、跨区域的联合与协作、创新网络的关联治理等弹性化的联结，建立了一种能够快速响应变化并积极创造新变化的自适应和自调整的制度体系，使创新经济真正成为具有动态竞争力的内生驱动经济体系。

而联合治理的有效实施需要相互依赖和制衡的组织机制以及一系列的制度保障。Stoker（2006）曾指出，治理明确肯定涉及集体行为的各个社会公共机构之间存在的权力依赖。也就是说，致力集体行动的各个组织为实现共同目标，必须交换资源；而且交换的结果不仅取决于各参与者的资源，也取决于游戏规则的制定以及进行交换的环境。因此，为了有效建立起助推创新经济发展的联合治理机制，首先，需要建立利益相关者会商和联合决策的正式制度，特别是在高层要对各参与主体施加有约束力的职责和任务，使合作承诺具有实质性内容；其次，要积极推进多部门的联合项目、联合规划、联合预算及对联合行动的评估等，强化部门之间的利益与责任关联；最后，要加强正式与非正式的沟通联系，培育有组织和协调能力的领导者，增强社会凝聚力。

执笔：程郁

第15章

创新系统的治理与协调机制

——芬兰的经验与启示

15.1 引言

自20世纪90年代“创新系统”理论提出以来，世界各国开始围绕创新要素系统化配置和创新政策体系化支撑来构建各自的国家创新系统。但近年来OECD的跟踪监测显示，绝大多数国家在完成创新系统的体系化配置之后并没能有效发挥系统性功能，而存在创新政策之间分割与分立、各部门之间目标和利益冲突等问题，从而产生了“系统失灵”的问题。如何引导创新系统主体之间的有机契合和推动创新政策之间的有效整合成为新时期创新系统建设的重要问题。芬兰作为最早采用“创新系统”理论的国家之一，在广泛借鉴和学习各国经验过程中，逐步建立和完善了自己的创新系统治理与协调机制，并被OECD认为是在创新政策协调方面卓有成效的国家之一。本章将介绍芬兰在创新系统治理和创新政策协调方面的经验，为我国创新型国家建设推进过程中相关部门的协调与政策整合提供建议和制度建设参考。

15.2 芬兰创新系统的治理体系

芬兰在二战以前是一个高度依赖于林业经济且工业基础非常薄弱的国家，但随着20世纪70年代后对科技创新的高度重视，并在20世纪90年代将“创新系统”理论引入国家战略，芬兰快速转变成为全球最具有创新竞争力的国家之一。

据芬兰统计局公布的最新数据，芬兰 2008 年研发投入达 69 亿欧元，占 GDP 的 3.72%，研发投入强度仅次于瑞典和以色列，位居全球第三。2008 年世界经济论坛发布的《全球竞争力报告 2008—2009》显示，芬兰的经济竞争力在全球 134 个经济体中排名第六，在高等教育与培训、创新两个指标上分别位居全球第一和第二。在 2008 年欧盟创新记分牌中，芬兰继续保持创新领先国家的位势，总体排名位居第二，并在人力资本和企业投资两个指标上位居第一。根据 2008 年 OECD 的创新评价，芬兰在研发投入强度、企业研发投入、从业人员中研究者比重、联合创新、科技论文数等多项创新指标上都位居前列。世界经济论坛《2017—2018 年全球竞争力报告》中，芬兰被评为世界上科技竞争力最强的国家，最新科技产品在市民的生活中普及率为世界最高。

同时，根据全球创新指数和欧盟创新记分牌，芬兰长期在竞争力和创新方面表现良好，可以看成持续型的创新驱动经济体。作为一个创新资源并不丰裕的小国家，芬兰在不到 30 年的时间内实现了由传统农林经济向现代创新驱动型经济的转型，主要依靠国家层面整体性战略的推动和资源的集合化配置。而这样一种国家高度的整体性创新战略是以成熟完善的制度化政策治理体系为保障的（见图 15 - 1），以各部门协同性的政策行动和资源的有效整合确保了国家创新战略目标的实现。该政策治理体系是从 20 世纪 60 年代和 70 年代的高等教育和科学政策管理体制中演化发展而来，在新的发展需求下逐步延伸和扩展到技术政策和创新政策的决策、协调和执行等方面，但整体上一直保持着稳定性和延续性。

议会和内阁是芬兰科技创新政策的最高决策层，研究创新委员会（原来的科学技术政策委员会）[①] 作为政府内阁的顾问实体机构，在科技和创新战略与政策的制定过程中发挥着核心作用。而议会的作用则相对弱化，根据 Kuitunen 和 Lähteenmäki - Smith（2006）的解释，议会不积极参与相关政策制定的讨论是为了避免在缺乏专家的支持下把问题上升为政治性议

① 2009 年 1 月 1 日，科学技术政策委员会又更名为现今的研究创新委员会，使委员会的职责进一步扩展到更广阔的创新政策领域。

题，从而使政策制定具有去政治化和专家导向的特点。各部门的政策决策者也是通过研究创新委员会来共同协商战略与政策问题，研究创新委员会是由总理领衔主持，高位的权力架构强有力地促进了各个部门政策协同与整合。最后，由研究创新委员会确定的战略和政策将提交内阁的经济政策委员会审议和发布。

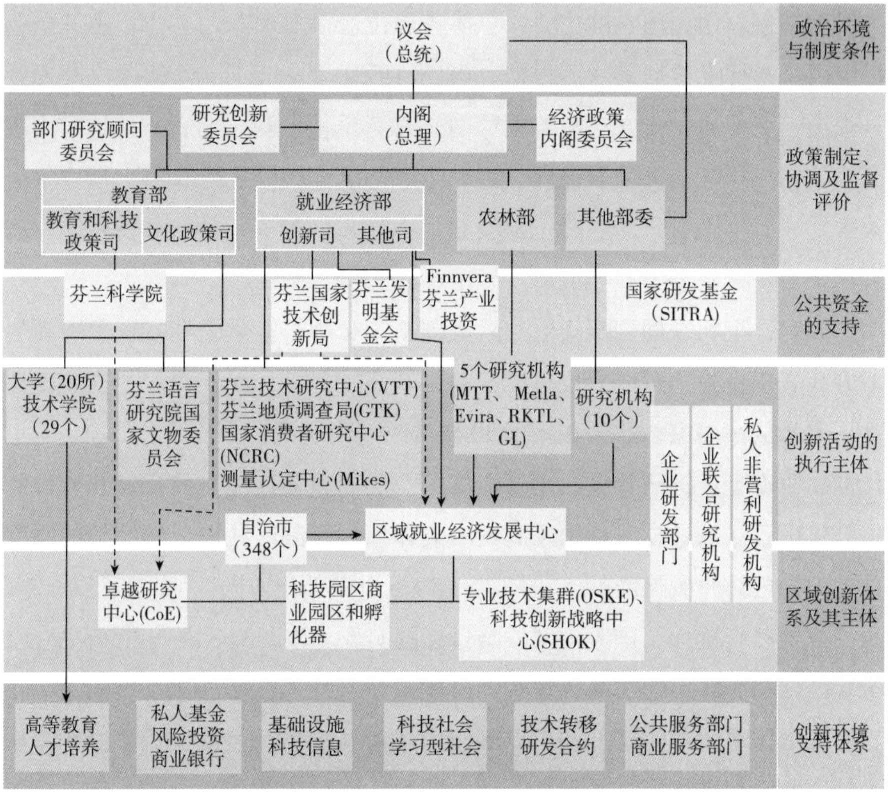

图 15－1　芬兰国家创新系统的治理结构

资料来源：笔者基于 Pelkonen 等（2008）、Viljamaa 等（2009）、Hyytinen 等（2009）的文献综合整理。

在部委层面，承担创新政策制定与执行最主要的两个部委是教育部和就业经济部①。教育部主要负责高等教育和基础研发，就业经济部主要负

① 芬兰就业经济部成立于 2008 年 1 月 1 日，由原贸易工业部（Ministry of Trade and Industry）、劳动部（Ministry of Labour，除负责移民事务的部门外）及内政部（Ministry of the Interior）的地区发展与公共管理司（除负责地区管理的部门外）组成。

责技术创新与产业发展。这两大部委执行和分配的资金超过了总公共研究经费的 80%（见表 15－1）。其他所有的部委依托下属研究机构承担相应的部门研究职责。2007 年，政府任命了部门研究顾问委员会，负责发展跨部门的研究，并总体协调、管理和监督国家部门研究（Science and Technology Policy Council，2008）。近年来，随着创新共同利益的日益提升以及狭义的科技政策向范围更广、内涵更丰富的创新政策转变，跨部门的合作成为科技创新最主要的政策议题。以研究创新委员会为平台，各部门之间（特别是教育部和就业经济部）联合与协作显著加强。另外，需要强调的是，财政部具有贯穿整体经济政策各部门的特殊地位，通过预算程序和决策对各部门的政策也有着重要的影响作用（Pelkonen，Teräväinen and Waltari，2008）。

公共研究资金的分配与执行机构主要是芬兰科学院、芬兰国家技术创新局（Tekes）和芬兰国家研发基金（Sitra）。芬兰科学院隶属芬兰教育部，从教育部获得国家预算经费，主要向大学和研究院所提供竞争性的基础研究经费；芬兰国家技术创新局隶属就业经济部，是芬兰最大的公共研究资助机构，主要资助会产生新的技术并在技术和商业上具有高风险的项目，2/3 的资金投向企业研发项目，1/3 投向大学和公共研究机构。根据 2009 年的预算，这两个机构获得的预算资金已经超过了政府总研发预算的 46%（见表 15－1）。芬兰国家研发基金是直属议会的独立运作基金[①]，主要是向创业阶段企业进行风险投资，同时在一定程度上发挥“战略智囊”的作用。此外，就业经济部下属的国家出口信用担保公司（Finnvera）和芬兰产业投资公司，是国有的投融资服务企业，能够通过市场化运作的方式为国家重点发展的方向和产业领域提供资金支持。

① 早期资金是由芬兰议会通过法案由中央政府安排预算，后期的运作资金来源于捐赠收入和风险投资所带来的回报。

表 15-1 2009 年芬兰政府研发预算结构

名称	研发资金（百万欧元）	研发资金比重（%）	较2008年的名义增长率（%）	较2008年的实际增长率（%）
主要部委				
教育部	837.3	44.1	7.6	3.8
就业经济部	723.5	38.1	7.4	3.7
社会事务与健康部	121.1	6.4	-0.5	-3.9
农林部	101.7	5.4	5.9	2.3
受资助的机构				
大学	490.0	25.8	8.4	4.6
大学医学中心	40.0	2.1	-17.9	-20.8
芬兰科学院	309.0	16.3	4.2	0.6
芬兰国家技术创新局	574.9	30.3	9.2	5.4
政府研究机构	299.0	15.7	6.2	2.5
其他机构	186.7	9.8	-3.0	-6.4
总计	1899.6	—	5.7	2.0

资料来源：Government R&D; Funding in the State Budget 2009, Statistics Finland。

芬兰的研究和创新主体包括高等教育体系、公共研究体系和企业研究体系。芬兰的高等教育系统由 20 所大学和 29 所技术学院组成，教育系统的研发支出基本保持在全国研发支出的 19% 左右（见表 15-2）。大学是芬兰最重要的基础研究主体和教育系统内最重要的创新主体，其获得的研发经费占到了总政府研发预算的 25.8%（见表 15-1），研发支出占到了高等教育研发经费的 82.5%。目前，所有的大学都是国有的，但 2009 年 8 月出台的大学法案（University Act）将推动大学向独立法人改革，这意味着将提升大学的自治水平（Viljamaa, Lehenkari and Lemola, 2009）。技术学院更加以应用为导向，主要是培养职业专家和专业岗位工作人员。大部分的技术学院是多学科的区域性机构，非常重视与企业和产业的联系，对促进地区产业的发展有着非常重要的作用。公共研究体系主要是由各部委下属的研究机构组成，为部门决策提供必要的信息和研究支撑。2009 年，在 3 家公共研究机构合并重组后，芬兰还有 19 家公共研究机构分别在 8 个不同的管理部门下运作，其中芬兰国家技术研究中心（VTT）是最重要的公共技术研究机构①。VTT 隶属就业经济部，一方面从政府部门获得固定资助，约占其收入总额的 30%；另一方面从公共和私营部门的合同研发与服务中获得经营性收入，约占其收入总额的 70%。企业是芬兰最重要的创新主体，企业研发支出已经超过了全国研发支出的 70%（见表 15－2）。而且企业的研发又以几家典型的大型企业为主，2006 年 30 家最大企业的研发支出占到了芬兰研发支出总额的 61%，其中，诺基亚每年的研发支出就占到了所有企业研发支出的近 50%（Pajarinen and YIä－Anttila，2008）。研究者认为，企业的研发投入对芬兰的创新活动具有非常重要的意义。如果没有大型企业根据行业间竞争性关系的研发投入，来自公共部门（Tekes、VTT 或高等院校）的研发投入即便有政府的扶持，也将不能实现协同效应（Cooke，2003）。

表 15－2　2000—2008 年芬兰研发支出的情况

分类	2000 年	2001 年	2002 年	2003 年	2004 年	2005 年	2006 年	2007 年	2008 年[1]
实际研发支出（百万欧元）									
企业	3136	3284	3375	3528	3684	3877	4108	4513	4661
公共部门[2]	497	501	530	515	530	555	574	565	560
大学[3]	789	834	926	962	1040	1042	1079	1165	1225
总计	4423	4619	4830	5005	5253	5474	5761	6243	6446
占 GDP 比（%）	3.3	3.3	3.4	3.4	3.4	3.5	3.5*	3.5*	3.4*
占总研发支出的比重（%）									
企业	70.9	71.1	69.9	70.5	70.1	70.8	71.3	72.3	72.3
公共部门[2]	11.2	10.8	11.0	10.3	10.1	10.1	10.0	9.0	8.7
大学[3]	17.8	18.1	19.2	19.2	19.8	19.0	18.7	18.7	19.0
总计	100	100	100	100	100	100	100	100	100

注：1. 基于调查回应的估算值；2. 包括私营的非营利部门；3. 包括大学医学院和技术学院；* 表示初步数据；总计是按四舍五入后的数。

资料来源：Statistics Finland，Science and technology statistics，2009。

① VTT 目前是芬兰乃至北欧地区最大的综合性应用技术研究机构，其客户数量达到 6200 家，其中，包括 3400 家国内企业、590 家国外企业和 370 家国内外的公共机构。

15.3 芬兰创新系统的治理与协调机制

15.3.1 超部门协调：研究创新委员会

研究创新委员会被认为是平衡不同部门政策利益、协调科技政策与其他相关政策领域的权力实体（Edler, Kuhlmann and Smits, 2003）。它的重要性在于建立高层科技政策决策的讨论平台，由此促进各执行部门达成政治共识，形成一致性的战略发展目标，并围绕共同目标推进具体的政策行动。研究创新委员会主要是通过建立共同愿景和制定政策指南来保证各部门政策行动的一致性。比如，20 世纪 90 年代，委员会将“国家创新系统”确立为科技政策的重要战略指导理论，此后又突出强调了创新环境、社会创新、知识经济、知识型社会以及创新的系统方法等，这些战略概念是各部门政策制定与执行的重要基础。而当部门之间发生矛盾和冲突时，研究创新委员会还承担仲裁的责任，以高位势的政治压力促进一致性的实现（Pelkonen, Teräväinen and Waltari, 2008）。因此，研究创新委员会一方面通过组织多部委和不同利益相关集团代表参与协商和会谈，促进部门之间的横向协调；另一方面执行层和利益相关者可以通过委员会向决策层反映意见，而委员会将从国家整体战略需求出发制定总体的战略规划与愿景，并在总理的权威保障下，将自下而上的多样化意见和信息转变为自上而下的一致性政策，体现明显的纵向协调特征。

从实践经验来看，芬兰的研究创新委员会在解决教育部和就业经济部两大创新政策主管部门的分歧和不信任、推动两大部门的战略联合和共同努力以及促进科学教育政策与经济技术政策的协调方面发挥着积极的作用。同时，它建立了一个核心主管部门和相关利益集团首要领导人会晤与交流的渠道，帮助建立和巩固这些主要决策者的非正式个人关系，这又为部门之间在执行层面的合作奠定了社会基础。

近年来，为了改进横向协调，委员会建立了非正式联系人网络制度，该网络包括所有负责研发相关活动的部委和经济委员会秘书处的公务员。这一网络被认为是整合部门研发和促进战略性研究的重要平台，而且认为公务员们可以通过该网络为国家政策的形成作出实质性的贡献。但在实际运行中，由于大部分部委并没有很重视该网络会议，它仅发挥了信息交换的作用，而政策形成和协调的作用非常小，对委员会战略的影响也非常小。

15.3.2　部门之间的横向协调

15.3.2.1　部委之间的协调

委员会的职能和地位使其在科学、教育与技术政策的协调方面有着重要的作用，但在政策执行和推进过程中的实质性协调还很大程度上依赖于教育部和就业经济部两大部门的联合与协作。根据 Pelkonen、Teräväinen 和 Waltari（2008）的调查研究，两个部门近年来的合作已经有了明显的改善，正从避免分歧的消极合作走向制定共同政策和形成一致观点的积极合作。

强化两个部门联合最主要的推动因素是近年来政府实施的一系列跨部门政策项目。2003—2007 年万哈宁政府改变了内阁项目的执行方式，在就业、创业、信息社会和民主参与 4 个领域分别建立了跨部门的政策项目。在政府特别部门的监管下还有一系列的其他跨部门政策项目，其中包括研究、技术和创新政策。比如，科技创新战略中心和国家研究基础设施政策项目都是由教育部和就业经济部联合实施的。这些跨部门项目的目标、措施、可行性研究及执行方案都由相关部门联合制定，并由联合组建的指导小组监督和评价该战略的实施绩效，实施的过程需要部门之间的紧密联合与合作。同时，政府要求对所实施的项目进行监控和跟踪评价，由教育部和就业经济部联合开展创新系统评价报告，报告的核心内容将体现在每年政府的战略文件中（Science and Technology Policy Council，2008）。Pelkonen、Teräväinen 和 Waltari（2008）指出，教育部和就业经济部在准备战略文件的过程中形成了紧密的合作关系，促进了核心政策领域共识的达成和执行的协调。

以跨部门项目为基础的合作促进了两部门战略共识的形成，并加强了两个部门在战略层面的共同设计和联合推动。为了促进大学创新及其成果转化，教育部和原贸易产业部（后来并入就业经济部）联合成立的大学发明工作委员会（University Inventions Working Committee），围绕改善大学和技术学院创新成果的商业化法治环境问题联合制定了大学改革及其发明法案[1]。教育部和就业经济部还就高等教育的创业培训、激励创业选择等问题联合向政府提出意见。2007 年政府开始准备国家创造力战略（National Creativity Strategy）[2]，并将该战略定位为加强培养所有部门和社会领域的创造力。围绕此战略的制定，教育部为创造力、知识和创新（Creativity, Knowledge and Innovativeness）提出了新的政策项目；就业经济部为创意产业的创业制订了 2015 年发展规划，并确定了 3 个政策项目。2008 年 6 月，最终形成了“国家创新战略建议”，其所提出的绝大部分战略行动需要由教育部和就业经济部来联合推动执行（Ministry of Empolyment and Economy, 2008）。

在正式的会谈、协商、合作项目和战略的制定过程中，两部门负责相关事务的公务员之间建立了比较紧密和默契的个人关系，这成为两大部门协调与合作的重要社会性基础。个人关系和非正式的接触是芬兰政策协调的重要因素。一般情况下，部门之间的合作并没有正式的联合工作组，大部分的协调活动是通过非正式方式实现的。一些大的项目和专业性项目会建立专门的跨部门工作小组，但这种正式的部际联合工作方式的效率及其协调效果也很大程度上依赖参与成员之间的个人关系和核心官员的组织与协调能力。

除了教育部与就业经济部外，芬兰各个部委之间的合作近年来也显著加强。相当一部分创新战略行动涉及财政部、内务部、环境部、农林部、社会事务与健康部、交通部、司法部等多个部委。多部委创新合作与政策协调最重要的机制是部门研究系统，部门研究顾问委员会促进了相关部门研究活动的整合与协调。此外，与创新相关的社会福利政策（如健康、环境等）以及内涵广泛的社会创新，也推动了积极的跨部门横向协作政策的发展。

---

① 大学发明产权法［Act on Ownership of University Inventions（369/2006）］已经于 2007 年颁布生效，而大学方案（University Act）也在 2009 年 8 月出台。

② 该战略的制定是由原贸易产业部任命指导小组来负责起草，指导小组由 Sitra 总裁 Esko Aho 担任组长，成员包括来自大学、企业、协会组织、各个相关部委及执行局的专家。

15.3.2.2　执行局之间的协调

在芬兰创新系统中，执行局有比较大的政策执行权力，因此这个层面的合作和政策协调是很关键的。研究创新委员会与各部委的政策协调主要是保持思想、发展导向和政策文件上的一致性，但最终政策落实的效果以及执行的协同性方面则主要依赖于执行局层面的共同努力和携手合作。

Gibbons、Dowling 和 Mirdal 等（2004）曾指出芬兰科学院和 Tekes 在资助决策上应该有更加战略性的考虑，应将自己的目标整合到更广泛的社会经济发展之中。20 世纪 90 年代，芬兰科学院院长和 Tekes 的局长之间几乎没有联系，这制约了科学与技术政策的总体管理。从 20 世纪 90 年代后期开始，随着领导人的更换，两个机构的关系向更加合作性方向转变，加强了信息交流和相互咨询。而且长期以来，两个机构在公共研发预算资金上的失衡①也制约了其合作，直到 2000 年后随着科学院研发预算资金的大幅度上涨②，两个机构实质性的合作才广泛展开。同时，政府的政策评估报告反复要求在政策执行和研究资助上加强各执行局间的合作，并强调了芬兰科学院与其他研究资助机构（特别是 Tekes）深度合作的重要性（Ministry of Education，2005；Council of State，2005）。自从芬兰科学院因为被认为忽视了科学和社会的关系而受到了批评后（Council of State，2005），它发起了一系列研究计划，促进国际化和更积极地参与科学政策的制定。这些政策行动帮助芬兰科学院建立了更广泛的研究政策和横向贯穿创新系统的机制，为进一步的战略共识形成奠定了基础。今天的 Tekes 也日益重视横向性创新政策和社会政策，并积极将社会创新的概念整合到当前的政府项目中，从而为与其他机构的联合建立了开放的接入点。

目前，芬兰最主要的研发与创新政策项目几乎都是由芬兰科学院和 Tekes 联合资助的。由就业经济部发起的专业技术集群（OSKE）和科技创新战略中心（SHOK），最主要是接受 Tekes 和其他合作主体的资助，但芬

① Tekes 获得的公共研发预算占到了全国总额的 1/3，而芬兰科学院 1996 年所获得的公共研发预算才占到全国的 9%。

② 截至 2008 年，芬兰科学院获得的公共研发预算占全国公共研发预算的比例达到了 16.3%。

兰科学院也积极资助参与上述项目的大学和研究机构以帮助项目加强科学基础和改善研发运行环境。卓越研究中心（Centres of Excellence for Research）是由芬兰科学院主要资助和管理的，但 Tekes 也是重要的资助者，且 Tekes 的参与促进了高端科学研究与技术和产业的联系；芬兰科学院还积极促进卓越研究中心与 Tekes 的新技术竞争力中心（New Technology Competence Centres）的整合。2005—2006 年，芬兰科学院和 Tekes 共同推动了 FinnSight 2015 技术预见项目，双方紧密合作并共同资助几个联合研究项目；自 2006 年起，芬兰科学院和 Tekes 还联合资助芬兰杰出教授项目（FiDiPro），以吸引世界顶尖研究者来芬兰工作（Viljamaa，Lehenkari and Lemola，2009）。

Sitra 是执行层面创新合作的积极推动者，其独立于国家行政体系的特殊体制有利于芬兰创新系统的整体建设和协同发展。Sitra 和 Tekes 之间的合作关系可以说是非常积极的。它们一起组织研讨会，联合开展项目，并共同参与国际项目（Pelkonen，Teräväinen and Waltari，2008），最近它们还联合推进社会和健康服务创新项目。Sitra 的主任 Esko Aho（2005）指出了 Sitra 的目标是与各类资助机构合作，如像芬兰产业投资公司和 Finnvera 一样的国有投资（融资）公司；并认为发展资助手段、避免重叠、吸引外国顶级专家、通过沟通增进学科间研究是所有资助机构的共同目标。但到目前为止，大规模的跨组织合作还没有出现。

研究创新委员会的政策评论明确指出，芬兰科学院、Tekes 和其他的资助机构应与 Sitra 一起为改善研发和创新投融资的环境，积极合作和完善资助机制，建立起更强大的创新资助体系（Science and Technology Council，2006）。在推动创新系统的国际化方面，3 个资助机构的合作正日益加强。目前，芬兰科学院、Tekes、Sitra 和其他主体正积极联合提供国际化的研发与创新服务，以合作协议为基础强化了与日本、中国、俄罗斯、美国和印度的创新互动，并共同资助了芬兰创新中心（Finland's Innovation Centres）在海外的运作（Science and Technology Policy Council，2008）。

15.3.3 部委与执行机构之间的纵向协调

在新公共管理理论的影响下，芬兰财政部建立了绩效管理模型，用于指导对公共部门的绩效预算管理。教育部也引入了生产率、效率和效力等理念，将教育、科学规划与类似于商业的管理技巧相结合，通过绩效协议、量化绩效标准、生产率指标和质量控制方法加强了教育部对大学的管理（Patomäki, 2007）。教育部基于对大学教学、研究及其社会融合度的评价，确定大学基础性经费规模。2008 年，大学共从教育部获得 4.5 亿欧元，占到了教育部研发经费的 58%；这部分基础性经费占大学总研发支出的 37%。其他各部委也都对其下属研究机构采取类似的纵向协调机制。

绩效管理虽然有利于加强主管部门对执行机构的监督和管理，促进纵向协调，但却强化了主管部门对执行机构的行政权力，降低了执行机构的独立性和自主性。特别是那些强烈依赖主管部门预算资金的执行机构，完全成了主管部门的服务支撑机构，其活动具有行政指令和内部封闭的特征①。但在采用绩效管理的同时，Tekes 却在政策决策与执行上享有很大的自主性。就业经济部对其几乎没有细节性的量化指标，而是更注重对话与交流，因而使得协调更主要以灵活机制和问题导向的方式进行。在技术政策方面，就业经济部的指导主要在战略层面上，而不会在细节上进行管制。Tekes 可以在技术政策工具、技术领域以及申请资助等问题上自主决策，能够参与技术政策规划，并可以通过技术项目的决策影响相关政策部门和整体战略的实施效果（Pelkonen, Teräväinen and Waltari, 2008）。这种既规范又弹性化的混合协调机制有效保证了主管部门与执行机构之间自上而下的政策贯彻落实和自下而上的政策反馈调整。

15.4　政策协调的影响因素

OECD/MONIT 项目的研究报告认为，芬兰在创新系统管理和政策协调方面的表现是非常优秀的，使整体政策能够比较一致和系统地推动知识经济的发展。近年来，很多国家也在学习和借鉴芬兰研究创新委员会的政策协调模式。然而，芬兰模式是在内外社会经济条件及其变化的影响下长期

① 比如，农林部的下属研究机构公共预算资金占到了其总研发经费的 80% 左右，因而其研究活动主要局限于部门内。

渐进演化发展而形成的，具有其自身的社会经济制度基础。具体来说，主要有以下几种力量和因素促进了管理上的部门协调和政策制定与执行的内在一致性。

第一，各部门对创新促进经济发展和增进社会福利的思想共识。20世纪60年代，芬兰在意识到自己与主要发达国家存在巨大的经济和技术差距后，加强研发投入、推动科技发展就成为芬兰整个社会经济发展政策的核心主题，这使科技政策从诞生之时就原发性地与经济增长政策和社会政策紧密联系起来。在相关的科技战略文件中总可以看到以科技带动经济增长、促进产业创新和转型以及社会福利发展的政策逻辑。特别是科技战略的主要领域都是与社会福利相关的，作为福利国家，这样的政治目标较容易获得各部门一致性的认可和支持。

第二，社会法团主义的治理传统和政治一致性的制度惯性，在政治决策上促进了相关利益集团的参与和政策一致性的达成。芬兰是典型的法团主义国家，国家的集中干预行动和政策的制定很大程度上是由有限数量的利益相关者群体（社会法团代表）共同商议决定。新的科技政策和创新政策均是延续法团主义的联合治理传统。芬兰最有决策影响力的是工会组织和雇主组织，在政治一致性的制度氛围下，两大最主要的利益集团在科技政策的主要方面都能够达成一致①。这种政治的共识增强了芬兰科技创新政策的合作和整合。

第三，新自由主义理念推动芬兰向国际社会认可的市场驱动的高技术经济转型。20世纪90年代后，受新自由主义思想的影响，芬兰开始从福利国家向新自由法团主义国家转型。政府开始将国有企业私有化，并将私有化企业的资金投入国家创新体系的建设，以更有效地促进经济、就业和创业活动增长。这种市场化改革也进入了科技和大学教育政策领域，并推动了科技教育政策的市场化导向。这主要表现为，科学政策的目标是通过增强科技系统来保持市场竞争力；大学政策也增加了市场导向，在管理上

---

① 雇主组织是极力推崇知识经济发展。尽管工会组织对高技术产业发展导致的失业问题存在异议，但在看到高技术产业发展所带来的整体福利改进后，也更倾向于支持新技术发展，并对技术政策给予了积极承诺。

强化了促进知识商业化的市场的参与和创新；教育政策开始将知识和能力作为发展有竞争力和全球化经济的一个重要要素（Häyrinen – Alestalo，Pelkonen and Teräväinen et al.，2005）。

第四，国家创新系统理论的指导和政策学习。1990 年科学技术政策委员会就将“国家创新系统”概念引入当年的科技政策评论中。这一概念在正式科技政策文件中的出现，使政策制定和执行者在实际工作中将研发和教育放在了产业和经济发展的中心地位。在制定科技创新战略与政策方面，芬兰积极学习其他国家的有益经验。比如，建立科学技术政策委员会主要是学习瑞典；石油危机后，又学习 OECD 国家实施全国性、大规模的新技术合作项目，并在组织和制度建设上学习日本，将科技政策融合到产业政策中（Lemola，2002）。

第五，科技经济的全球化和国际创新的积极参与推动了科技创新管理的紧密联合。从尤里卡计划开始，芬兰就一直是欧盟创新活动的最积极参与者之一。自 1995 年芬兰加入 EU（欧洲联盟）以来，不断增多的国际合作协约和创新项目（如欧盟框架计划）日益增加了国内管理联合和政策协调的需要。国际创新项目的参与和管理不是一个部门能够完成的，需要相关部门的积极参与和配合。

第六，部门组织结构的调整，为联合管理和创新政策的整合奠定了基础。创新政策日益渗透到更广泛的政策领域，使得政策协调成为国家创新发展最严峻的管理挑战。为促进政策的整合与协调，芬兰近年来进行了一系列的机构改革行动。比如，2007 年 3 月，教育部将科学政策处和大学政策处合并为高等教育与科学处，解决了长期以来大学政策与科学政策的分割管理与职能重叠的问题（Pelkonen，Teräväinen and Waltari，2008）；贸易产业部、劳动部及内务部的区域发展和公共管理司整合成立新的就业经济部后，其下属的技术司改为创新司[①]，使技术创新及其市场化发展环境整体的相关职责整合到一个部门。

---

① 创新司负责创新政策的执行，并增设了创新需求处、企业发展处和创新环境处，强化了创新市场发展、创新型企业成长促进以及创新环境整体构建。

但芬兰模式也存在一定的缺陷和不足，主要表现在以下几个方面：第一，研究与创新委员会运作模式更像是教育部和就业经济部的行政分支，特别是两个子委员会分别在教育部和就业经济部内运行，科技政策的非核心部委在委员会中被边缘化[①]，而且很多真正负责研发和创新相关业务的部门部长根本就不参加委员会（Häyrinen - Alestalo，Pelkonen and Teräväinen et al.，2005）；第二，委员会运作仍具有很强的行政色彩，为了避免一些可能会触及利益纠纷和矛盾冲突的实质性问题，政策指南通常写得非常宽泛和虚化，并没有进一步深入讨论政策的具体化实施与落实（Pelknonen，2006）；第三，就业经济部对教育问题没有专门的问责人，使得在该问题上其与教育部的联系和沟通比较少，同时对国际项目管理权限和地位的竞争使两个部委的合作受到严峻挑战（Pelkonen，Teräväinen and Waltari，2008）；第四，Tekes 和芬兰科学院在执行权力和公共资金配置上的不对等以及两者在资助目标和资助程序上的差异[②]也造成其合作上的障碍。

15.5 经验与启示

面对创新系统化管理的要求和创新活动全面渗透到社会经济领域的趋势，跨部门的联合治理与政策协调显得越来越重要。芬兰的实践经验表明，创新系统的整合与协调既需要高层的联合协商与决策形成战略共识，又需要业务部门基于业务需求的自主联合和积极合作；既需要正式的组织制度或联合的项目安排建立起紧密的共同利益关系，又需要默契的非正式人际关系促进合作；既需要自上而下有效贯彻落实战略目标的管理机制，又需要赋予执行主体充分的独立自主权以发掘和利用潜在的创新合作机会。芬兰的经验有助于更清晰地认识到我们在创新体系管理上的不足，并在以下几个方面为改进创新系统治理和政策协调提供有益的借鉴。

第一，虽然我国 1998 年也成立了由总理领衔的科技教育政策的议事协

---

① 比如，负责区域发展的部长从来就没有被任命为委员会成员，2008 年农林部、健康和社会服务部部长才首次成为委员会成员。

② 芬兰科学院是依赖于外部专家小组来确定研究主题和资助决策，而 Tekes 则是与产业和研究社区来共同准备研究计划，在与申请人对话的基础上自主决策研发项目的资助。

调机构——国家科技教育领导小组，但与芬兰的研究创新委员会相比，我国的国家科技领导小组缺乏组织的制度性、参与的多样性和有效的协调手段。研究创新委员会每年召开 4 次会议，下设的科学教育和技术创新两个子委员会几乎每月都例行开会；我国的国家科技领导小组在 1998—2003 年召开了 12 次会议，但在 2003—2009 年只召开了 6 次会议（其中 2004 年和 2007 年没有召开过会议），也没有部委负责日常的协商和议题的筹备。从参与的成员看，我国的国家科技领导小组成员只涉及与科技教育相关的部级单位①，与创新经济发展相关的（如知识产权局、商务部、文旅部、广电总局、税务总局等）、与部门创新相关的（如生态环境部、卫生部、能源局、国防科工局等）以及与创新人才相关的机构（如人社部、中组部）都不参加会议；而芬兰的研究创新委员会除了部委成员外，还包括来自企业、大学、芬兰国家技术创新局等机构的成员②，创新政策执行机构和创新主体的直接参与使研究创新委员会所讨论和决定的政策具有很强的现实针对性和执行保障性。从协调的机制上看，我国的国家科技教育领导小组主要是通过讨论与审计工作任务、审议提案和研究部署战略规划来实现，而芬兰的研究创新委员会除了战略规划的协调外，还有着分配政府研发预算、解决研究、技术与科学教育相关的重要立法问题及裁决部门间争端的权力与职责，有着更强有力的协调和调控手段。

第二，芬兰部际间协调的重要机制是内阁层面及其他政府监管下的跨部门政策项目，但我国比较缺乏国务院层面的创新政策项目，各跨部门政策也缺乏必要的联合监控评价机制。2008 年芬兰发布国家创新战略，其中的各项政策行动都是由相关部门联合实施，跨部门的政策项目均有联合组建的指导小组来监督和评价。我国为执行《国家中长期科学和技术发展规划纲要（2006—2020 年）》要求 16 个部委制定了 60 条配套政策，但这些

① 国家科技教育领导小组成员单位包括国务院办公厅、科技部、教育部、工业和信息化部、财政部、农业农村部、中国科学院、中国工程院、国家自然科学基金委员会和中国科学技术协会。

② 本届研究创新委员会中政府任命的成员包括诺基亚公司的总裁和首席执行官、芬兰技术研究中心（VTT）主任、欧洲科学基金会首席执行官、芬兰科学院院长、Innzymes 公司首席执行官、芬兰贸易联合中央组织（SAK）经理、芬兰国家技术创新局局长、芬兰中博藤应用科技大学校长、赫尔辛基理工大学教授和图尔库大学校长。

政策基本是各部门分头制定和分头实施，且2/3的政策是由科技部执行，并没有真正形成相关部委联合行动促进科技与经济融合发展和创新竞争力提升的整合性创新政策机制。同时，我国虽然有大量国务院办公厅发文或各相关部委联合发文的创新政策，但由于缺乏明确的部门责任分工和执行评价机制，政策执行的效率往往因为各部门权力的竞相争夺或责任的相互推诿而受到影响。

第三，芬兰执行机构间的积极合作在创新政策的协调上发挥着非常重要的作用，但我国在执行层面的联合与协调却非常缺乏。芬兰最主要的创新政策项目都是由芬兰科学院和Tekes联合资助的，且芬兰非常重视相关政策的协调与整合，以确保有限的政策资源发挥最大化的效力。我国科技部、教育部、国家发展改革委、中国科学院、国家自然科学基金委员会及其他部委等均对创新活动有相应的支持项目，但尚未形成战略性联合推进和协同资助的有效机制；联合资助的行为虽也有发生，但只是简单地按比例配套或源于创新主体“积极地”多方申请。而且由于各部门之间缺乏信息沟通和协调，我国目前同一主体雷同项目的多部门重复申请已经非常严重。另外，在制度设计上，芬兰创新政策的制定和执行分工非常清晰，部委的责任主要是制定政策、分配预算和监督评价执行机构，执行机构则自主实施各项创新政策；而我国各部委几乎同时承担着政策制定与实施的任务，执行机构难以成为创新政策合作的自发性推进力量。

第四，芬兰的Tekes和Sitra具有较高的政治地位和很强的政策影响力，但我国的创新资助机构却明显行政地位偏低，成为部委的附属而难以推动跨部门的创新合作。Tekes虽隶属就业经济部，但具有相对独立性和自主性，Sitra具有特殊的独立于国家行政体系的体制，两个机构均是国家创新战略决策的重要“智囊”。我国最重要的创新管理机构——科技部火炬高技术产业开发中心①，是隶属科技部的局级事业单位，与相关部委开展创新政策合作时存在地位不对等和上级制度约束的问题。由于缺乏与其

① 《国家中长期科学和技术发展规划纲要》颁布后，新的火炬中心承担了支持高技术产业发展的火炬计划、中小企业技术创新基金和技术市场管理促进三项重要创新职能。

他部委的紧密战略合作，我国的创新政策与产业政策和经济政策严重脱节，这正是我国政策资助的大量创新成果难以实现有效转化的重要原因。芬兰的 Tekes 和 Sitra 的资助行为是立足于产业与经济发展的创新需求，且资助规模占到相当大的比重[①]，而我国科技创新重视前端投入而对后续成果转化应用的接续式资助相对不足。2008 年，中小企业创新基金预算资金为 14 亿元，火炬项目资金为 1 亿元，虽较过去有了较大增长，但也只占中央财政科技支出的 1.4%；2007 年科技部与财政部联合科技型中小企业创业投资引导基金也只有 1 亿元的规模。近年来，国家发展改革委也日益增强对企业自主创新的专项支持，并与财政部合作引导地方自主建立创业投资基金。总体来看，我国的创新政策资金呈现部门化资助的特征。但必须注意到，我国与芬兰相比，国家更为庞大、创新体系的结构更为复杂、面临的任务和矛盾更为艰巨和多样，创新系统治理与协调不可能在“一个高层委员会、两大部委和三个执行机构”之间就能解决，可能会需要针对不同问题的多维度和多层次的协调机制。

执笔：程郁　王协昆

① 2008 年 Tekes 资助资金达到 5.16 亿欧元，占政府研发预算总额近 30%；2008 年，Sitra 提供的研发资助和风险投资规模为 3500 万欧元。

第16章
联合治理视角下的高新区管理体制创新

16.1 引言

创新经济是一种新的技术经济范式，它引致了经济生活模式的变化以及社会组织的变迁，需要一系列与其经济基础相适应的社会经济制度的变革来支撑其发展。新技术与新经济引发了社会经济组织结构向扁平化和网络化发展（Stiglitz，1999；Perez，2010），同时对政府系统及其管制和调控模式产生影响（克里斯·弗里曼，2007）。自20世纪80年代以来，高新技术产业的发展和新经济的兴起加快推进了政府转型，主要发达国家掀起了一场以“新公共管理”为目标的政府改革运动[①]，以多部门协作、公私部门联合及利益相关者广泛参与的新兴的分散化和网络化政府治理机制正日益形成和发展（B. 盖伊·彼得斯，2001）。而随着各国创新战略与政策的广泛实施，创新政策的研究者和实践者们普遍认识到创新绝不只是某一个部门的任务和目标，或者仅由某一部门能够推动实现的，创新更应该成为经济社会各领域和各政府部门的共同任务，并由不同部门、不同领域共同来推进实现。进入21世纪后，OECD和欧盟发起了构建“第三代创新政策”的倡议，突出强调的是将创新作为所有部门的中心目标，推动创新政策与其他公共政策的协调与整合（OECD，2005）。在“第三代创新政策”

① 比如，英国以“合作政府”取代过去的“竞争政府”模式、美国通过“市场责任机制”再造全面公私合作的政府、新西兰的政府企业化改革、荷兰的公共服务自主化组织经营等。

的框架下，各部门共同商议和制定创新政策、协同推进创新经济的发展成为公共管理的主旋律，创建部际之间的联合治理机制、实现多部门的协调与政策整合已成为实施国家创新战略的关键（Lengrand and Associés，2002）。因而，联合治理也就成为创新系统治理与创新政策管理的核心内容，以及各个国家或地区为促进创新经济所努力探索的新型社会管理制度。

中国的国家高新区是为促进高新技术产业发展所创建的特殊区域功能化管理体制，其目的在于组织和整合各部门的资源推动高新技术产业的快速发展。自创立之初，高新区就在探索建立一种协调和整合各职能部门促进创新和推进高新技术产业发展的管理体制。1996 年原国务委员兼国家科委主任宋健在全国高新技术产业开发区所在市的市长座谈会上就指出："发展高新技术产业是全国人民的共同任务，不可能由哪一个部门或地方来独自完成。应充分调动全社会的积极性，联合作战，共同发展。加强联合，首先是国务院各部门、中央和地方、地方各部门之间要加强协调。"经过 30 多年的发展，几乎所有的国家高新区均按照"精简、高效、统一"的原则建立了作为政府派出机构的管委会，以精简的机构实现了对各部门职能的有机整合和多层次创新服务的有效供给。各个高新区管委会根据新的创新发展需求积极探索管理体制的创新，初步建立了一套中央与地方、各政府部门之间、不同区域之间以及公共与私营部门之间的联合与协调管理机制，形成了各具特色的高新区联合治理模式。

本章将从创新经济发展对制度条件的需求出发来考察政府管理的变革与创新，探讨政府如何通过多层次的联合与协调组织、动员和整合资源支持创新的发展，如何通过平台的搭建和嵌入式的治理促进创新网络的发展、发育和强化组织创新机制。我国的国家高新区作为政府推动高新技术产业发展的具体抓手，在促进创新的管理体制方面已经有了诸多的经验，本章将从联合治理的视角来解析我国国家高新区管理体制的创新，具体分析高新区为促进创新发展所实施的不同层次、不同模式的联合治理措施，并针对高新区管理存在的现实问题讨论未来管理体制改革的方向与路径。

16.2 高新区联合治理的行动框架

从技术创新到最终成果的产业化和商业化是一个复杂的过程，需要众多创新主体和多个管理部门的多层次密切合作。联合创新的需求以及网络化组织特征需要一种能够促进合作、管理合作的制度来支撑，联合治理也就成为与创新经济相伴相生并协同发展的新型社会管理制度。联合治理强调的是多元主体的共同参与和多部门的跨部门联合行动，通过联结或分享两个以上组织的信息、资源、活动以及能力来共同实现任何独立部门所无法完成的任务（Agranoff and Mcguire，2003；Bryson et al.，2006）。在实施联合治理的同时，这些多元主体之间会形成一种权力依赖与互动的伙伴关系。这样，我们认为创新经济的联合治理是指以促进知识创新及其成果的经济价值转化为目的所采取的联合公共管理措施及相关的社会协调网络。具体来说，就是通过加强多部门联合与协调、推动跨组织联结互动、调动多元主体参与、创新公私部门连接与合作机制等多样化的联合行动来共同促进创新和提升创新经济的运行效率（程郁，2010）。对于创新政策的实践来说，创新经济的联合治理具有两个方面的含义：一是政府如何通过广泛的联合与协作来完成公共职责和提供创新公共服务，这意味着政府应当是创新网络的积极参与者和构建者，通过网络治理机制来最大限度地改进公共服务，为创新者创造更多的机会和资源。二是政府如何创造一种激励和促进多元主体联合创新的制度环境，包括完善信用体系建设、加强政策与制度的稳定性、搭建创新合作平台、设立共同的战略目标、推动跨组织边界的活动等，使得经济活动主体能够通过自主建立产业合作、技术合作、战略联盟以及社会关系与人际关系等实现积极互动、灵活弹性的网络治理机制。政府公共管理的重点在于强化组织间的协调与合作以使各种正式与非正式网络发挥最大的创新效力。联合治理也带来了政府职能与角色的转变，要求由传统的“行政”向“治理”转变、由行政导向的“管制”向社区和顾客导向的“服务”转变、由权威决策向协商和合作转变，政府官员也需要由传统的“官僚”转变为具有多重角色的“总管”（Stewards），既要是组织整合者又要是领导型企业家，既要是边界跨越服务又要进行联合建设（Henton et al.，2000）。Bryson、Crosby 和 Stone（2006）更进一步将联合治理下政府多重角色确立为联合发起人（Sponsors）、联合执行者和拥护者（Champions）、边界跨越者（Cross – Spanner）以及联合促进者（Facilitators）。

网络组织形态是联合治理的基础，同样是联合治理的重要途径，因此联合治理重点关注的是网络的联结结构（Alter and Hage，1993）。由于创新系统具有多层次性，贯穿于国家、区域、产业部门以及各微观创新主体等宏观、中观和微观各层面，创新的联合治理一般具有多维网络的特征。从创新政策的执行与协调来看，联合治理大致可以分为 3 个层面：一是政府与内阁层面，主要涉及政府管理机构的设置与制度性的变革；二是部门层面，包括各部门的职能分工、政策执行、日常决策等；三是执行机构层面，主要指政策的具体实施层面，受制度的约束但也具有实施的自主性和自治性（Arnold and Boekholt，2003）。高新区是国务院所创建的一种特殊功能区管理体制，内涵上体现的是各相关职能部门对其的联合支持。高新区不仅是中央和地方政府联合推动高新技术产业创新发展的重要政策抓手，而且已经成为多部门、多机构联合促进创新的集成化支持平台和政策网络节点。而现实中，我国的国家高新区不是严格意义的一级政府，其管理和行政主要在市政府授权的基础上协调相关部门来实现，因而高新区管理本身就是一种多部门的联合治理。经过 30 多年的发展，高新区已完成了创新要素资源系统化配置和组织网络的体系化建设，高新区自身也已成为区域创新系统的核心中枢。高新区的管理具体主要表现为动员、组织、和连接各创新要素与创新主体，通过广泛的协调与联合弥合科技创新与产业经济的交接失衡、弥补创新系统的缺失缺陷和协调失灵、推动各主体之间的协同创新和创新资源的优化整合。因而，高新区的联合治理网络层次更具有复杂性，包括与国家各部门之间的横向协调、国家各部门和市政府的纵向联合、与市各委办局的横向联合、与行政区的协调整合、与各个分园的联合协调以及与各个微观创新主体之间的联合等（见图 16 – 1）。

首先，创新管理涉及教育、科技、经济、产业等多个政府部门，需要各个相关部门的战略联合和政策协同才能有效保障和促进创新经济良性运

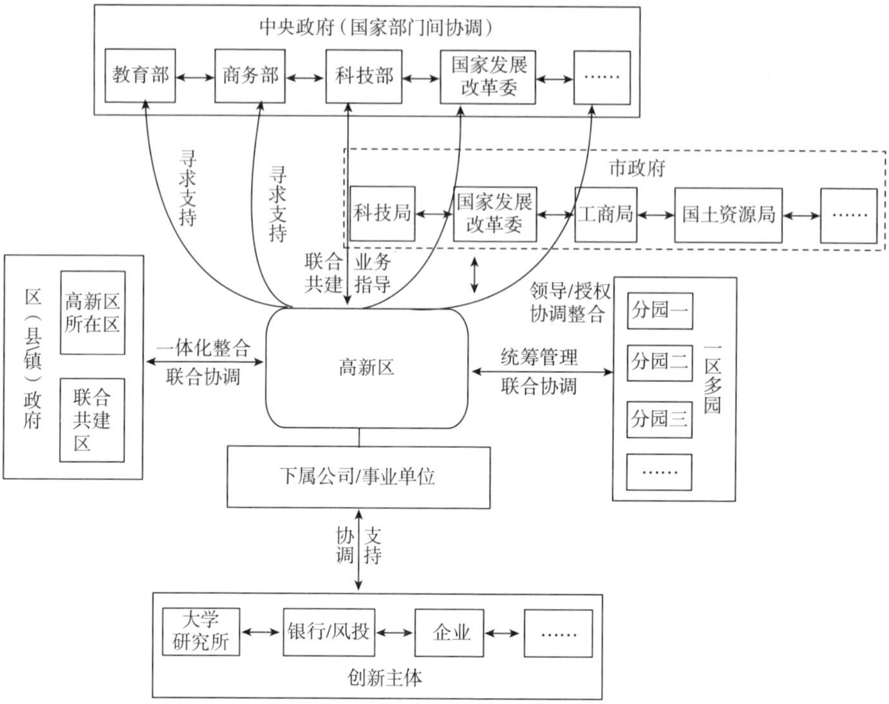

图 16－1　高新区联合治理的行动框架

行和蓬勃发展。国家各政府部门之间的联合与协调就成为创新联合治理最高层和最核心的构成部分，它是统合与保障各层面创新联合行动的基础。对于高新区来说，如果不确立国家各部门对创新的共识，不解决好部门之间的职能协调，在当前我国职能垂直管理的体制下高新区将很难在制度和政策创新方面取得实质性突破。我国高新区的创新和高新技术产业的高效发展主要得益于高层领导对其改革试验的全面支持，进而国务院不断批准各类创新政策与制度在高新区先行先试，各部委在推进和执行具体政策的过程中形成了对高新区联合支持的格局。

其次，地方政府是创新联合治理最重要的执行者，承担着纵向、横向以及网络建设与管理的关键任务。我国的国家高新区是依托地方政府建设的，主要是以市为主，高新区的快速发展离不开市政府对相关职能部门的有效协调，通过给予充分授权、建立管理派出机构和“一站式”服务窗口高效集中和整合政府资源快速推动高新区的建设发展。而在实际发展过程中，除了协调各职能部门外，高新区的落地发展还必须解决区域内整合与区域间协调的现实问题，如区域内行政社会事务与经济发展职能的协调分工问题、产业功能区与城市功能区的协调发展问题、跨行政区分散布局的协调管理问题等，这都需要高新区积极探索有效的合作或管理模式来解决。

最后，创新主体之间内在的联合创新需求是联合治理发展的最本源驱动力，其目标在于促进潜在合作需求者之间的对接和建立有利于创新合作的制度文化环境，形成有效整合利用创新资源的开放创新网络。高新区最核心的职能就是服务和支持创新主体的发展，通过直接的创新服务和政策支持、公私部门的合作以及网络和平台的建立，实现区域创新系统的有序组织和有效凝合。高新区通过建立各类服务主体嵌入创新经济网络中，在与各创新主体的紧密互动中直接支持、引导和促进其发展，同时加强创新主体对政策过程的参与，在汇集和反馈创新主体需求的基础上推动相关政策的调整。

16.3　高新区多层次联合治理的实践

创新联合治理的多层次性导致了其形式的复杂性和多样性，针对不同的问题可能需要不同的联合与协调模式，不同的权力结构关系也需要与之相匹配的联合制度。从联合治理所涉及的相关业务来看，联合治理又可以分为系统规划的联合伙伴关系、行政事务的联合伙伴关系以及服务提供的联合伙伴（Bolland et al.，1994）。按联合的紧密性和持续性分类，联合治理可以四类：一是间歇性的协调（Intermittent Coordination），即不同组织针对一个目标进行政策和措施调整，合作的承诺只是在一定范围内的；二是临时性的工作任务（Temporary Task Force），为了实现特定的目的而联合工作的形式，但资源的分享也是在有限范围内的；三是永久性或常规性的协调（Permanent or Regular Coordination），通过正规制度安排来保证多重组织对联合的常规参与和行动约束，如会员制度、区域规划小组等；四是联盟和网络结构（Coalitions and Network Structures），指相互依赖的战略性行动，也是联系最紧密的联合治理形式（Mandell and Steelman，2003）。按联合治理的网络结构分类，联合治理可以分为三类：一是自治理的结构（Self - Governing Structures），通过常规会议或非正规的日常互动来制定决策；二是领导性组织（Lead Organization），即由领导性组织来完成主要决策制定和协调工作；三是网络型的行政组织（Network Administrative Organization），由一个独立性的组织来管理网络衔接事务（Provan and Kenis，2008）。

我国首批56个国家高新区有着各自不同的特色与发展路径，在发展过程中遇到过林林总总的管理协调问题，如部门之间政策矛盾与利益冲突、功能目标与责任考核的不统一、区域之间的竞争、创新发展与社会稳定之间的平衡、创新系统的协调失灵等。针对不同的问题和具体的实际情况，各个高新区探索出了多样化的联合治理方式与方法，对推进体制机制创新和促进创新发展有重要的意义。下面将以前一部分的行动框架为基础，具体解析高新区不同层面创新联合治理的实践行动和政策措施。

16.3.1 国家各部门的联合支持

尽管我国高新区是由科技部门归口管理，但其发展离不开国家各个部门的共同支持。国家高新区是由国务院批准设立，并在国家各个部委的联合支持下建立和发展的。国家高新区的战略设想最初是源自国家科委（科技部）与中国科学院等联合开展的“全国高技术开发区研究”，经过研究和探索由国家科委、税务总局等相关部门制定了促进高新区发展的相关政策，最后由国务院批复建立国家高新技术产业开发区的同时给予相应的政策支持。科技部作为高新区的业务主管部门不仅根据新的发展需要先后提出“育苗造林”、“二次创业”、三类园区①分类指导、高新区评价、创新型产业集群等新的发展导向和战略行动，而且积极联合财政部、税务总局、商务部、证监会、教育部、中国科学院等相关部门推动高新区改革、高新技术企业认定、高技术产品出口基地建设、科技金融创新、技术转移、科技成果入股等政策与制度创新。在高新区的发展过程中，除了科技部之外，中央和国家各相关部委和机构（包括国家发展改革委、商务部、

① 即世界一流园区、创新型科技园区和创新型特色园区。

教育部、农业农村部、工业和信息化部、中国科学院、中组部等相关部委）在项目、载体、特殊政策等方面都在不同程度上对高新区给予过功能性支持。在 1988—2009 年的各项促进高新区发展的政策中，科技部单独发布政策文件 18 项，与各部委联合发布的政策文件达 39 项之多。可以说，目前各种横向制度和政策的配置，实质上已经在现行垂直管理体制下显现出了相关部门共同助推高新区创新经济发展的格局。

尽管国家各部委对高新区的支持力度从未减弱，但各部委之间的协调只是间歇性和临时性的，缺乏长期、稳定的制度性协调机制，只有针对特定的问题和目标才会有联合行动和政策措施，这种合作承诺只在一定范围和一定时间内有效，而更主要的协调工作来自各高新区分散化的游说和公关。从形式上看，目前各部委所支持的创新载体、科技项目、产业基地、试点项目以及先行先试政策绝大部分落在高新区，2010 年全国 77. 5% 的国家工程（技术）研究中心、48. 9% 的国家级孵化器、41% 的国家高新技术企业等都在高新区内[①]。在当前各部委对高新区的支持缺乏一致性认同和常规性沟通协调的条件下，这样的结果显然不是得益于各部委协同支持，而是各高新区从多方面努力争取的结果。一方面，高新区吸引聚集了大量优秀的创新载体和创新企业，使其在申报评选各部委的支持项目上具有明显的优势；另一方面，作为各个地方重点支持发展的区域，不仅省（区、市）的各种资源都在向其倾斜，而且地方领导会通过加大地方配套支持和高层战略合作为高新区争取国家各方面的支持。但这样的分散化协调使得国家层面对高新区的政策联动呈现零散性、片断化的特征，并给各个高新区带来了巨大的政策协调成本。近年来，高新区普遍采用了省部（市）共建和全面战略合作等方式，促进了国家级创新载体的落地，获得了相关部委对发展建设的长期支持。比如，东莞高新区的省部共建留创园、无锡高新区和长沙高新区的省部（市）共建创新型园区、天津市与科技部共建的滨海高新区以及苏州、南京、佛山、东莞等高新区与中国科学院共建的育成中心、技术研究院、高新技术研发与产业化中心、产业化基地等。这种

① 根据科技部火炬中心和国家发展改革委的数据计算整理。

省市与部委共建的机制一定程度上加强了高新区与部委的常规性协作，但它只局限于特定的任务目标，而且目前参与共建的部委还比较有限。

2009 年，国务院批复建设中关村国家自主创新示范区，成立了由科技部等 21 个部委组成的中关村科技园区建设国家自主创新示范区部际协调小组，并且北京市与科技部、工业和信息化部、国家发展改革委、财政部、卫生部和教育部六部委开展部市会商机制，推动了科技、教育、财政、税务、工商、金融等部门在中关村联合开展先行先试改革。科技部、国家发展改革委、财政部、商务部、税务总局等相关部委密集联合发文支持中关村自主创新示范区股权激励、科技成果处置权和收益权、科研项目经费管理、高新技术企业认定等试点改革；中关村人才特区建设更是创下了 16 个中央国家机关联合发文的纪录；财政部、国家发展改革委、商务部和科技部四大部委联合推进中关村的现代服务业试点。2010 年 12 月 31 日，“中关村科技创新和产业化促进中心”（以下简称首都创新资源平台）在京成立，共有 19 个国家部委的 37 名司局级和处级干部参与平台工作，北京市 25 个委办局和区县的 110 名派驻人员到平台办公，实现了跨层级的联合审批，高效落实了国务院同意的各项先行先试的改革政策。自此，以中关村为代表，高新区首次建立起了部市联合促进创新发展的正式制度安排，以部际协调小组和部市会商机制建立起了常规的协调制度，通过首都创新资源平台建立起了一个共同参与的网络型组织联合开展工作。

16.3.2 管委会层面的整合协调

1991 年国家科委和国家体改委联合发布《关于深化高新技术产业开发区改革　推进高新技术产业发展的决定》，提出了“各开发区要因地制宜地建立决策、管理机构，赋予相应的权限，代表当地政府行使行政职权，统一对内对外，集中有效地协调开发区发展中的重大问题，并在工商、税务、财政、金融、国际合作交流、外贸、进出口等方面形成配套、高效的服务功能，为企业提供综合服务”。

在此思想的指导下，为高效整合资源推进高新区开发建设、促进科技创新与高新技术产业发展，几乎所有的高新区都在有机整合各政府职能部门的基础上成立了作为政府派出机构的管委会，建立起了常规性的管理机构负责高新区的各项具体管理事务。实践证明，这种以功能目标为基础整合各政府职能部门的高新区管委会体制是高新区发展取得巨大成就的重要制度性基础和保障。根据科技部 2002 年《关于国家高新技术产业开发区管理体制改革与创新的若干意见》的要求，各个地方落实了高新区在财政、土地、规划、劳动人事、外事和项目审批等方面的管理权限。很多地方将市级（甚至省级）政府规划、土地、工商、税务、财政、劳动人事、项目审批、外事审批等经济管理权限充分授权给高新区管委会，市政府也给予了高新区较为充裕的土地收入和财政收入留存，使其成为具有高度自主性的经济管理机构（Johnson，1982；Evans，1995），从而有能力制定和有效实施科学、合理的创新发展政策，并整合相关资源推进高新区的建设[①]。根据科技部火炬中心 2009 年的调查，有 87.7% 的高新区管理部门具有独立一级财政权限，57.9% 的高新区具有项目审批权，31.6% 的高新区能够自行收储和交易土地，40.3% 的高新区具有规划建设管理权限，21.1% 的高新区具有土地行政审批和证件发放权限。从实际的发展经验来看，获得了充分授权并拥有独立财政的高新区，因为能够更自主地根据需求配置支持政策、资源和服务，通常具有更大的发展活力和增长潜力。同时，高新区管委会为提升服务企业的效率，不断推进政府职能转变，绝大部分国家高新区实现了“一栋楼办公、一个窗口对外、一条龙服务”的“一站式”的高效管理模式，工商、发改、经贸、海关、税务、公安等部门直接进驻办公，实现了部门之间的并联审批，极大地降低了企业创立和发展的行政成本。

但高新区管委会只是政府委托授权的代理机构，并不具有法律意义的行政主体资格，这种常规性的代理行政和协调管理还需要进一步制度保障。为了解决管委会实际管理中面临的种种协调困难问题，高新区主要采取了两种方式来强化权力基础和协调能力。一是建立领导型组织，以领导

① 也有少数高新区（如中关村、深圳、佛山）不具有直接的经济和行政管理职能而只负责政策、规划与综合协调工作。

权威强化其协调和整合资源的能力。进入21世纪后，大部分高新区建立起了由市长和副市长挂帅以及科技、教育、发改、国土、高新区管委会、所在行政区等部门主要领导为成员的高新区领导小组[①]，负责高新区战略、规划、政策决策，协调各部门共同推进高新区的建设发展。很多地方都提升了高新区的行政级别，直接由市领导兼任高新区的书记或主任。在首批56个国家高新区中，43家高新区管委会行政级别属于正或副地市级。上海张江、青岛、佛山、厦门、石家庄、兰州、济宁、福州等高新区管委会的主任或书记由主管副市长兼任，中关村、广州、西安、昆明等高新区管委会主任均是市委常委，宝鸡、长春、成都等高新区管委会主任同时还是市长助理。二是与行政区合并或建立新区，从一个机能不完全的“准政府”转变成为具有完全行政能力的“真政府”，以充分的自主管理和协调能力保障创新政策与战略的有效实施（程郁和吕佳龄，2013）。目前，中关村、吉林、大庆、株洲、常州、苏州、桂林、广州、南京、杭州、沈阳、乌鲁木齐12家高新区与行政区合并，珠海高新区与唐家湾镇政府合并。一些地区则通过调整行政区划或建立“新区”直接将一定的区域划归高新区管理，使得高新区尽管不是名义上的行政区，但实际上完全享有行政区的各项职能，如无锡、洛阳、苏州工业园、长春、宝鸡等高新区。这种“行政区或准行政区”体制不仅直接解决了高新区与所在行政区相关职能和服务的协调问题，而且强化了高新区政策自主性和政策执行力，更有利于高新区自发探索体制机制创新。除了贯彻执行国家和省市的各项政策外，高新区还能够通过区政府制定地方性法规和相关政策来自主引导和推动区域创新发展，可以在强化上级政策效力的基础上给予全方位的保障和支持。

16.3.3 “一区多园”的协调管理

由于经济、历史、制度等诸多方面的制约，高新区往往难以在成片的土地上发展，北京中关村、上海张江、武汉东湖、天津、大庆、广州、青

---

① 杨凌高新区管委会是省政府派出机构；武汉东湖高新区和杨凌高新区的领导小组均由省领导挂帅。

岛、长春等 10 余家高新区在空间上都呈现“一区多园”的格局。特别是最初的高新区大多选址在毗邻高校与科研院所的智力密集区，而随着城市的发展这些区域已经被包围在城市的中心内，几乎没有可进一步开发利用的空间，高新区的扩张不得不通过协调用地、援助开发、合作开发以及挂牌授权等多种形式在其他区域拓展，“一区多园”的开发建设模式对解决高新区的规模化发展具有非常重要的意义。比如，北京中关村从最初的海淀园发展到现在“一区十六园”，发展空间从 100 平方公里①扩大到了 488 平方公里，根据《中关村指数》，2020 年中关村示范区总收入 7.2 万亿元，2000 年，中关村技工贸总收入为 1500 亿元，20 年间收入增长 47 倍。上海张江扩至“一区十二园”后园区面积增加了 230 多平方公里，解决了其发展所面临的土地空间制约问题。同时，在实际建设过程中，很多地方采取“市区共建”的方式来发展高新区，基于经济增长和转型调整的发展需求，各个行政区乃至区县都有很高的积极性来建设高新技术产业园区。为了统筹整合资源，市政府通常将各行政区自建的高新技术产业园区纳入国家高新区的序列进行统一管理，这也使得高新区在形式上分散在不同的行政区。“一区多园”的发展模式极大地拓展了高新区的发展空间和资源，但也增加了管理和协调的难度。

各高新区根据自身“一区多园”的特征和不同的问题，探索出了不同的“一区多园”协调管理模式。

一是协调型“大管委会”的统筹协调，如中关村、上海张江、佛山等高新区。各个分园均有自己的管委会或管理局，一般是其所在行政区的派出机构，它们具体承担各自园区的开发建设以及经济和行政管理事务职责，其财政、人事都是由各自行政区负责。为协调各个园区之间的发展，由市政府出面再成立一个“大管委会”作为市政府的派出机构，统筹规划协调各个园区的发展。“大管委会”就相当于一个网络型行政组织，不仅组织管理各个分园，而且通过与相关部门的衔接协调创造支撑高新区发展的政策合力。这种模式要求“大管委会”具有较强的战略规划能力和有力的

① 1 平方公里 =1000000 平方米。

政策抓手。比如，中关村管委会不仅主导着高新区的政策制定，适时为中关村争取各种先行先试政策，而且由市财政安排了7.5亿元中关村发展专项资金用于引导和促进各个园区的发展；2010年又将各园区开发公司整合建立中关村发展集团，统筹搭建基础设施建设的投融资平台，代表政府对重大项目进行股权投资，使中关村管委会有了更实际的资源整合抓手。但如果缺乏实质性的杠杆资源，“大管委会”则容易被架空。

二是超级管委会的一体化发展，如长春高新区和成都高新区。与很多高新区不同，长春高新区的南区和北区（长东北核心区）不隶属任何行政区，其开发建设和经营管理都是由长春高新区独立完成，只是为了管理方便，长春高新区分设了南区管委会和北区管委会，但分园管委会实质上只是大管委会的分支机构，不具有独立的财政和经济行政事务管理权限。在这样管理经验的基础上，长春高新区又与德惠市合作共建长德新区，高新区全权负责长德新区的投资、开发建设、招商和管理，德惠市只承担拆迁和地区行政事务而不干预高新区的管理，双方在互利共赢的原则下进行税收分成。类似这样的合作园区在高新区已经非常普遍，包括苏州宿迁工业园区、广州生物岛等。

三是主体园区的牵头管理，如广州高新区、青岛高新区、长沙高新区等。在这样的体制下所谓的“大管委会”有着直接管辖园区的权力，其主要的精力是放在自己的园区建设和管理上，由于缺乏明确的管理职责和实质性的业务关联，对其他园区的协调目前仅仅局限于联络协调、信息综合统计、政策信息传达与通报等作用。

16.3.4 公私合作的联合创新

联合的公共管理具有多样化的形式，除了政府之间纵向与横向的联合外，还包括政府与其他公共或私营机构之间的联合。Freeman（1997）认为联合治理是一种公私互动的混合行政体制（Mixed Administration），政府通过公共服务的民营化、政府职能的对外承包、对私人自愿性规则和标准的认可等途径使私人部门或非政府组织广泛地参与到公共职能中（Freeman，1996）。高新区更重要的管理创新在于，基于支持区域创新发展的需求开创了一种新型的公私合作的公共服务提供模式，使其成为创新机会的发现者、引领区域创新变革的企业家、创新活动的积极参与者和推动者、创新资源的组织者和整合者及创新网络的搭建者和媒介。

高新区管委会下一般都设立一系列直属管理的国有公司和事业单位，能够以市场或半市场的方式直接落实管委会的战略设想和政策意图，使之具有能够实际推动和促进创新发展的具体“抓手”。不同于政府直接的政策干预，它们是在参与市场的过程中为创新型企业提供服务和支持，通过市场化的机制和利益纽带来解决发展过程所面临的资源组织与协调问题。在市场化的创新服务主体尚未发育成熟之际，它们弥补了市场的缺失环节；在市场调控配置资源失灵时，它们采取市场化的运行机制组织和动员资源支持企业创新发展；在创新系统协调失灵时，它们联结各分立的创新主体，并促进相互之间的互动合作。具体的表现形式体现在以下几个方面：一是以国有开发公司为基础，高效解决了科技型企业发展的用地问题；二是以国有企业或事业单位性质的孵化器和创业服务中心为依托，为科技创业企业的初期发展提供功能完善的办公场所和全方位的创业支持服务，并带动市场化孵化器、加速器的建设和创新服务体系的发展；三是以国有创投和担保公司为杠杆，通过担保贷款、信用小额贷款、知识产权（质）抵押贷款、集合债券、种子投资和风险投资引导等多种方式解决科技型中小企业融资难的问题，引导建立起支持科技型企业从创业、成长到上市的金融服务体系；四是以各类专业的事业单位为支撑，为园区企业提供各类创新服务，如企业服务中心、国际合作促进中心、产业促进中心、人力资源服务中心、投资服务中心等。

高新区不断探索政策与服务模式的创新，通过联合共建、政府购买服务、搭建平台、运营补贴、风险补偿等多种方式调动各类企事业单位共同参与创新服务体系的建设。首先，各个高新区与大学、科研院所和各类科技服务型企业合作，共建了一批创新服务平台或机构，如开放实验室、产业技术研究院、技术转移中心、育成中心、合作研发中心等。这不仅强化了高新区的创新基础、完善了创新服务体系，而且构建了相互混合、互为你我的混成组织结构（Etzkowitz and Leydesdorff，2000），以新的创新组织模式有效解决了创新供需交接失衡问题。其次，搭建市场交易平台，与相关市场服务机构合作共同推进和促进创新市场的形成，如技术交易市场、非上市科技型企业的股权交易市场、科技型企业非标准产权交易市场等，完善创新价值链体系，加速创新价值的实现和有效重组。最后，推动创新网络组织的发展，支持组建各类产业联盟、创新联盟、孵化器联盟、风险投资联盟、创新驿站等网络组织，举办各类联谊会、交流会、对接会，加强创新主体之间的联系与互动，促进各主体之间的协同创新和创新资源的优化整合。高新区还积极推进信用体系建设、强化合作的制度基础和保障、加强非正规制度与文化建设以及促进广泛的政策参与等，整体营造鼓励创新者参与和适应于创新网络发展的区域制度与文化环境。

这种与微观创新主体的联合发展在很大程度上也推动部门之间、区域之间的政策协调与资源整合。一方面，公私合作模式创造了行政协调之外的另一种协调模式，即市场协调，通过市场化的运作来实现资源的组织和配置，以合理的利益分享机制改进部门之间、区域之间的关系。比如，中关村发展集团的建设就是通过经济整合的方式协调解决了土地、项目等资源在各个园区间的合理化配置。另一方面，在高新区支持下建立的各类创新网络组织，其网络渗透到了各个部门领域和不同区域范围，因而可以在其运行发展过程中通过其网络治理机制促进相关部门和区域之间的协调（Jones，1994；Agranoff，2006）。此外，各创新主体的广泛参与在一定程度上也影响了传统的自上而下的政策决策体制，他们通过不同渠道的游说和建言推动着各部门政策共同向支持创新发展方向努力。

16.4 结论与建议

目前我国在国务院层面上对高新区发展一直缺乏统筹规划和制度性协调机制，高新区的分散化协调努力仍难以解决各国家部门之间固有的政策矛盾和体制冲突。而且高新区管委会“政府”主体地位的缺失可能会产生“权威缺漏”问题（Bardach and Lesser，2006），难以切实保障联合治理的责任到位，因而在实际发展过程中时常存在授权难以落实、受行政区制约、功能管理目标弱化等问题。

基于创新经济发展的联合治理需求，并针对高新区目前管理体制所存在的问题，本章建议高新区未来管理体制创新的重点方向应该在以下几个方面。第一，在国务院下设立直属的开发区管理中心来负责全国高新区与开发区的宏观管理，将高新区由科技部门归口管理上升为国务院直属管理，加强其对各部门的整合协调能力。第二，以促进创新为主线，系统推进科技、教育、产业、商务、金融、法律等各个相关部门的制度改革，解决各部门之间的制度不相容问题，协同推进创新发展。建立部际会商和沟通制度，针对高新区发展的重大问题，各部委共同商议创新战略行动和政策方案，对重点领域、重要区域和关键环节进行协同性的资源配置。第三，由国家立法明确高新区管委会的行政主体地位以及相关的责任和义务，保障高新区管理机构所享有的各项经济与社会事务授权，并对重要的创新支持制度与政策通过法律形式予以固化。第四，探索建立对重点高新区的国家直属管理制度，在与地方共建的基础上，由中央任命高新区主任和书记，并统筹协调各部门资源给予支持，保障高新区发展国家目标导向的实现。第五，深入发展与区域内的大学、科研机构的联合共建制度，大学、研究所领导进入高新区领导决策层，强化大学、研究所对高新区发展的创新支撑作用。

执笔：程郁　郭雯

第17章

高新区与行政区合并

——是体制复归，还是创新选择

17.1 引言

高新区是我国为促进高新技术产业发展所创建的功能性区域。它已经成为我国经济增长的主要支撑、赢得国际竞争力的主要依靠力量以及引领和带动增长方式转变的动力引擎。为促进科技创新与高新技术产业发展、营造创新环境与氛围，高新区按照“精简、高效、统一”的原则建立了作为政府派出机构的管委会，以精简的机构实现了对各部门职能的有机整合和多层次创新服务的有效供给。在30多年的实践中，高新区管委会积极探索适应高新技术产业发展的体制机制和创新服务职能，建立了“一站式”办公和“一条龙”服务窗口，构建了从创新资助到产业化支持、从创业孵育到集群发展的创新服务体系，以仅相当于一般行政区1/5～1/4的工作人员实现了“小机构、大服务”的管理效率。因而，这种以功能目标为基础整合各政府职能部门的高新区管委会体制被认为是高新区发展取得巨大成就的重要制度性基础和保障。同时，高新区管委会以其不断的创新和探索推进着我国政府向服务型、创新型政府转型，成为我国政府管理改革和体制机制创新的先行者和示范者。

进入21世纪后，随着国家高新区进入“二次创业”阶段，很多地区开始将高新区与其所在行政区合并，高新区管委会与行政区管理机构采取

“一套人马，两块牌子”的运作方式[①]。尽管国家高新区的主管部门科技部一直不赞成、不提倡高新区与行政区合并，认为这种合并会弱化功能区管理而重新回归到机构人员冗余的旧体制道路上，但实践中这种合并的势头不仅没有减弱反而有加强的趋势[②]。根据2009年科技部火炬中心对高新区管理体制的调查，首批56家国家级高新区中有16家实质上采取了“政区合一”运作模式[③]，占到了国家高新区总数的近1/3；并且很多地方在进一步扩大高新区的管辖范围和管理权限，使之实质性享有了相当于行政区的各种职责和权力，如武汉东湖高新区、宝鸡高新区、成都高新区、青岛高新区、长春高新区等。实际上，与行政区的合并确实为高新区带来了资源和管理优势，使之能够更自主和灵活地开展政策与制度创新并为园区开发建设和企业发展提供更有力的支持。

本章将从“发展型政府”和“地方法团主义”的视角来解释中国国家高新区与行政区“政区合一”体制形成的原因，认为这种“政区合一”的体制安排体现了高新区创新发展和行政区经济发展需求的内在一致性，也是在中国“市场保护型联邦主义”[④]和“行政区经济”[⑤]发展特色下有效推进高新区创新发展的合理化制度选择。但这样的制度安排也存在向行政体制复归的风险，从而可能制约高新区的发展。通过对广州高新区和青岛

---

① 比如,1995年,无锡市在原无锡高新区基础上批准设立无锡新区;1997年6月,桂林国家高新区与桂林市七星区合并;2001年10月,沈阳市作出了依托沈阳高新区发展浑南新区的决定,组建了浑南新区;2002年4月,常州市在高新区基础上设立了常州市新北区;2002年6月,杭州高新区和杭州滨江区两区合并为杭州国家高新区(滨江);2002年9月,苏州进行区划调整,新设立的虎丘区与苏州高新区职能合并;2005年,广州新设立萝岗区,将萝岗区职能相同的相关工作部门与广州开发区机构合署办公。

② 例如,2010年,中关村亦庄园区与大兴区合并;2011年1月27日,乌鲁木齐高新区与新市区合并。

③ 中关村、吉林、大庆、株洲、常州、苏州、桂林、广州、南京、杭州、沈阳、乌鲁木齐12家高新区与行政区合并,无锡、洛阳、苏州工业园3家高新区代行行政区职能,珠海高新区与唐家湾镇政府合并。

④ Qian和Weingast提出了中国特色的“市场保护型联邦主义”,认为中国的分权改革充分激励了地方政府发展经济,同时中央政府允许地方政府保留多种形式的“预算外收入”又为地方政府积极支持和干预经济创造了必要的条件。

⑤ 刘君德对中国“行政区经济”现象进行了解析,并认为“行政区经济”激活了区域内政治、经济、文化、行政管理等资源,推动了地方经济的快速发展;马祖琦也指出,由于行政区的经济职能异常突出,行政力量成为区域经济发展的主导驱动力量;在这样的条件下,“政府集经济利益主体和行政管理主体于一身,既是所辖区域的政治管理机构又是所辖区域的经济管理机构”。

高新区两个典型案例的剖析，本章进一步探讨了行政区与高新区合并的利与弊，解析在什么前提条件下“政区合一”体制才可能使行政区成为推动和支撑高新区创新发展的强大支撑。

17.2 “政区合一”制度演进的逻辑

不同于其他国家和地区的科技园区，我国的国家高新区既不是由大学、基金会等社会力量负责建设和管理的，也不是以中央政府为主导推动建设和直属管理的，而主要是依托地方政府兴建和发展的。国家高新区虽然在名义上是“省部市共管共建”，但实际上是“以市为主”来负责具体的建设和管理，只是在业务上接受科技部的宏观管理和指导。在管理体制安排上，几乎所有的高新区都采取了市政府派出机构的管委会管理模式，并成立了由市长和副市长挂帅以及科技、教育、发改、国土、高新区管委会、所在行政区等部门主要领导为成员的高新区领导小组。省、市级政府将规划、土地、工商、税务、财政、劳动人事、项目审批、外事审批等经济管理权限充分授权给高新区管委会，而庞杂的行政和社会事务均留给其所在的行政区承担，使得高新区管委会成为在特定的区域内专注于功能性开发建设和促进高新技术产业发展的“经营性政府”和“发展型政府”，由此实现对高新区“精简、统一、高效”的创新管理。这种特殊的功能区管理体制与中国向市场经济转型过程中“市场保护型联邦主义”和“行政区经济”特征相结合，创造了高新区与行政区融合发展的制度空间和实现两者“双赢”的利益格局。

17.2.1 以创新为导向的“发展型政府”

“发展型国家”（Developmental State）的概念最初由 Chalmers Johnson 提出，用于分析日本通产省在经济发展中的作用（Johnson，1982）。此后，很多学者借助此概念来分析发展中国家在向现代工业社会转变的过程中政府推动经济发展的作用，并将这种以推动经济发展为主要目标、担当经济发展主体力量的政府称为“发展型政府”。中国在向市场经济转型的过程中，采取了以“经济建设为中心”的基本路线，从中央到地方政府都将发展经济作为首要任务，有着典型的发展型政府特征。特别是对于地方政府来说，一方面，财政包干的分税制使地方政府完全享有了地方经济增长所带来的剩余收入所有权（包括地方财政收入和预算外收入），形成了鼓励地方政府发展经济的长效激励机制，同时各种经济权限的下放与财政独立性的增强也使得地方政府有能力通过投资、消费和制定产业扶植政策等推动经济增长（Qian and Weingast，1997；林毅夫、林志强，2000；Jin et al.，2005）；另一方面，中国以 GDP 为导向的政绩评价机制导致了地方官员围绕 GDP 增长开展“晋升锦标赛”，这种政府官员的治理机制极大地激励了地方政府为促进经济增长而开展各种政策与制度创新（Li and Li，2005；周黎安，2007）。在这样的制度背景下，从省、市到各个行政区都有着发展经济的强烈需求和愿望。

我国的国家高新区是为实现科技驱动发展目标所创立的专门负责推动以创新为导向的产业和经济发展的功能性区域，在我国总体的发展型国家体制下，高新区与行政区有着内在一致性的目标和走向融合发展的潜在需求。

首先，高新区极大地促进和支撑了地方经济增长，由此也成为各地推动地方经济发展的主要抓手。2009 年，在首批 56 家国家级高新区中，已有 23 家高新区的工业增加值在其所在城市中所占份额达到 30% 以上，16 家高新区的园区生产总值占当地地区生产总值的比重达到 20% 以上（王胜光，2010）。尤其是在我国当前产业结构调整和发展方式转变的关键时期，高新区作为我国高新技术产业发展的一面旗帜和创新驱动型经济的典型代表，更是被各地方视为实现引领经济可持续协调发展和塑造未来区域经济竞争力的制胜法宝。

其次，高新区的独特政治位置，也使行政区可以通过发展和建设高新区获得更高的行政级别和更多的领导重视，有利于政治升迁。在首批 56 家国家高新区中，43 家高新区管委会行政级别属于正或副地市级。上海张江、青岛、佛山、厦门、石家庄、兰州、济宁、福州等高新区管委会的主任或书记由主管副市长兼任，中关村、广州、西安、昆明等高新区管委会主任均是市委常委，宝鸡、长春、成都等高新区管委会主任同时是市长助理。高新区的领导干部也因为有显示度的创新绩效和产业业绩更容易获得升迁。因而，各个行政区都非常积极地创建高新区和支持高新区发展。同时，在中国分权化改革的大背景下，从上到下形成了权力与职责逐层下放和分解的机制，市政府会进一步向各个行政区分权，很多城市直接将高新区的建设责任交给了其所在的行政区，采取“市区共建”方式，使行政区成为投资建设和经营管理高新区的主体依托力量，从而一些高新区实际上是属于行政区的一部分并隶属行政区管辖，如上海张江高科技园区、青岛高科技工业园、佛山高新区各个分园等。

为引导和推动高新区创新经济的发展，高新区管委会需要比一般的政府具有更强的创新支持和经济导引功能，真正成为以创新为导向的“发展型政府”。它已不再是传统意义上的区域管理者，而更突出地表现为创新机会的发现者、创新服务的提供者、引领区域创新变革的企业家、发展方向选择的导引者以及动员和组织资源支持区域创新发展的组织整合者（程郁，2010；李金亮和沈奎，2010）。要实现上述创新发展支持功能，高新区管委会就必须成为具有高度自主性的经济官僚机构，并有能力制定和有效实施科学、合理的创新发展政策（Evans，1995）。获得充分授权的高新区管委会辅之以执行层面的国有公司和事业单位，实质上正是创造了这样一种适应政府推进发展需要的自主性经济官僚机构。然而，从严格的行政法律意义上讲，高新区管委会只是政府委托授权的代理机构，并不具有行政主体资格，这就使得高新区管理的自主性存在制度不稳定的隐患。特别是随着一些新兴功能发展区的兴起以及各地行政区经济发展诉求的提升，对高新区形成了一定的政治和经济资源的竞争压力。由于高新区所获得的授权缺乏有效法律保障，部门之间和区域之间的权力争夺将可能导致对高新区的授权不能切实落实，主管领导的变更及其发展偏好的变化也会直接影响高新区所获得的授权范围和权力执行力。

目前，很多高新区仍没有落实市级经济管理权限，具体的职能管理和政策执行还要依赖于其所在的行政区政府来实现，发展的竞争性和利益的冲突往往会导致高新区与行政区之间的关系不和谐。在一些极端的情况下，甚至出现行政区阻碍和抑制高新区发展的现象。而在进入“二次创业”的新发展阶段后，高新区更需要一个具有高度内在整合型的“强政府”来引导和推进其向创新驱动型发展转型，相应地就需要高新区管委会从一个机能不完全的“准政府”转变成为具有完全行政能力的“真政府”，以充分的自主管理和协调能力保障创新政策与战略的有效实施。因此，在高新区的基础上建立行政区或相当于行政区的政府管理机构，或将高新区与其所在行政区管理机构合并，就成为很多地方从制度上保障高新区自主化管理权力和官僚体制内部整合性的重要途径。“政区合一”的体制不仅直接解决了高新区与所在行政区相关职能和服务的协调问题，而且赋予高新区完全的政策自主性和更强的政策执行力，更有利于高新区自发探索体制机制创新。除了贯彻执行国家和省市的各项政策外，高新区还能够通过区政府制定地方性法规和相关政策来自主引导和推动区域创新发展，可以在强化上级政策效力的基础上给予全方位的保障和支持。

另外，从世界科技园区的发展趋势来看，未来的科技园区将是一个科技、经济、社会人文、资源环境和谐发展的现代高科技社区或现代知识经济社区，因而科技园区已超越科技、经济和产业范畴，越来越强调城市和社会的整体发展及其对创新内在的触发效应①。经过 30 多年的发展，我国的国家高新区也已经不再是传统意义上仅承担开发建设、产业发展的科技工业园。随着科技人才的规模化集聚和相关配套服务业的发展，高新区日益成为科技、经济、商务、生活、文化、社会、资源环境和谐发展的现代科技城区，成为各地城市化发展的先驱力量。与之相伴随的是相关社会事务和社会服务功能的增加，高新区管委会已有的授权职责和权限已经越来越难以满足高新区发展的现实需求。由此，出现了很多地方进一步向高新区扩大授权的现象，从经济管理权限扩大到了行政与社会管理权限，高新区实质上享有了行政区的各项权力并承担相应社会事务管理职能，成为一个“准行政区”。一些地方甚至直接以高新区为基础创建新的行政区或与其所在行政区合署办公，实现经济管理与社会管理的有效整合。可见，高

① 知识社区的重要性在于社区实践能够促进知识学习、积累、流动和创新，使之具有自组织创新的能力，是内源式创新和内生式增长的动力源。

新区“行政区化”的特征是由其功能发展内涵延伸和扩张所决定的。

17.2.2 经营其所辖区域的“地方法团”

戴慕珍（Jean Oi，1992，1995）在对中国财政改革激励下的地方政府参与经济的行为进行经验描述的基础上提出了“地方法团主义”（Local State Corporatism）理论。“地方法团主义”强调了地方政府在获得剩余支配权后的经济发展动机，使其能够在市场竞争的压力下像企业家一样去经营社区企业；政府就好比扮演了一个从事多种经营的实业公司集团总部的角色，对其辖区内的企业和社会进行整体的公司化运作（Walder，1995）。高新区是典型的由政府推动区域经济和产业发展的制度范式，自创立之初就建立了“管委会+开发公司”的运行管理体制。这样，高新区一方面是获得了政府相关经济管理权限授权的代理机构；另一方面是负责区域开发和产业经营的企业，企业主要负责人一般由高新区管委会任命或直接由高新区主管领导兼任，成为一个对其管辖区域进行功能化开发经营的政治经济混合体。

从这样的角度来看，高新区的发展非常有代表性地体现了另一种形式的“地方法团主义”，即强制性制度变迁下的政府经营区域模式。与戴慕珍所研究的乡镇政府和乡镇企业不同，高新区不是直接去创建和经营实体企业，而是通过开发经营土地和培养有竞争力的产业创造税收来实现对整体区域的经营；高新区所创建的开发公司等企业不是按照企业利润最大化原则运作，而是遵从高新区管委会政绩和财政收益最大化的复合目标。高新区管委会引导创新和参与经济活动的方式主要表现为：一是经营土地和培植税源企业，以扩充财政保障高新区环境建设、公共服务供给和扶持企业创新发展；二是配置创新政策资源，支持高新区内企业开展创新活动；三是发起或引导创建多种形式的创新服务机构（包括事业单位、企业和非营利机构等），弥补创新的市场缺失环节，衔接和疏通创新价值链；四是创建国有投资和担保公司，为创新企业提供风险投资和担保贷款支持，帮助企业分担创新风险。

在我国高新区的发展过程中，中央政府只是给予相关的政策支持，具体的投入建设主要是依托地方政府。一般在创立高新区之初，各地方政府只给予很少的起步投入，建设资金主要来源于开发公司作为承债主体所获得的政府担保的开发贷款。为了有效激励和保障高新区的建设发展，各地方都在未来的土地和税收收益分配上给予高新区极大的优惠，市、区政府只提取很小一部分，绝大部分收益留给高新区进行滚动开发建设和为企业提供政策支持，甚至很多地区允许高新区全额留存和完全自主支配。

根据科技部火炬中心 2009 年对“56 + 1”家国家高新区的调查，只有 7 家高新区没有独立的一级财政，有 31 家高新区获得 50% 以上的地方税收分成留存（其中 7 家高新区地方税收收入全额留存），有 30 家高新区在扣除基本费用后土地出让收益全额留存高新区。在这样的制度安排下，高新区的经营模式主要是通过土地的开发建设和整体环境的打造，一方面大幅度提升区域内的土地价值乃至高新区的土地经营收益；另一方面大力吸引高效、优质的企业进驻，为高新区创造可持续的丰厚税收收入（见图 17 - 1）。但高新区不同于经济开发区和一般的工业园区，其核心内涵是支持创新和培育高新技术产业，政府扶持和引导创新的各项政策和服务都需要巨大的投入。

在目前我国国家层面对高新区支持力度还较为有限的情况下，很多国家、省市的政策需要高新区自筹资金予以配套支持。与此同时，面对日趋激烈的区域竞争，为吸引和凝聚优质创新资源，高新区不仅需要打造高端的创新环境，还要加大政策力度支持人才、企业、研发机构等的创新发展；对于一些前景较好的创新项目，高新区管委会还需要在土地和税收上作出较大让步并承诺给予无偿创新资助、政府风险投资以及政府担保或贴息贷款的支持。这进一步放大了高新区建设的投入需求、拉长了产业发展的回报周期，增强了区域的经营风险。

实际上，在我国当前的发展阶段，由于技术基础薄弱和产业发展的路径依赖，创新发展仍处于投入积累期，高新区高技术产业的税收收入还远不足以弥补总体的建设和创新投入。因而，在上级政府投入有限的条件下，滚动开发土地和招引能够持续创造税收的“现金流”企业，就成为高新区维持建设发展和积累创新投入资本的必然选择（见图 17 - 1）。因为土地收益在高新区留存比例更高，并且作为预算外资金高新区管委会能够更灵活地支配，土地经营更是成为高新区赖以生存和发展的经济动脉。根据2009年调查44家国家高新区对建设资金来源的作答情况，有21家高新区80%以上的建设资金来源于土地收入和银行贷款，而贷款的偿还也主要是依靠未来的土地收入，更有13家高新区50%以上的建设资金是来源于土地收入。同时，土地又是承载产业、经济和社会发展的空间。高新区既需要充分的土地供给以保障形成有效税基规模的“现金流”产业，壮大高新区的财政基础满足日益增长的创新投入需求；又需要充分的土地供给保障优质创新项目的落地发展，以有效规模的高新技术产业推动产业结构的调整和发展模式的转变；还需要充分的土地供给保障科研、教育、文化、生活、社会、生态等整体创新环境，以完善的配套和创新的社会文化环境凝聚和吸引高端创新资源。

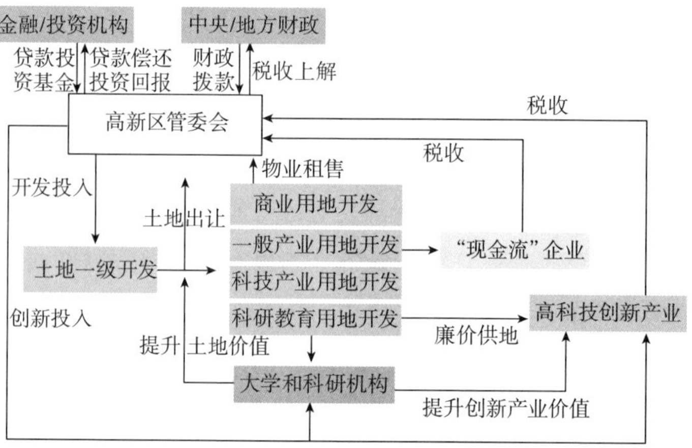

图17－1　高新区区域经营的资金流模式

可以看出，在我国当前的经济发展阶段和现行的依靠地方力量来建设高新区的发展模式下，高新区只有通过以土地资源换取经济收入的方式首先解决自身可持续发展问题，然后才有可能在经济剩余积累的基础上投入创新建设。特别是在转型发展期，激增的创新产业培植不仅需要相应的土地空间支撑，而且需要增量的土地经营收入和“现金流”企业税收收入来确保增量创新投入的需求。这就决定了在相当长一段时期内，高新区的发展仍需要一定规模的土地空间扩张来保障创新投入资本的积累和产业结构的增量调节。这也是近年来高新区有着强烈扩容发展需求的重要原因，很多高新区的实际管辖面积已经大大超过了国家审批面积。国家审批的高新区总面积是 961.5 平方公里，而 54 家国家高新区实际管理的面积为 6200 多平方公里（于良，2011）。高新区的扩容必然需要从其他行政区划出土地和相应的管辖权，这个过程容易引发区域之间经济和政治利益争夺的矛盾，而“政区合一”则有效解决了这一问题。这种“一体两面”的体制可以充分利用行政区的土地资源来支撑高新区的发展（见表 17－1），并通过灵活的土地空间组合有效保障行政区高新区整体发展的可持续性。土地的商业化经营、“现金流”企业以及配套社会环境可以放到行政区来发展，在国家批准的高新区范围内则只集中发展创新载体和高新技术产业，这样就能够以整体的“资金大循环”弥补高新区创新投入缺口，以整体的社会环境配套支撑高新区有限范围内的专一功能发展。

表 17－1　“政区合一”高新区土地情况　　单位：平方公里

高新区	实际管理面积	国家审批面积	高新区	实际管理面积	国家审批面积
中关村	367.50	232.52	杭　州	85.64*	12.12
常　州	439.20	9.45	广　州	391.88*	37.34
无　锡	220.00	5.63	桂　林	83.00	12.07
苏　州	223.40	6.80	吉　林	25.10	4.36
南　京	82.50	16.50	乌鲁木齐	84.00	0.80
沈　阳	120.60	27.50	洛　阳	110.00	5.48
大　庆	130.20	14.30	珠　海	139.00	9.80
株　洲	150.00	8.58	苏州工业园	288.00*	80.00*

资料来源：于良．高新区发展中的土地限制问题与政策建议［J］．高科技与产业化，2011（176）：100－102.

注：* 为笔者根据相关信息整理。

而对于行政区来说，高新区的这种土地经营和产业发展模式也为其所艳羡不已。在现实中，高新区以其优越的环境建设和大学、科研院所等创新资源云集的优势，成为高端人才工作和生活的首选之地，其土地和房产价格均处于其所在城市的较高水平；而完善的政策制度环境和区域创新品牌效应吸引和培育了一批有活力的创新型企业，对高新区的经济和财政形成有力的支撑。毋庸置疑，与同等的行政区相比，高新区实现了更大的区域经营价值。高新区所在的或临近的行政区在其创新环境的溢出效应下也获得了较大的区域价值提升。因而，行政区也希望学习和借鉴高新区经营区域的经验，并借助高新区的品牌和政策制度优势推动区域经济的快速发展。而且作为国家批准的政策性开发区，高新区在土地的产业化开发和政府参与投资经营上有着特许权。行政区以高新区的名义发展，一方面更容易获得用地指标，有利于解决当下阶段区域发展与土地限制开发的矛盾；另一方面能够通过成立开发公司、投资公司、服务公司等方式直接参与区域内的经济活动，在高效助推区域发展的同时为行政区政府创造丰厚的预算外收入。正是这种共同利益基础，使得行政区也非常乐意与高新区合并，以获得更大经济管理权限和更高的区域经营价值。对于直接合并上存在操作困难的区域，也在积极探索高新区与行政区合作的其他形式。目前，在很多地方已经形成了行政区提供土地、高新区输出经验和品牌、双方共享收益的合作建设模式，如长春高新区长德新城、苏州宿迁工业园、广州高新区生物岛等。

17.3 “政区合一”的效率边界

“政区合一”的管理体制实际上是在一定区域范围内创造了一个内在高度整合的政府机构，利用行政区的物质和行政资源为高新区创造更有利的发展条件，具体包括：一是以行政区更广阔的土地空间支撑高新区的土地开发运营模式和保障高新技术产业的用地需求；二是财政资源、基础设施、产业空间等的优化配置，以行政区的财力与环境配套更有力地支持高新区核心创新功能的塑造；三是通过行政区自主制定地方性法规和支持政策，以适时的政策与制度创新有效推进高新区创新发展；四是统合协调行政区的各个职能部门协力支持高新区创新发展，确保高新区实际管理权限的落实和政策的执行力，实现对企业高效、全面、优质和便捷的服务。但这并不意味着“政区合一”就一定更有利于高新区的发展，行政区也会因为其传统的管理体制、沉重的社会负担和烦琐的社会事务而拖累高新区的发展。如果没有政府职能的根本转变、发展方式的切实转型以及必要的发展资本积累，“政区合一”不仅会使高新区向传统行政管理体制复归，而且可能导致行政区对高新区的压制和掠夺。下面我们将通过两个典型案例来看不同情境下的“政区合一”体制对高新区发展的不同影响，通过对比，分析考察哪些因素影响“政区合一”体制的效率。

17.3.1　广州高新区：创新导向的“政区合一”

广州高新技术产业开发区（以下简称广州高新区）[①] 成立于 1991 年，国务院批准的广州科学城部分面积为 37.34 平方公里。1998 年 8 月，经国家科委、广州市委、广州市政府批准，广州高新区与广州经济技术开发区（以下简称广州经开区）合署办公；2000 年 4 月，在广州经开区的基础上设立了广州出口加工区；2002 年 6 月，经广州市委、市政府批准，广州保税区与广州经开区合并；2008 年 9 月，广州保税物流园区通过国家验收，并与经开区、高新区、保税区、出口加工区合署办公，自此五大功能园区实现了管理体制合并，统称为“广州开发区”。随着开发区的发展，其对土地空间需求的不断增加。为了支持开发区的发展，广州市政府在 2003 年和 2004 年 3 次扩大了开发区的管辖范围并进一步赋予了有关经济社会行政管理权[②]；2005 年 4 月，经国务院批准从白云区、黄埔区、天河区和增城分别划出部分村委会、居委会或街道办事处所辖区域设立萝岗区，行政区总面积为 393.22 平方公里（天津开发区联合考察组，2005）。这样，开发区党委、管委会直接行使区委、区政府相关职能，正式形成“政区合一”的体制架构。

17.3.1.1　功能区化的行政区发展

从广州开发区、行政区的合并过程可以看出，功能区的发展一直处于主导地位，萝岗区是依托开发区而设立的。萝岗区成立后，除了依法成立

① 广州高新区由广州科学城、天河科技园、广州民营科技园、黄花岗科技园、南沙资讯科技园以及广州国际生物岛“一区五园 + 一岛”联合构成，广州科学城是其核心园区。这里只讨论广州科学城与萝岗区“政区合一”的体制关系。

② 2003 年 1 月，广州市委、市政府将白云区萝岗镇、天河区玉树村、黄埔区笔岗村以及黄坡农工商公司、岭头农工商公司等整建制地划归广州开发区；2003 年 4 月和 2004 年 6 月，广州市政府委托开发区行使对黄埔区夏港、白云区萝岗、东区、联和 4 个街道办事处的有关经济社会行政管理权。

区人大、区政协外，区委、区政府只须在原有开发区党委、管委会基础上适当增设工作机构，而主要政府职能仍由原开发区相关部门行使，实行“多块牌子，一套人员”的合署办公机制，即以开发区工作部门为主导，将萝岗区职能相近的部门挂到开发区相关机构，将萝岗区工作部门相应内设科室的牌子挂到开发区工作部门的内设处室。这样，虽然是成立了新的行政区，但开发区的原班人马仍保持着开发区建设的工作原则与作风，在管理行政区时仍然会从功能区发展的需要出发，以实现功能绩效最大化的目标来推进行政区整体的发展。因而，为保障开发区产业发展集约用地的需求，萝岗区通过对萝岗新城的建设加强居住、商业服务、社区服务、文化休闲等配套布局，以更完善的城市功能来强化对开发区的支持和服务，从而使得开发区在规划限制的空间范围内充分保障了产业用地需求，并实现了科研、教育、经济、文化、生活、生态等的综合协调发展。

从经济地位上看，不同于其他很多地方的功能区与行政区，广州开发区全区（包括经开区、高新区、出口加工区、保税区）的经济总量超过了萝岗区经济总量。2010 年，广州开发区全区实现地区生产总值 1617. 83 亿元，而萝岗区为 1362 亿元。萝岗区经济是开发区经济的一部分，萝岗区的发展也是完全靠开发区财政来支撑。在这样的经济关系下，行政区的成立不仅不会弱化开发区的功能；相反，开发区的经济主导地位会使行政区各项工作更加以开发区为中心，强化对开发区的行政支持与服务。实际上，开发区的产业功能建设一直是萝岗区政府工作的首要任务，在整体区域发展上萝岗区仍然延续了开发区的推进和管理模式。对于萝岗北部新区，区政府规划了以发展知识经济为目标的“中新知识城”项目。

17. 3. 1. 2 增长“极限”推促功能导向的转变

在高新区与经开区合并过程中，高新区人员直接被转调到开发区相关职能部门从事原有工作，从形式上看是高新区被吸附到了经开区内。作为国家高新区的主管部门，科技部非常担忧这样合并会导致高新区科技创新功能更弱化。但随着 2000 年地区生产总值增长速度的下降，广州开发区日益感受到传统的规模扩张模式在土地、能源等资源约束加强和外资优惠政策退出的条件下越来越难以为继。如图 17 –2 所示，2005 年广州开发区开始遭遇经济增长的“天花板”，根据 2007 年广州开发区政策研究室的《广州开发区提升自主创新能力研究报告》，广州开发区连续 5 年地区生产总值的增速停滞。由此，广州开发区提出了以提高自主创新能力为基础的升级转型发展战略，2002 年颁布《关于加快科技创新和体制创新，推动高新技术产业跨越式发展的若干规定》，并相继出台了《关于加强与高校科研院所产业化合作的意见》《科技发展资金管理办法》等一系列支持科技创新的政策，加快了创新平台和服务体系的建设，加强了科技创新能力、科技型企业、创新型产业集群等的培育。在发展“瓶颈”与转型的压力下，广州开发区自发走上了创新导向的发展道路，高新区功能导向取代经开区功能导向成为广州开发区的主导发展模式。

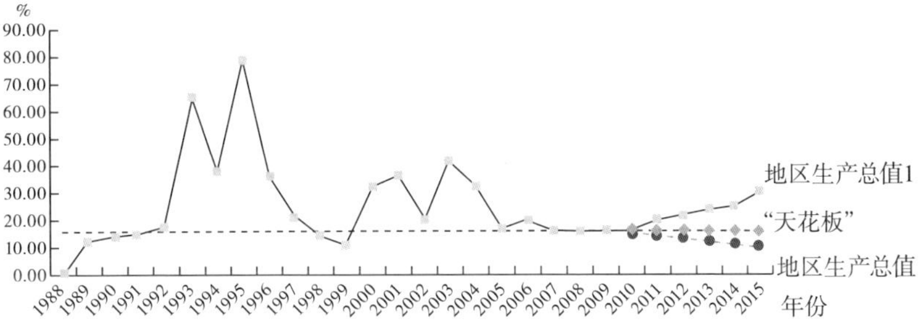

图 17－2　1988—2015 年广州开发区地区生产总值增长率及其预测[①]

广州开发区以早期产业发展所积累的财富为新时期创新发展提供了有力的支撑和保障。广州开发区是全国国家级经济技术开发区中经济绩效最高的开发区之一，2010 年全区实现财政收入 388.56 亿元，雄厚的财政实力保障了科学城、知识城和广州国际生物岛的高端打造以及对科技创新的持续稳定支持。2010 年全区财政安排科技资金 2.5 亿元，R&D 经费占地区生产总值的比重达到 3.6%。因而，对于广州开发区的创新发展模式，其前政策研究室主任沈奎曾戏称为“洗发水养高科技”。在充分的投入支持

① 2007 年广州开发区政策研究室的《广州开发区提升自主创新能力研究报告》。

其中，2010 年及之后年份的三条线中，中间的菱形线表示“天花板（增速为 0）”；最上面的方形线地区生产总值 1 是预测值，表示广州开发区和高新区合并走创新驱动道路的经济增速预测值；最下面的圆形线地区生产总值也是预测值，表示广州开发区走传统规模扩张而非创新驱动模式的经济增速预测值。

下，广州科学城的发展带动开发区整体取得了非常突出的创新成绩，2010年全区实现高新技术产品产值1750亿元，占全区工业总产值的比重达到42%；专利申请量预计达到2206件，专利授权1196件，每百万人累计发明专利授权量达到3417件。同时，科学城的快速发展使之成为广州高新区的主体支撑力量，2010年广州科学城实现营业总收入2033.79亿元，占到了高新区总营业总收入的59.58%，并支撑广州高新区在全国高新区中取得了较为领先的创新绩效①。

17.3.1.3 政府职能转变与管理创新

在建立行政区之后，尽管管辖范围和管理职能大幅度增加，广州开发区管委会仍保持着高度精简的管理机构。根据“精简、统一、高效”和“小政府、大社会，小机构、大服务”的原则，对政府内部机构、职能、人员进行整合，率先实行大部制改革，形成精简高效、为民亲商、务实创新的独特管理体制。目前，全区党政工作部门有20个，相比其他行政区少8个，到2009年行政编制仍控制在271人，相比其他行政区少40%。为了以非常有限的政府机构和人员应对复杂而繁重的社会事务，广州开发区大力推进社区管理体制改革。按照属地管理和责权对应原则，扩大镇、街经济社会管理权限，建立街（镇）政务服务分中心，推动城市管理重心下移，而区政府主要负责社区管理的总体规划、统筹、指导和监督。这样不仅大大提高了公共管理的绩效，而且减少了行政区社会事务对开发区的拖累，使开发区管委会能将主要精力放在功能业务的发展上。

17.3.2 青岛高新区：走出被行政区束缚的高新区

青岛高新区②是1992年11月经国务院批准设立的国家级高新区，位于崂山区的青岛高科技工业园（以下简称青岛高科园）是青岛高新区的重要组成部分，经国务院批准的政策区规划面积为9.8平方公里。2008年，

---

① 2009年，广州高新区在科技部火炬中心对56家国家级高新区评价排名中位列第七。

② 青岛高新区目前由青岛高新区胶州湾北部主园区、青岛高科技工业园、青岛新技术产业开发试验区、青岛科技街、青岛市南软件园“一区五园”构成，本章只讨论青岛高科技工业园与崂山区“政区合一”的体制关系。

青岛高科园完成规模以上工业总产值 439.13 亿元，占崂山区的 92.97%，占青岛高新区的 61.06%；高新技术产业实现产值 549 亿元，占工业总产值的比重超过 90%，居全市首位。

青岛高科园最初是以崂山区中韩镇行政区划为范围，按照“镇园合一”的模式建立，辖区面积达到 58 平方公里。1994 年 4 月，青岛市调整市辖区行政区划后，原老崂山区被拆分，以中韩、沙子口、北宅、王哥庄四处乡镇组成总面积为 389 平方公里的新崂山区，青岛高科园管委会与新崂山区政府合办办公，形成了“政区合一”的体制格局。采取这样的体制安排本是希望以行政区的资源支持高新区的发展，但现实中青岛高科园却日益被边缘化，不但没有获得行政区的有效支持，反而为崂山区所压制，导致青岛高科园长期以来因创新投入不足难以实现发展转型和跃升。这样一种“错位”局面的形成大致可以归结为以下 3 个方面原因：一是合办后崂山区的各个乡镇都比较贫穷，而且作为风景区被限制进行产业开发，无法通过土地的产业化经营来支持区域发展，扩张的管辖范围对青岛高科园来说不再是一种支撑发展的资源，反而更多地表现为经济负担。2009 年，青岛高科园上缴税收 80 余亿元，占到了全区税收收入的近 70%，行政区的很多开支是靠青岛高科园的税收收入来维持。因而，实际上不是行政区支持高新区的发展，而是高新区对行政区“扶贫”。二是崂山区依托青岛市优美的自然风景名胜，已经成为青岛市地价最高的地区。从区域经营价值最大化的角度来看，商业房地产开发远比发展高新区能够更快、更有效地实现高价值回报，因此崂山区政府领导的主要精力都放在了沿海的商业开发上，而忽视了对科技创新的支持和高新技术产业的培育。三是尽管最初的规划设计很合理，但却因为领导的人事变动而导致原本的发展方案难以切实执行。

为了强化高新区的功能化管理，2000 年 9 月青岛市政府出台了《青岛市人民政府关于加快青岛高新技术产业开发区发展的决定》，直接把青岛高新区整体的管理职能移交给了与崂山区政府合署办公的原青岛高科园管委会。但因为既有的政府管理模式和发展路径没有改变，高新区整体功能管理权限的下放并不能有效提升高新区在崂山区的地位，反而因为崂山区政府的不重视而影响了青岛高新区的整体发展，对此科技部对青岛高新区亮了“黄牌”警告。2005 年，科技部在批准青岛高新区扩区时强制要求高新区管委会与崂山区政府分离。在选定胶州湾北部园区扩区发展后，2005 年 12 月，青岛市委、市政府下发《关于调整青岛高新技术产业开发区管理体制有关问题的通知》，收回青岛高科园管委会所承担的青岛高新区管理职权，使之由原来的市政府派出机构降格为崂山区政府派出机构。2007 年 11 月，青岛市委、市政府重新成立了青岛高新区工委和管委会，作为市政府派出机构统筹推进胶州湾北部主园区开发建设，由青岛市主管副市长担任高新区工委书记，并赋予其市级经济管理权限，对青岛高科园、青岛新技术产业开发试验区、青岛科技街、市南软件园进行协调指导。自此，青岛高新区整体在体制上走出了行政区的束缚，但面临的新问题是全新的机构需要在一片空地上从头开始完成发展所需的原始积累，不可避免地要走上一次高新区创业所经历的土地经营和招引规模化企业的老路。而且由于新的领导机构缺乏实际的整合协调手段，各个分园的发展难以享受到胶州湾核心园区的政策待遇，而新高新区管委会的功能性管理没有改变青岛高科园与崂山区的行政隶属和利益依附关系，也就无法摆脱行政区对高科园的制约和束缚。

17.3.3 案例总结

从前面的分析可以看出，广州高新区在功能区主导模式下建立的“政区合一”体制，有力支持了区域创新发展并取得突出的创新绩效，而青岛高新区却因为体制的合并导致高新区发展被边缘化（见表 17－2）。同样的“政区合一”体制在不同的情境下产生了完全不同的发展效果，这是什么原因导致的呢？

基于对两个案例的比较分析，本章认为高新区“政区合一”体制的优势和效率取决于以下 4 个方面的条件：一是以高新区为基础建立行政区，高新区是主导和核心，而不是高新区隶属和依附于行政区，新建行政区主要是为了满足高新区的发展需要；二是行政区没有较大的社会负担并在过去的发展中积累了一定的经济基础，有能力支撑高新区建设的创新投入，而且行政区日益面临着传统发展方式的制约，迫切需要通过创新来实现区域发展方式的转型；三是在高新区的发展过程中，政府机构和人员随着创新发展的需要不断进行适应性调整，已经实际推动了政府职能向创新型、服务型政府的转型，从而使合并后的区域政府相比于传统的行政官僚机构具有更强的创新意识和发展主动性；四是“一把手”领导重视创新，并将高新区发展作为其主要职责。

表 17-2　广州和青岛高新区“政区合一”体制特征与绩效的比较

分类	广州高新区	青岛高新区
机构整合	以功能区为主导，以原功能区管委会机构为基础扩展行政部门	以行政区为主导，原高新区管委会人员被整合进入行政区政府
发展路径	以经济与产业发展为主导，面临产业规模化发展的增长“瓶颈”，正在向创新驱动型发展转型	以旅游和地产经济为主导，区域经营过度依赖商业地产开发
支持力度	开发区财政支持高新区建设和创新。2009 年科技拨款占财政支出的比例为 6.82%；规模以下企业获得政府创新资助 1458.5 万元	高新区财政维持行政区发展。2009 年科技拨款占财政支出的比例为 4.51%；规模以下企业获得政府创新资助 142.8 万元
政府职能	以功能化管理为主，社会事务向下放	以行政和社会事务为主，功能化管理边缘化
土地利用	以行政区腾挪土地满足产业用地需求，并为高新区提供相关配套建设	商业房地产开发占用高新区规划用地
创新能力	当年发明专利授权数为 519 件；高新技术企业为 545 家；企业 R&D 支出占销售收入的比重为 2.67%；从业人员中研发人员的比例为 17%	当年发明专利授权数为 142 件；高新技术企业为 48 家；企业 R&D 支出占销售收入的比重为 1.42%；从业人员中研发人员的比例为 13%

17.4　结论与讨论

作为政府派出机构的高新区管委会是高新区发展的一项重要制度创新，它以上级政府的集中化功能管理授权为基础，高效整合相关部门的资源和服务，快速推进高新区的建设和创新发展。这种简约型的功能管理体制对处于创业初期、区域范围较小、管理任务较为单一的高新区是非常有效的，其管理效率显著优于行政区政府也就不言而喻。但随着高新区的扩区发展、创新管理职能的丰富化和社会管理需求的增加，这种简约型的管委会就会在创新支持、统筹协调、社会服务等诸多方面显得力不从心，特别是缺乏行政主体资格的管委会在政策执行和协调上都受到不同程度的制约，从而迫切需要建立一个拥有更广泛权力的整合型政府为高新区提供更全面有效的支持。在我国政府强烈的经济发展导向下和依托地方政府建设高新区的制度安排下，高新区寻求权力和资源支持与行政区追逐经济发展和政绩的需求相契合，使高新区与行政区合并成为构建有效支撑区域创新的整合型政府的一种制度选择。

现实中，除了少数建立之初就隶属行政区的高新区分园外，绝大多数高新区与行政区的合并体现了高新区创新发展的需求。一方面是政府创新职能扩展与高新区城市、社会功能延伸对职能政府的需要；另一方面是在自主经营型发展模式下，高新区以区域经营支撑高投入创新发展和实现科研、教育、产业、生活、文化、生态等综合协调发展的需要。而且各个地方采取“政区合一”体制的初衷也是优化整合区域行政资源，以行政区的政策、财力和土地等资源支持高新区的发展，将高新区的发展模式和经验向整个行政区扩展。也就是说，各个地方将高新区与行政区合并是希望将高新区的功能管理机制推广为一种新的区域管理模式，建立一个以创新发展为目标的行政区政府。

本章认为当前普遍存在的高新区与行政区合并现象，实质上是在现行制度体制和发展模式下地方政府追求创新发展的合理化制度选择。“政区合一”体制造就了一个内部具有高度整合性的自主性经济管理机构，能够为高新区的发展提供强有力的政策和资源支持。比如，广州高新区的“政区合一”体制不仅实现了行政效率的优化，而且以行政区广阔的土地空间和经开区的经济积累支持了“科学城”和“知识城”的高起点创新发展，真正实现了高新区的“二次创业”发展。因而，我们并不能贸然否定和批判高新区与行政区的合并，将“政区合一”体制简单定论为体制的复归。但在实际的体制整合过程中仍需要警惕发展轨道的偏离，高新区与行政区实力的悬殊、职能整合的不合理、行政区的管理体制、传统发展路径的依赖以及领导发展导向的转变等因素可能会导致高新区被行政区俘获。从对广州高新区和青岛高新区的比较分析可以看出，“政区合一”体制并不适合旧发展模式和旧体制根深蒂固的地区。只有当创新成为区域发展的主要目标并有能力支持创新发展时，只有在高新区的功能化管理成为体制内主导并具有全面实施创新管理能力的条件下，只有主要领导重视创新并将其作为主要工作方向时，“政区合一”体制才能够有效支撑高新区的创新发展。

执笔：程郁　吕佳龄

参考文献

[1] ACS Z J, AUDRETSCH D B. Innovation and technological change [M]. Boston: Springer, 2003.

[2] AGHION P, HOWITT P. A model of growth through creative destruction[J]. Econometrica, 1992(60):323 -351.

[3] AGRANOFF R, MCGUIRE M. Big questions in public network management research [J]. Journal of Public Administration Research and Theory, 2001, 11(3): 295 -326.

[4] AGRANOFF R, MCGUIRE M. Inside the matrix: Integrating the paradigms of intergovernmental and network management [J]. International Journal of Public Administration, 2003, 26(12): 1401 -1422.

[5] AGRANOFF R, MCGUIRE M. Multi - network management: Collaboration and the hollow state in local economic policy [J]. Journal of Public Administration Research and Theory, 1998, 8(1): 67 -91.

[6] AGRANOFF R. Inside collaborative networks: Ten lessons for public managers [J]. Public Administration Review, 2006, 66(1): 56 -69.

[7] AHO E. Sitran menestystarinassa on Alkanut Uusi Luku [J]. Teollisuussijoitus, 2005(1): 4 -5.

[8] AIGNER D J, LOVELL C A K, SCHMIDT P. Formulation and estimation of stochastic frontier production models[J]. Journal of Econometrics, 1977(6):21 -37.

[9]AJZEN I. The theory of planned behavior [J]. Organizational behavior and human decision processes, 1991(50):179 -211.

[10] ALDRICH, MARTINEZ. Many are called, but few are chosen: An evolutionary perspective for the study of entrepreneurship[J]. Entrepreneurship theory and practice, 2001(summer):41 -56.

[11]ALDRICH H, ZIMMER C. Entrepreneurship through social networks [A]//SEXTON D L,SMILOR R W. The art and science of entrepreneurship. Cambridge:Ballinger Publishing Company,1986:3 -23.

[12]ALMUS M, DIRK C. The effects of public R&D subsidies on firms' innovation activities: The case of eastern germany[J]. Journal of business & economic statistics,2003, 21(2): 226 -236.

[13]ALTER C, HAGE J. Organizations working together [M]. Newbury Park, CA: Sage Publications, 1993.

[14]ALWYN Y. Substitution and complementarity in endogenous innovation [J]. The quarterly journal of economics,1993,108(3):775 -807.

[15]AMIT R, ZOTT C. Value creation in e - business [J]. Strategic management journal, 2001(22):493 -520.

[16]ARNOLD E, BOEKHOLT P. Research and innovation governance in Eight Countries: A meta - analysis of work funded by EZ(Netherlands)and RCN (Norway) [R]. Brighton: Technopolis, 2003.

[17]ARROW K. Economic welfare and the allocation of resources for invention[M]//HAROLD M,GROVES. The rate and direction of inventive activity: Economic and social factors. Princeton: Princeton University Press, 1962: 609 -626.

[18]AUDRETSCH D B,BÖNTE W, KEILBACH M. Entrepreneurship capital and its impact on knowledge diffusion and economic performance[J]. Journal of business vennturing,2008,23(6):687 -698.

[19]BAKER T, NELSON R. Creating something from nothing:Resource construction through entrepreneurial bricolage[J]. Administrative science quarterly,

2005(50):329 -366.

[20]BAKOUROS Y L, MARDAS D C,VARSAKELIS N C. Science park, a high tech fantasy? Ananalysis of the science parks of Greece[J]. Technovation, 2002(22):123 -128.

[21]BARDACH E, LESSER C. Accountability in human services collaboration for what? And to whom? [J]. Journal of public administration research and theory, 1996, 6(2): 197 -224.

[22]BARDACH E. Getting agencies to work together [M]. Washington, D. C.: Brooking Institution Press, 1998.

[23]BARRINGER B R, JONES F F, NEUBAUM D O. A quantitative content analysis of the characteristics of rapid - growth firms and their founders [J]. Journal of business venturing, 2005(20):663 -687.

[24] BATTESE G E, COELLI T J. A model for technical inefficiency effects in a stochastic frontier production function for panel data[J]. Empirical Economics,1995(20):325 -332.

[25]BATTESE G E, COELLI T J. Frontier production functions, technical efficiency and panel data: With application to paddy farmers in India[J]. The journal of productivity analysis,1992(3):153 -169.

[26]BAUMANN J, KRITIKOS A S . The link between R&D, innovation and productivity: Are micro firms different? [J]. Social ence electronic publishing, 2016, 45(6):1263 -1274.

[27]BECKER - BLEASE J R, ESOHL J. Do women owned businesses have equal access to angel capital [J]. Journal of business venturing, 2007(22): 503 -521.

[28]BERGEK A, JACOBSSON S. The emergence of a growth industry: A comparative analysis of the German, Dutch and Swedish wind turbine industries [C]. In J. Stan Metcalfe, Uwe Cantner. Change, Transformation and Development[M]. Heidelberg: Physica - Verlag, 2003:197 -227.

[29]BLANES J ,BUSOM I . Who participates in R&D subsidy programs:

the case of Spanish manufacturing firms [J]. Research policy, 2004, 33 (10):1459 – 1476.

[30] BLUNDELL R, MONICA C D. Evaluation methods for non – experimental data[J]. Fiscal studies, 2000,21(4): 427 – 468.

[31] BOEING P, MUELLER E, SANDNER P. China's R&D explosion: analyzing productivity effects across ownership types and over time[J]. Research policy,2016,45(1):159 – 176.

[32] BOLLAND J M, WILSON J. Three faces of integrative coordination: a model of interorganizational relations in community – based health and human services [J]. Health services research, 1994, 29(3): 341 – 366.

[33] BB JARUZELSKI, V STAACK, B GOEHLE. The global innovation 1000: Proven paths to innovation success[R]. American: New York, Strategy & Business, 2014.

[34] BRAGGS S M. Managing explosive corporate growth [M]. New York: Wiley, 1999.

[35] BRAUNERHJELM P, ACS Z J, AUDRETSCH D B, et al. The missing link: knowledge diffusion and entrepreneur – ship in endogenous growth[J]. Small business economics, 2010, 34(2):105 – 125.

[36] BROWN, MARK G, SVENSION, et al. Measuring R&D productivity [J]. Research technology management, 1988, 31(4):11 – 15.

[37] BRYSON J M, CROSBY B C, STONE M M. The design and implementation of cross – sector collaborations: Propositions from the literature [J]. Public administration review, 2006, 66(1): 44 – 55.

[38] BUSOM, ISABEL. An empirical evaluation of the effects of R&D subsidies[J]. Economics of innovation & new technology, 2000, 9(2):111 – 148.

[39] CASSIMAN, BRUNO, VANORMELINGEN, et al. Profiting from innovation: Firm level evidence on Markups[R]. London, UK, Centre for Economic Policy Research, 2013.

[40] CHAN K F, THERESA L. Assessing technology incubator programs in

the science park:The good, the bad and the ugly[J]. Technovation,2005,25(10):1215 -1228.

[41]CHARLES I J, JOHN C, WILLIAMS. Too much of a good thing? The economics of investment in R&D [J]. Journal of economic growth,2000,5(1): 65 -85.

[42]CHESBROUGH H. Open innovation: The new imperative for creating and profiting from technology[M]. Boston:Harvard Business School Press, 2003.

[43]CHEUNG K, LIN P. Spillover effects of FDI on innovation in China: Evidence from the provincial data[J]. China economic review, 2004, 15(1): 25 -44.

[44]YANG C H, Chen Y H. R&D, productivity and exports: Plant - level evidence from Indonesia [J]. Economic, modelling, 2012,29 (2): 208 -216.

[45]CHUN D, CHUNG Y, BANG S. Impact of firm size and industry type on R&D efficiency throughout innovation and commercialisation stages: Evidence from Korean manufacturing firms [J]. Technology analysis & strategic management,2015,27(8):1 -15.

[46]CLAUSEN T . Access (not) granted: What kinds of firms participate in technology programs? [R]. Oslo,Norway:University of Oslo, 2007.

[47] COE D, HELPMAN E. International R&D spillovers[J]. European, economic, review, 1995,39 (5):859 -887.

[48]COHEN W M, DANIEL A. Levinthal, innovation and learning: The two faces of R&D[J]. The economic journal, 1989,99(397):569 -596.

[49]COOKE P. Economic globalization and its future challenges for regional development [J]. International journal of technology management, 2003, 26 (2/3/4): 401 -420.

[50]COOPER C E, HAMEL S A, CONNAUGHTON S L. Motivations and obstacles to networking in a university business incubators[J]. Journal of technology transfer,2012,37(4):433 -453.

[51]CORRADO C A, HASKEL J, JONA - LASINIO C, et al. Intangible

capital and growth in advanced economies: Measurement methods and comparative results [R]. Bonn, Germany, The Institute for the Study of Labor(IZA), 2012.

[52] Council of State. Government resolution on the structural development of public research system [R]. February, 2005.

[53] CREPON B, DUGUET E, MAIRESSE J. Research innovation and productivity: An econometric analysis at the firm level[R]. NBER Working Paper, 1998.

[54] CRESPI G, ZUNIGA P. Innovation and productivity: Evidence from six latin American countries[J]. World development, 2012, 40 (2): 273 - 290.

[55] CUMMING D J, FISCHER E. Publicly funded business advisory services and entrepreneurial outcomes [J]. Research policy, 2012, 41 (2): 467 - 481.

[56] CZARNITZKI D, HUSSINGER K. The link between R&D subsidies, R&D spending and technological performance [R]. Mannheim, Germany: IEW Discussion Papers, 2004.

[57] DAMIJAN J P, KOSTEVCC, POLANEC S. From innovation to exporting or vice versa? [J]. World economics journal, 2010, 33 (3): 374 - 398.

[58] DANG J, MOTOHASHI K. Patent statistics: A good indicator for innovation in China? Patent subsidy program impacts on patent quality[J]. China economic review, 2015(35): 137 - 155.

[59] DAVID P A, BRONWYN H H, ANDREW A. Toole, is public R&D? A complement or substitute for private R&D? A review of the econometric evidence[J]. Research policy, 2000, 29(4): 497 - 529.

[60] DAVIDSSON P, STEFFENS P, FITZSIMMONS J. Growing profitable or growing from profits: Putting the horse in front of the cart? [J]. Journal of business venturing, 2009, 24(4): 388 - 406.

[61] DESYLLAS P, SAKO M. Profiting from business model innovation: Evidence from pay - as - you - drive auto insurance[J]. Research policy, 2013, 42 (1): 101 - 116.

[62]DUGUET E . Are R&D subsidies a substitute or a complement to privately funded R&D? evidence from France using propensity score methods for non – experimental data[R]. Paris,France:University of Paris I,2003.

[63]EDLER J, KUHLMANN S, SMITS R. New governance for innovation: the need for horizontal and systemic policy co – ordination [R]. Karlruhe: Fraunhofer Institute for Innovation Research, 2003.

[64]EDQUIST C, LUNDVALL B – A. Comparing the danish and Swedish systems of innovation. With edquist,C. in Nelson, R. R. (ed.), national innovation systems: A comparative analysis [C]. Oxford: Oxford University Press, 1993.

[65]EISENHARDT K M, GRAEBNER M E. Theory building from cases: Opportunities and challenges[J]. Academy of management journal, 2007,50(1):25 –32.

[66]ELOUAER – MRIZAK S, PICARD F. Technological dynamics and regional innovation policy:The contribution of statistical analysis of networks[J]. Innovations,2016,50(2):13 –41.

[67] ETZKOWITZ H, LEYDESDORFF L. The dynamics of innovation: From national systems and "Mode 2" to a triple helix of university – industry – government relations [J]. Research policy, 2000, 29(2): 109 –123.

[68] European Commission, Directorate – General for Enterprise and Industry. European innovation scoreboard 2008: Comparative analysis of innovation performance [R]. Brussels,Belgium:Publications Office of the European Union, 2009.

[69]European Union Intellectual Property Office. IPR – intensive industries and economic performance in the European Union[R]. Munich,Germany:EPO Publications,2019.

[70]EVANS P. Embedded autonomy: States and industrial transformation [M]. Princeton : Princeton University Press, 1995.

[71]ZHEN F. Innovation and productivity in firm level:An empirical study of China textile industry[R]. Wahingson DC:Second Conference on Micro Evidence on Innovation and Development, 2008.

[72]FISCHER E, REUBER A R. Support for rapid - growth firms: A comparison of the views of founders, government policymakers, and private sector resource providers [J]. Journal of small business management, 2003, 41(4): 346 - 365.

[73] FISHLAR R. The production and distribution of knowledge in the United States[M]. Princeton: Princeton University Press, 1962.

[74]FOLTA T B, COOPER A C, BAIK Y. Geographic cluster size and firm performance[J]. Journal of business venturing, 2006(21): 217 - 242.

[75]FOMBRUM C J, WALLY S. Structuring small firms for rapid growth [J]. Journal of business venturing, 1989, 4(2): 107 - 122.

[76]FORAY D, HALL B H, MAIRESSE J. Pitfalls in estimating the returns to corporate R&D using accounting data[R]. Perth, Australia, University of Western Australia, 2007.

[77]FORTUNE A, SHELTON L M. Age matters: Disentangling the effect of R&D investment in the global chemical products industry[J]. Business management dynamics , 2014,3 (11):35 - 54.

[78]FRANK T R, MARIE T. University - incubator firm knowledge flows: Assessingtheir impact on incubator firm performance[J]. Research policy,2005, 34(3):305 - 320.

[79] FREEMAN J. Collaborative governance in the administrative state [J]. UCLA law review, 1996, 45 (1): 1 - 98.

[80]FREEMAN C. Technology, policy, and economic performance: Lessons from Japan [M]. London:Pinter Publishers, 1987.

[81]FREEMAN C, SOETE L. The economics of industrial innovation[M]. 3rd ed. London: Pinter, 1997.

[82]FRENKEL A,SHEFER D, KNUT K, et al. Firm characteristics, location and regional innovation: A comparison between Israeli and German industrial firms[J]. Regional studies, 2001,35(5): 413 - 427.

[83]GARDNER T, JOUTZ F. Economic growth, energy prices and techno-

logical innovation[J]. Southern economic journal,1996, 62(3):653 –666.

[84]GARTNER, WILLIAM B. A conceptual framework for describing the phenomenon of new venture creation[J]. The academy of management review, 1985,10(4):696 –706.

[85]GARUD R, KARNØE P. Bricolage versus breakthrough: Distributed and embedded agency in technology entrepreneurship [J]. Research Policy, 2003(32): 277 –300.

[86]GEELS F W. From sectoral systems of innovation to socio technical systems: Insights about dynamics and change from sociology and institutional theory [J]. Research Policy, 2004, 33: 897 –920.

[87]GEELS F W. Technological transitions as evolutionary reconfiguration processes: A multi – level perspective and a case – study [J]. Research Policy, 2002(31):1257 –1274.

[88]GIBBONS M, DOWLING P J, MIRDAL G, et al. International evaluation of the Academy of Finland [R]. Publication of Ministry of Education 16, Helsinki: 2004.

[89]GILLES P, JEFFREY R, CHRIS W. The river runs through it: The case for collaborative governance in the National Capital Region[M]. Silicon Valley North: A High – Tech Cluster of Innovation and Entrepreneurship. ed. Shavinina, Larisa V. 2004: 223 –239.

[90] GLENN C, OLGA M K. The ecology of entrepreneurship[A]// AGRAWAL R, ALVAREZ S A, SORENSON O. Handbook of Entrepreneurship: Disciplinary Perspectives[C]. New York:Kluwer, 2005:167 –200.

[91] HOLGER G, STROBL E. The effect of R&D subsidies on private R&D[J]. Economica, 2007, 74(294): 215 –234.

[92]HUSSINGER K. R&D and subsidies at the firm level:An application of parametric and semiparametric two – step se – lection models[R]. Mannhoim, Germany:Centre for European Economic Research,2003.

[93]GREENWOOD J, HERCOWITZ Z, KRUSELL P. Long – run implica-

tions of investment – specific technological change[J]. American economic review, 1997, 87(3): 342 –362.

[94]GRILICHES Z. Patent statistics as economic indicators: A survey[J]. Journal of economic literature, 1990, 18(4): 1661 –1707.

[95]GRILICHES Z. Patents: Recent trends and puzzles, brookings papers on economic activity[J]. Microeconomics, 1989(20):291 –330.

[96]GRILICHES Z. Technology, education and productivity: Early papers with notes to subsequent literature[M]. New York: Basil Blackwell,1988.

[97]GRILICHES Z. Issues in assessing the contribution of research and development to productivity growth[J]. The bell journal of economics, 1979,10(1):92 –116.

[98]GROSSMAN G M, HELPMAN E. Innovation and growth in the global economy [M]. Boston:MIT Press, 1991.

[99]LANG G. Measuring the returns of R&D – an empirical study of the: German manufacturing sector over 45 years[J]. Research policy,2009,38(9): 1438 –1445.

[100]GUILLEN M F, SUAREZ S L. Explaining the global digital divide: Economic, political and sociological drivers of cross – national internet use [J]. Social forces. 2005, 84(2): 681 –708.

[101]GUNDRY L K, WELSCH H P. The ambitious entrepreneur: High growth strategies of women – owned enterprises [J]. Journal of business venturing, 2001(16): 453 –470.

[102] GUO D. Innovation input,innovation output and firm competitiveness: An analysis of China pharmaceutical industry at firm level[R]. Wahingson DC: Second Conference on Micro Evidence on Innovation and Development,2008.

[103] HACKETT S M,DILTS D M. Asystematic review of business incubation research[J]. Journal of technology transfer,2004,29(1):55 –82.

[104] HAGE J, HOLLINGSWORTH J R . A strategy for the analysis of idea innovation networks and institutions[J]. Organization studics, 2000, 21

(5):971 -1004.

[105] HALL B H. The assessment: Technology policy[J]. Oxford review of economic policy, 2002, 18(1): 1 -9.

[106] HALL B H. The financing of research and development[J]. Oxford review of economic policy, 2002, 18(1): 35 -51.

[107] HALL B H. Innovation and productivity[R]. Cambridge, Massachusetts, USA, NBER, 2011.

[108] HALL, MAIRESSE J. Empirical studies of innovation in theknowledge - driven economy [J]. Economics of innovation and new technology, 2006 (4/5):289 -299.

[109] HAMBRICK D C, CROZIER L M. Stumblers and stars in the management of rapid growth [J]. Journal of business venturing, 1985, 1 (1): 31 -45.

[110] HAMDANI D. Working paper on conceptualizing and measuring business incubation science[R]. Ottawa, Ontario, Canada, Science, Innovation and Electronic Information Division, 2006.

[111] HANNAN M T, FREEMAN J. The ecology of organizational founding: American labor unions, 1836 - 1985[J]. American journal of sociology, 1987, 92(4): 910 -943.

[112] HANS L, JACQUES M, PIERRE M. CDM 20 years after[J]. Economics of innovation and new technology, 2017, 26(1/2):1 -5.

[113] HANSEN J, SEBORA T C. Applying principles of corporate entrepreneurship to achieve national economic growth. Advance in the study of entrepreneurship [J]. Innovation & economic growth, 2003(14):69 -90.

[114] HARGRAVE T J, VAN de VEN A H. A collective action model of institutional innovation [J]. Academy of management review, 2006, 31(4): 864 -888.

[115] HAUSMAN J, HALL B, GRILICHES Z. Econometric models for count data with an application to patent[J]. Economitrica, 1984(52): 909 -938.

[116] HAWKINS J . The creative economy: How people make money from ideas[M]. London: Penguin, 2001.

[117] HAYEK F A. The use of knowledge in society[J]. American economic review, 1945, 35(4):519 - 530.

[118] HÄYRINEN - ALESTALO M, PELKONEN A, TERÄVÄINEN T, et al. Changing governance for innovation policy integration in Finland. In governance of innovation system Volume 2: Cases studies in innovation policy [C]. Paris: OECD, 2005.

[119] HENDERSON, ANDREW D. A firm strategy and age dependence: A contingent view of the liabilities of newness, adolescence, and obsolescence [J]. Administrative science quarterly, 1999, 44 (2): 281 - 314.

[120] HENTON D, MELVILLE J, WALESH K, et al. Regional stewardship: A commitment to place [R]. Palo Alto, California, USA, Alliance for Regional Stewardship, 2000.

[121] HITE J M, HESTERLY W S. The evolution of firm networks: From emergence to early growth of the firm [J]. Strategic management journal, 2001, 22(3): 275 - 286.

[122] HU A G . Ownership, government R&D, private R&D, and productivity in Chinese industry[J]. Journal of comparative economics, 2001, 29(1): 136 - 157.

[123] HU ALBERT G Z, ZHANG P, et al. China as number one? Evidence from China's most recent patenting surge[J]. The journal of development economics, 2017(124):107 - 119.

[124] HULBERT B, BROWN R B, ADAMS S. Towards an understanding of "opportunity"[J]. Marketing education review, 1997, 3(10): 67 - 73.

[125] HULTEN C R. Growth accounting when technical change is embodied in capital [J]. American economic review, 1992, 82(4): 82.

[126] HUSSINGER K. R&D and subsidies at the firm level: An application of parametric and semiparametric two - step selection models[J]. Journal of

applied econometrics, 2008, 23(6): 729 – 747.

[127] IBENHOLT K. Explaining learning curves for wind power [J]. Energy policy, 2002(30): 1181 – 1189.

[128] JACOBSSON S, BERGEK A. Transforming the energy sector: The evolution of the technological systems in renewable energy technology [J]. Industrial and corporate change, 2004, 13(5): 815 – 849.

[129] JAFFE A B. Building programme evaluation into the design of public research – support programmes[J]. Oxford review of economic policy, 2002, 18(1): 22 – 34.

[130] JAFFE A, De RASSENFOSSE G. Patent citation data in social science research: Overview and best practices[J]. Journal of the association for information science and technology, 2017,68(6):1360 – 1374.

[131] JEFFERSON G, BAI H, GUAN X, et al. R&D performance in Chinese industry[J]. Economics of innovation and new technology,2006,15(4/5): 345 – 366.

[132] JIN H H, QIAN Y, WEINGAST B. Regional decentralization and fiscal incentives: Federalism Chinese style[J]. Journal of public economics, 2005(89): 1719 – 1742.

[133] JOANNE L S, CHAKRABARTI A K. The role of incubator interactions in assisting new ventures[J]. Technovation,2010,30(3):155 – 167.

[134] JOHAN B, TIAGO R, BART C, et al. The evolution of business incubators: comparing demand and supply of business incubation services across different incubator generations[J]. Technovation,2012,32(2):110 – 121.

[135] JOHNSON M. MITI and Japanese miracle: The growth of industrial policy, 1925 – 1975[M]. Stanford, CA: Stanford Press, 1982.

[136] JONATHAN T E, SCOTT A S. Opportunities and entrepreneurship [J]. Journal of management, 2003, 29(3):333 – 349.

[137] JONES C H. A general heory of network governance: Exchange conditions and social mechanisms [J]. Academy of management review, 1997, 22

(4): 911 -945.

[138] JONES C. Time series tests of endogenous growth models[J]. Quarterly journal of economics, 1995(110):495 -525.

[139] JONES C. R&D - based models of economic growth[J]. Journal of political economy, 1995, 103(4): 759 -784.

[140] JOSÉ L B, JOSÉ C C, ALICIA R, et al. Revisiting incubation performance How incubator typology affects results[J]. Technological forecasting & social change,2012,79(5):888 -902.

[141] KANTER R M. World class: Thriving locally in the global economy [M]. New York: Simon & Schuster, 1995.

[142] KICKERT W J M, KOPPENJAN J F M. Public management and network management: An overview [C]//KICKERT W J M, KLIJN E H, KOPPENJAN J F M. Managing complex networks: Strategies for the public sector. London: Sage Publications, 1997.

[143] KIRZNER I M. Competition and entrepreneurship[M]. Chicago: University of Chicago Press, 1973.

[144] KLETTE T J, MØEN J, GRILICHES Z. Do subsidies to commercial R&D reduce market failures? Microeconometric evaluation studies[J]. Research policy, 2000, 29(4/5): 471 -495.

[145] KLEVORICK A K, LEVIN R C, NELSON R R, et al. On the sources and significance of interindustry differences in technological opportunities [J]. Research policy, 1995, 24(2): 185 -205.

[146] KORTUM S. Research, patenting, and yechnological change[J]. Econometrica, 1997, 65(6):1389 -1419.

[147] KUITUNEN S, LÄHTEENMÄKI - SMITH K. Eliittien pelikenttä? Teknologiapolitiikan malli ja periaatteet Suomessa[J]. Politiikka, 2006, 48(2): 99 -114.

[148] KUMBHAKAR S C, LOVELL C A K. Stochastic frontier analysis [M]. Cambridge: Cambridge University Press, 2000.

[149] KUMBHAKAR S C. Production frontiers, panel data and time – varying technical inefficiency [J]. Journal of econometrics, 1990, 46 (1/2):201 –211.

[150] LACH S. Do R&D subsidies stimulate or displace private R&D? Evidence from Israel[J]. The journal of industrial economics, 2002, 50(4): 369 –390.

[151] LEE K, KANG S M. Innovation types and productivity growth: Evidence from Korean manufacturing firms[J]. Global economic review, 2007,36(4):343 –359.

[152] LEE C, LEE K, PENNINGS J M. Internal capabilities, external networks, and performance: A study on technology – based ventures [J]. Strategic management journal, 2001,22(6/7): 615 –640.

[153] LEMOLA T. Convergence of national science and technology policies: The case of Finland [J]. Research policy, 2002, 31(8/9): 1481 –1490.

[154] LENGRAND L, ASSOCIÉS. Innovation tomorrow: Innovation policy and the regulatory framework: Making innovation an integral part of the broader structural agenda[R]. Luxembourg:European Communities, 2002.

[155] LEVIN R C, COHEN W M, MOWERY D C. R & D appropriability, opportunity, and market structure: New evidence on some Schumpeterian hypotheses[J]. The American economic review, 1985, 75(2): 20 –24.

[156] LEVIN R, REISS P C. Tests of a schumpeterian model of R&D and market structure[M]//R&D, patents, and productivity. Chicago:University of Chicago Press, 1984: 175 –208.

[157] LEYDEN D P, LINK A N. Why are governmental R&D and private R&D complements? [J]. Applied economics, 1991, 23(10): 1673 –1681.

[158] LI H B, LI A Z. Political turnover and economic performance: The incentive role of personnel control in China[J]. Journal of public economics, 2005(89): 1743 –1762.

[159] LI X. Behind the recent surge of Chinese patenting: an institutional

view[J]. Research policy,2012,41(1):236 - 249.

[160] LIPP J. Lessons for effective renewable electricity policy from Denmark, Germany and the United Kingdom [J]. Energy policy, 2007(35): 5481 - 5495.

[161] LISE A. Explaining incubators using firm analogy[J]. Technovation,2009,29(10): 657 - 670.

[162] LÖFSTEN H, LINDELÖF P. Science parks and the growth of new technology - based firms: Academic - industry links, innovation and markets [J]. Research policy, 2002(31): 859 - 876.

[163] LOIS P, MARK R, MALAVIKA S. The role of incubators in the entrepreneurial process[J]. The journal of technology transfer January, 2004(29): 83 - 91.

[164] LUCAS R E. On the mechanics of economic development[J]. Journal of monetary economics,1988, 22(1):3 - 42.

[165] LUNDVALL B Å. National systems of innovation: Towards a theory of innovation and interaction learning [C]. London and New York: Pinter, 1992.

[166] MADSEN J. Are there diminishing returns to R&D? [J]. Economics letters, 2007, 95 (2):161 - 166.

[167] MAHONY M O, VECCHI M. R&D, knowledge spillovers and company productivity performance[J]. Research policy, 2009(38): 35 - 44.

[168] MANDELL M P, STELLMAN T A. Understanding what can be accomplished through interorganizational innovations: The importance of typologies, context, and management strategies [J]. Public management review, 2003, 5 (2):197 - 224.

[169] MARISA D, KNUT B. Innovation indicators throughout the innovation process: An extensive literature analysis[J]. Technovation, 2018(80/81): 3 - 29.

[170] MARKMAN G D, GARTNER W B. Is extraordinary growth profita-

ble? A study of Inc. 500 high – growth companies [J]. Entrepreneurship: Theory and practice, 2002, 27(1): 65 – 75.

[171] MARKS G, HOOGHE L. Contrasting visions of multi – level governance [M]//BACHE I, FLINDERS M. Multi – level governance. Oxford: Oxford University Press, 2004: 15 – 30.

[172] MARTIN L W. Recombinant growth [J]. The quarterly journal of economics, 1998, 113(2):331 – 360.

[173] MAXWELL L A, JEFFREY A S, LÉVESQUE M. Business angel early stage decision making [J]. Journal of business venturing, 2011 (26): 212 – 225.

[174] MAYO M C, BROWN G S. Building a competitive business model [J]. Ivey business journal, 1999, 63 (3):211 – 217.

[175] MEEUSEN W, BROECK J D. Efficiency estimation from cobb – douglas production functions with composed error [J]. International economic review, 1977(18):435 – 444.

[176] METCALFE S. The economic foundations of technology policy: Equilibrium and evolutionary perspectives [C]//STONEMAN P. Handbook of the economics of innovation and technological change. Oxford: Blackwell Publishers, 1995.

[177] METCALFE L. International policy co – ordination and public management reform [J]. International review of administrative sciences, 1994(60): 271 – 290.

[178] MIAN S. Assessing value – added contributions of university technology business incubators to ten antfirms [J]. Research policy, 1996 (25): 325 – 335.

[179] MICHAEL S, CHRISTOP H. Specialization as strategy for business incubators: An assessment of the central German multimedia center [J]. Technovation, 2008, 28(7):436 – 449.

[180] TANG M F, LEE J, LU Y. Assessing government – supported technology – based business incubators: evidence from China [J]. International jour-

nal of technology management,2014,65(1/4):24 -48.

[181] Ministry of Education. Tutkimusjärjestelmän rakennearviointi [R]. [S. l. :s. n.], 2005.

[182] Ministry of Empolyment and Economy. Finland's national innovation strategy [R]. Helsinki, 2008.

[183] MOKYR J. Twenty - five centuries of technological change: An historical survey [M]. London: Harwood, Academic Publishers, 1990.

[184] MORENO A M, CASILLAS J C. High - growth SMEs versus non - high - growth SMEs: A discriminant analysis [J]. Entrepreneurship & regional development, 2007(19): 69 -88.

[185] MORRIS D M. Innovation and productivity among heterogeneous firms[J]. Research policy, 2018, 47(10):1918 -1932.

[186] MPRROS M, SCHINDEHUTTE M, ALLEN J. The entrepreneur's business model: Toward a unified perspective [J]. Journal of business research, 2003, 58 (1):726 -735.

[187] NAUWELAERS C, MORGAN K. The new wave of innovation - oriented regional policies: Retrospect and prospects[R]. In MORGAN K, NAUWELAERS C. Regional innovation strategies: The challenge for less - favoured regions[M]. London:The Stationery Office and Regional Studies Association, 1999: 224 -238.

[188] NELSON R R. The economics of invention: A survey of the literature[J]. The journal of business, 1959, 32(2): 101 -127.

[189] NELSON R R, PHELPS E S. Investment in humans, technology diffusion, and economic growth [J]. American economic review, 1966 (56): 69 -75.

[190] NELSON R R. National systems of innovations: A comparative analysis[C]. Oxford: Oxford University Press, 1993.

[191] NEMET G F. Demand - pull, technology - push, and government - led incentives for non - incremental technical change [J]. Research policy,

2009(38): 700 - 709.

[192] NICHOLLS - NIXON C L. Rapid growth and high performance: The entrepreneur's "impossible dream?" [J]. Academy of management executive, 2005, 19(1): 77 - 89.

[193] NIOSI J, SAVIOTTI P P, BELLON B, et al. National systems of innovation: In search of a workable concept [J]. Technology in society, 1993, 15 (2):207 - 227.

[194] OECD . Educational attainment: A snapshot of 50 years of trends in expanding education[R]. Paris, France, Organization for Economic Cooperation and Development, 2017.

[195] OECD. Dynamising national innovation systems[R]. Paris, France, Organization for Economic Cooperation and Development, 2002.

[196] OECD. Governance of innovation system: Vol. 1 synthesis report [R]. Paris, France, Organization for Economic Cooperation and Development, 2005.

[197] OECD. National innovation systems [R]. Paris, France, Organization for Economic Cooperation and Development, 1997.

[198] OECD. OECD review of innovation policy: China [R]. Paris, France, Organization for Economic Cooperation and Development, 2008.

[199] OECD. Science, technology and industry outlook: 2008 [R]. Paris, France, Organization for Economic Cooperation and Development, 2008.

[200] OECD. The knowledge - based economy [R]. Paris, France, Organization for Economic Cooperation and Development, 1996.

[201] OECD. New sources of growth knowledge - based capital driving investment and productivity in the 21st century [R]. Paris, France, Organization for Economic Cooperation and Development, 2012.

[202] OECD. Perspectives of the digital economy[R]. Paris, France, Organization for Economic Cooperation and Development, 2015.

[203] OECD. Science, technology and industry scoreboard: Innovation for growth [R]. Paris, France, Organization for Economic Cooperation and Develop-

ment,2013.

[204] OECD. Science, technology and industry scoreboard: Innovation for growth and society [R]. Paris, France, Organization for Economic Cooperation and Development,2015.

[205] OECD. Science, technology and industry scoreboard: The digital transformation [R]. Paris, France, Organization for Economic Cooperation and Development,2017.

[206] OI J. The role of the local state in China's transitional economy[J]. China quarterly, 1995(144): 1132 - 1149.

[207] OI, JEAN C. Fiscal reform and economic foundation of local state corporatism[J]. World politics, 1992, 45(1): 99 - 126.

[208] EJERMO O, ASTRID K, MARTIN S H. The R&D - growth paradox arises in fast - growing sectors[J]. Research policy ,2011,40(5):664 - 672.

[209] ORTEGA - ARGILÉS R, PIVA M, POTTERS L, et al. Is corporate R&D investment in high - tech sectors more effective? [J]. Contemporary economic policy,2010(28):353 - 365.

[210] RITALA P, HURMELINNA - LAUKKANEN P. What's in it for me? Creating and appropriating value in innovation - related coopetition [J]. Technovation, 2009(29):819 - 828.

[211] PAJARINEN M, YLÄ - ANTTILA P. Large corporations in the finnish economy [M]. Helsinki: ETLA, 2008.

[212] PARR J, RIEHM J,MCFARLAND C. Guide to successful local government collaboration in America's regions [R]. Washington DC,USA, National League of Cities, 2006.

[213] PATEL P, PAVITT K. The nature and economic importance of national innovation systems:Why they are important, and how they might be measured and compared[J]. Economics of innovation and new technology,1994,3(1):77 - 95.

[214] PATOMÄKI. Uusliberalismi suomessa [R]. Helsinki: WSOY, 2007.

[215] PAVITT K. Sectoral patterns of technical change: Towards a taxonomy and a theory[J]. Research policy, 1984, 13(6): 343 -373.

[216] PELKONEN A, TERÄVÄINEN T, WALTARI S. Assessing policy coordination capacity: Higher education, science and technology policies in Finland [J]. Science and public policy, 2008, 35(4): 241 -252.

[217] PELKONEN A. The problem of integrated innovation policy: Analyzing the governing role of the science and technology policy council of Finland [J]. Science and public policy, 2006, 33(9): 669 -680.

[218] PEREZ C. Technological revolutions and techno - economic paradigms [J]. Cambridge journal of economics, 2010, 34 (1): 185 -202.

[219] PESSOA A. Ideas driven growth: the OECD evidence[J]. Portuguese economic journal, 2005, 4(1):46 -67.

[220] PITT M M,LEE M F. The measurement and sources of technical inefficiency in the indonesian weaving industry[J]. Journal of development economics,1981(9):43 -64.

[221] PORTER M. Strategy and the internet[J]. Harvard business review, 2001,79(3):63 -78.

[222] POTER M,STERN S. Measuring the ideas production function: evidence from international patent output [R]. Cambridge, Massachusetts, USA, NBER,2000.

[223] PRESSMAN J L, WILDAVSKY A. Implementation[M]. Los Angeles:University of California Press, Ltd. , 1973.

[224] PROVAN K G, KENIS P. Modes of network governance: Structure management and effectiveness [J]. Journal of public administration research and theory, 2008, 18(2): 229 -252.

[225] QIAN Y, WEINGAST B. Federalism as a commitment to preserving market incentives [J]. Journal of economic perspectives, 1997, 11 (4): 83 -92.

[226] RAFFO J,LHUILLERY S, MIOTTI L. Northern and southern inno-

vativity: A comparison across European and Latin American countries[J]. European journal of development research, 2008,20 (2): 219 -239.

[227] RAVEN R P J M. Strategic niche management for biomass [D]. Eindhoven:Eindhoven University of Technology,2005.

[228] REITAN B. Fostering technical entrepreneurship in research communities: Granting scholarships to would - been trepreneurs [J]. Technovation, 1997,17(6):287 -296.

[229] RING P S, VAN de VEN A H. Development processes of cooperative interorganizational relationships [J]. Academy of management review, 1994,19(1):90 -118.

[230] ROMER P. Endogenous technological change [J]. Journal of political economy, 1990(98): 71 -102.

[231] ROMER, PAUL M . Increasing returns and long - run growth[J]. Journal of political economy, 1986, 94(5):1002 -1037.

[232] ROONEY D, HEARN G,NINAN A. Handbook on the knowledge economy[C]. Northampton: Edward Elgar, Cheltenham, 2005.

[233] ROTHAERMEL F T, HILL C W L. Technological discontinuities and complementary assets: A longitudinal study of industry and firm performance [J]. Organization science, 2005(16): 52 -70.

[234] SAVIOTTI P P, PYKA A. Economic development by the creation of new sectors [J]. Journal of evolutionary economics, 2004, 14(1): 1 -35.

[235] SAVIOTTI P P, PYKA A. Product variety, competition and economic growth [J]. Journal of evolutionary economics, 2008, 18(3): 323 -347.

[236] SCHARPF F W. Interorganizational policy studies: Issues, concepts and perspectives[R]. in: K. I. Hanf and F. W. Scharpf (eds.), Interorganizational Policy Making:Limits to Coordination and Central Control[M]. London, UK:Sage Publications,1978.

[237] SCHOONHOVEN C B, EISENHARDT K M, LYMAN K. Speeding products to market: Waiting time to first product introduction in new firm [J].

Administrative science quarterly, 1990(35): 177 -207.

[238]SCHOT J W, RIP A. The past and future of constructive technology assessment [J]. Technology forecasting and social change, 1996(54): 251 -268.

[239] SCHWAB K, PORTER M E, SACHS J D. The global competitiveness report 2001 -2002 [R]. Geneva:World Economic Forum, 2001.

[240] Science and Technology Policy Council. Review [R]. Helsinki: Science and Technology Policy Council of Finland, 2008.

[241] Science and Technology Policy Council. Science, technology, innovation [R]. Helsinki: Science and Technology Policy Council of Finland, 2006.

[242] SCOTT W R. Institutions and organizations [M]. California: Thousand Oaks, 1995.

[243]SHANE S, VENKATARAMAN S. The promise of entrepreneurship as a field of research[J]. Academy of management review, 2000, 25(1):217 -226.

[244] SHAPERO A. Social dimensions of entrepreneurship[A]// KENT C A, SEXTON D L, VESPER K H. The Encyclopedia of entrepreneurship. Englewood Cliffs: Prentice -Hall, 1982:72 -90.

[245] SHARIF N. Emergence and development of the national innovation systems concept [J]. Research policy, 2006(35): 745 -766.

[246] SLYWOTSKY A J. Value migration - Boston [M]. Boston:Harvard Business Review Press, 1996.

[247] SPENCER J W, MURTHA T P, LENWAY S A. How governments matter to new industry creation [J]. Academy of management review, 2005 (30): 2,321 -337.

[248] STEPHEN R, JUN D,JAMES H. Modelling the innovation value chain[J]. Research policy,2008,37(6/7):961 -977.

[249] STEWART D W, ZHAO Q. Internet marketing, business models, and public policy [J]. Public policy mark, 2000 (19):287 -296.

[250] STIGLITZ J E. Public policy for a knowledge economy [R]. Lon-

don: Centre for Economic Policy Research, 1999.

[251] STOKER G, MOSSBERGER K. Urban regime theory in comparative perspective [J]. Environment and planning c: government and policy, 1994, 12 (2): 195 -212.

[252] STOKER G. Public value management: A new narrative for networked governance? [J]. American review of public administration, 2006, 36 (1): 41 -57.

[253] SUKHAREV O. Measuring the contribution of the "Knowledge Economy" to the economic growth rate: Comparative analysis [J]. Journal of knowledge economy, 2021(12): 1809 -1829.

[254] SZARKA J. Wind power, policy learning and paradigm change [J]. Energy policy, 2006(34): 3041 -3048.

[255] TANAS J K, SAEE J. Entrepreneurial cognition and its linkage to social capital [J]. Journal of American academy of business, 2007, 11 (1): 179 -192.

[256] TANGE M F, ANGATHEVAR B, PANCHOLI J, et al. Technology business incubators in China and India: A comparative analysis [J]. Journal of global information technology management, 2013, 16 (2): 33 -58.

[257] TEECE D J . Reflections on "Profiting from Innovation" [J]. Research policy, 2006, 35(8): 1131 -1146.

[258] TEECE D J. Business models, business strategy and innovation [J]. Long range planning, 2010, 43(2): 172 -194.

[259] TEECE D J. Profiting from technological innovation: Implications for integration, collaboration, licensing and public policy [J]. Research policy, 1986, 15(6): 285 -305.

[260] The World Bank. Knowledge economy index (KEI) [R]. Washington D C, United States, The World Bank, 2007.

[261] The World Bank . Building knowledge economies: Advanced strategies for development [R]. Washington D C, United States, The World Bank, 2007.

[262] UTTERBACK J M. Mastering the dynamics of innovation: How companies can seize opportunities in the face of technological change [M]. Boston: Harvard Business School Press, 1994.

[263] VAN LENTE H. Promising technology: The dynamics of expectations in technological development [D]. Eburon, Delft, NL: Twente University,1993.

[264] VILJAMAA K, LEHENKARI J, LEMOLA T. ERAWATCH country report 2008: An assessment of research system and policies finland [R]. Luxembourg,European Communities Joint Research Centre,2009.

[265] WADHO W , CHAUDHRY A. Innovation and firm performance in developing countries: The case of Pakistani textile and apparel manufacturers [J]. Research policy, 2018, 47(7):1283 - 1294.

[266] WALDER A. Local governments as industrial firms: An organizational analysis of China's transitional economy[J]. American journal of sociology, 1995, 101(2): 263 - 301.

[267] WALLSTEN S J. The effects of government - industry R&D programs on private R&D: The case of the small business innovation research program[J]. The RAND journal of economics, 2000,31(1): 82 - 100.

[268] WANG E C, HUANG W. Relative efficiency of R&D activities: A cross - country study accounting for environmental factors in the DEA approach [J]. Research policy, 2007(36):260 - 273.

[269] WEF. The global competitiveness report 2008 - 2009 [R]. Geneva: World Economic Forum, 2008.

[270] WENGER E, MCDERMOOT R, SNYDER W M. Cultivating communities of practice: A guide to managing knowledge [M]. Boston: Harvard Business School Press, 2002.

[271] WILLARD G E, KRUEGER D A, FEESER H R. In order to grow, must the founder go? A comparison of performance between founder and non - founder managed high - growth manufacturing firms [J]. Journal of business venturing, 1992, 7 (3): 181 - 194.

[272] WLADIMIR R, JACQUES M, PIERRE M, et al. Dynamic models of R&D, innovation and productivity: Panel data evidence for Dutch and French manufacturing[J]. European economic review,2015,78(8):285 - 306.

[273] WONDOLLECK J M, YAFFEE S L. Making collaboration work: Lessons from innovation in natural resource management[M]. Washington, D. C.: Island Press, 2000.

[274] World Economic Forum. The global competitiveness report 2007 - 2008[R]. Geneva,Switzerland:World Economic Forum,2007.

[275] WOOD D, GRAY B. Toward a comprehensive theory of collaboration [J]. Journal of applied behavioral science, 1991, 27(2): 139 - 162.

[276] WU L Y, WANG C J, CHEN C P, et al. Internal resources, external network, and competitiveness during the growth stage: A study of Chinese taiwanese high - tech ventures[J]. Entrepreneurship theory and practice, 2008, 32(3): 529 - 549.

[277] WUNNAVA, PHANINDRA V, LEITER, et al. Determinants of inter - country internet diffusion rates [J]. American journal of economics and sociology, 2009, 68(2): 413 - 426.

[278] YASSER A, FREDERICK L J. Relating the knowledge production function to total factor productivity: An endogenous growth puzzle [R]. Washington D C,USA,International Monetary Fund, 2004.

[279] YOUNG A. Substitution and complementarity in endogenous innovation[J]. Quarterly journal of economics, 1993, 108(3): 775 - 807.

[280] ZENG J. Physical and human capital accumulation, R&D and economic growth[J]. Southern economic journal, 1997, 63(4): 1023 - 1038.

[281] ZOOK C, ALLEN J. The facts about growth [M]. New York: Bain and Company, 1999.

[282] M'CHIRGUI Z. Assessing the performance of business incubators: Recent france evidence[J]. Business and management research,2012,1(3):62 - 74.

[283] 埃弗雷特・M. 罗杰斯. 创新的扩散[M]. 辛欣,译. 4 版. 北京:中

央编译出版社, 2002.

[284] B. 盖伊・彼得斯. 政府未来的治理模式[M]. 北京:中国人民大学出版社, 2001.

[285] 白俊红,江可申,李婧. 中国地区研发创新的相对效率与全要素生产率增长分解[J]. 数量经济技术经济研究, 2009(3): 139-151.

[286] 白俊红,李婧. 政府 R&D 资助与企业技术创新:基于效率视角的实证分析[J]. 金融研究,2011(6):181-193.

[287] 蔡莉,单标安,刘钊,等. 创业网络对新企业绩效的影响研究[J]. 科学学研究,2010,28(10):1592-1600.

[288] 蔡新蕾,高山行. 企业创新商业化实证研究:创新独占性和专有互补资产的调节作用[J]. 科学学研究,2011,29(9):1397-1405.

[289] 曹瑄玮, 刘洪涛. 基于制度主义视角的低碳创新:丹麦、德国和美国发展风电产业的启示[J]. 管理学家(学术版), 2010, 1: 3-20.

[290] 曾婧婧, 钟书华. 省部科技合作:从国家科技管理迈向"国家—区域"科技治理[J]. 科学学研究, 2009, 27(7): 1020-1025.

[291] 陈颉,李娜. 科技企业孵化器商业模式构建研究:基于天津地区多案例分析[J]. 科技进步与对策,2013(9):90-95.

[292] 陈振明. 政府再造:西方"新公共管理运动"述评[M]. 北京:中国人民大学出版社,2003.

[293] 程郁,吕佳龄. 高新区与行政区合并:是体制复归,还是创新选择?[J]. 科学学与科学技术管理, 2013(6): 91-101.

[294] 程郁. 论创新经济下的联合治理[J]. 科学学研究,2010, 28(10):1555-1563.

[295] 程郁,王胜光. 创新系统的经济学新释:创新经济体[J]. 中国科技论坛,2010,170(6):17-24.

[296] 戴晨,刘怡. 税收优惠与财政补贴对企业 R&D 影响的比较分析[J]. 经济科学, 2008(3): 60-73.

[297] 蒂蒙斯,斯皮内利. 创业学[M]. 6 版. 北京:人民邮电出版社,2005.

[298] 傅晓霞,吴利学. 技术效率、资本深化与地区差异:基于随机前沿模型的中国地区收敛分析[J]. 经济研究, 2006(10):56 – 61.

[299] 郭斌,蔡宁. 从“科学范式”到“创新范式”:对范式范畴演进的评述[J]. 自然辩证法研究, 1998 (3): 8 – 12, 62.

[300] 郭俊峰,霍国庆,袁永娜. 基于价值链的科技企业孵化器的盈利模式分析[J]. 科研管理,2013(2):69 – 76.

[301] 郭庆旺,贾俊雪. 中国全要素生产率的估算:1979—2004[J]. 经济研究,2005(6):51 – 60.

[302] 郭田勇,王鋆. 推动我国高新产业发展的“孵化器 + 风险投资”模式研究[J]. 中央财经大学学报,2006(11):48 – 52.

[303] 何德旭. 中国服务业发展报告(No. 5):中国服务业体制改革与创新[C]. 北京:社会科学文献出版社, 2007.

[304] 何强,刘涛. 我国生产性服务业与制造业协同发展研究[J]. 调研世界,2017(10):3 – 9.

[305] 洪进,路金凤. 孵化器服务对中小企业的影响[J]. 西北工业大学学报(社会科学版), 2013 (4): 47 – 52.

[306] 洪银兴. 向创新型经济转型:后危机阶段的思考[J]. 南京社会科学, 2009(11): 1 – 5.

[307] 洪银兴. 科技创新与创新型经济[J]. 管理世界,2011(7):1 – 8.

[308] 洪银兴. 论创新驱动经济发展战略[J]. 经济学家,2013(1):5 – 11.

[309] 贾军,张卓. 技术关联对企业绩效的影响研究:基于互补资产的调节作用[J]. 科学学研究,2012,30(6):909 – 915.

[310] 姜彩楼,徐康宁. 区位条件、中央政策与高新区绩效的经验研究[J]. 世界经济,2009(5):56 – 64.

[311] 姜奇平. 对长尾战略的范围经济解释[C]//第四届中国杰出管理者年会论文集. 2008.

[312] 解维敏,唐清泉,陆姗姗. 政府 R&D 资助,企业 R&D 支出与自主创新:来自中国上市公司的经验证据[J]. 金融研究,2009(6):86 – 99.

［313］卡洛塔·佩雷斯. 信息通讯技术、环境与需求增长:全球可持续发展“黄金时代”的引擎［R］. 上海:浦江创新论坛,2010.

［314］克里斯·弗里曼, 弗朗西斯科·卢桑. 光阴似箭:从工业革命到信息革命［M］. 沈宏亮,译. 北京:中国人民大学出版社, 2007.

［315］克里斯·安德森. 创客:新工业革命［M］. 北京:中信出版社,2012.

［316］李宾,曾志雄. 中国全要素生产率变动的再测算:1978—2007 年［J］. 数量经济技术经济研究, 2009,26(3): 3 - 15.

［317］李岱松,王瑞丹,马欣. 孵化器产业特征及我国孵化器营运模式探析［J］. 科研管理,2005,26(3):8 - 11,134.

［318］李汇东,唐跃军,左晶晶. 用自己的钱还是用别人的钱创新:基于中国上市公司融资结构与公司创新的研究［J］. 金融研究,2013(2): 170 - 183.

［319］李建波. 论创新型经济的涵义、特征与发展趋势［J］. 前沿,2011(7):110 - 112.

［320］李金亮, 沈奎. 创新与政府［M］. 广州:广东省出版集团图书发行有限公司, 2010.

［321］李强. 国家高新区产业集聚实证研究:生产要素集中的规模收益分析［J］. 科学学研究,2007,25(6): 1112 - 1121.

［322］李兴华. 科技企业集群的自组织机制与条件探讨［J］. 中国科技论坛, 2003(6): 57 - 60.

［323］李宇,张雁鸣. 网络资源、创业导向与在孵企业绩效:基于大连国家级创业孵化基地的实证分析［J］. 中国软科学,2012(8):98 - 110.

［324］李正风, 曾国屏. OECD 国家创新系统研究及其意义:从理论走向政策［J］. 科学学研究, 2004, 22(2): 206 - 210.

［325］理查德·R. 纳尔逊,悉尼·G. 温特. 经济变迁的演化理论［M］. 胡世凯,译. 北京:商务印书馆, 1997.

［326］梁云志,司春林. 孵化器的商业模式研究:理论框架与实证分析［J］. 研究与发展管理,2010(2):43 - 51.

[327] 林嵩,张帏,邱琼. 创业过程的研究评述及发展动向[J]. 南开管理评论,2004,7(3):47-50.

[328] 林嵩. 创业种群的衍生机制:基于三个典型案例的研究[J]. 科学学研究,2011,29(4):565-570.

[329] 林毅夫, 林志强. 中国的财政分权与经济增长[J]. 北京大学学报(哲学社会科学版), 2000, 4(37): 5-17.

[330] 刘安国,杨开忠. "琼斯批评"对内生增长理论发展的影响[J]. 首都经济贸易大学学报,2008(4):102-108.

[331] 刘凤朝,孙玉涛. 我国科技政策向创新政策演变的过程:基于我国289项创新政策的实证分析[J]. 中国软科学,2007(5):34-42.

[332] 刘和旺,郑世林,王宇锋. 所有制类型、技术创新与企业绩效[J]. 中国软科学, 2015 (3): 28-40.

[333] 刘伟,黄紫薇,丁志慧. 商业孵化器商业模式创新描述性框架:基于技术与资本市场的创新[J]. 科学学与科学技术管理,2014, 35 (5): 110-119.

[334] 刘志彪. 从后发到先发:关于实施创新驱动战略的理论思考[J]. 产业经济研究,2011(4):1-7.

[335] 鲁晓东,连玉君. 中国工业企业全要素生产率估计:1999—2007[J]. 经济学(季刊),2012,11(2):541-557.

[336] 罗伯特·阿格拉诺夫, 迈克尔·麦圭尔. 协作性公共管理:地方政府新战略[M]. 李玲玲, 鄞益奋,译. 北京:中国人民大学出版社, 2007.

[337] 罗晖. 我国高新区增长因素的实证分析[J]. 科研管理,2006,27(2):65-71.

[338] 吕忠伟,袁卫. 中国知识生产函数的协整分析[J]. 统计与决策,2006(12):68-70.

[339] 马凤岭,陈颉. 基于扎根理论的孵化器商业模式演进机制研究[J]. 科学学与科学技术管理,2014,35 (5):130-136.

[340] 迈克尔·波特. 国家竞争优势[M]. 李明轩, 邱如美,译. 北京:华夏出版社, 2002.

[341] 欧阳桃花，武光. 基于朗坤与联创案例的中国农业物联网企业商业模式研究[J]. 管理学报,2013(3):336－346.

[342] 钱平凡. 孵化器运作的国际经验与我国孵化器产业的发展对策[J]. 管理世界，2000(6)：78－84.

[343] 秦军,殷群. 孵化器与风险投资融合模式研究[J]. 科学学与科学技术管理,2009(5):105－110.

[344] 秦雪征,尹志锋,周建波,等. 国家科技计划与中小型企业创新:基于匹配模型的分析[J]. 管理世界,2012(4):70－81.

[345] 瞿群臻. 论孵化器与风险投资融合的博弈决策[J]. 运筹与管理,2005(6):149－154.

[346] 权进民,姚兰,史本山. 基于 DEA 的国家级高新区可持续发展能力评价[J]. 软科学,2008,22(1):75－77.

[347] 尚勇. 论知识社会[J]. 中国软科学，2009(8)：1－12.

[348] 师萍,韩先锋,周凡磬,等. 中国研发创新全要素生产率增长特征及空间差异分析[J]. 科学学与科学技术管理,2011,32(1):35－39.

[349] 司春林，梁云志. 孵化器的商业模式与自身发展:典型案例分析[J]. 经济管理,2010,32 (10):169－179.

[350] 施筱勇. 创新驱动经济体的三大特征及其政策启示[J]. 中国软科学,2015(2):44－56.

[351] 宋冬林,王林辉,等. 资本体现式技术进步及其对经济增长的贡献率:1981—2007[J]. 中国社会科学,2011(2):91－106.

[352] 宋玉华. 美国新经济研究:经济范式转型与制度演化[M]. 北京:人民出版社，2002.

[353] 孙琦,张昕光. 企业孵化器经营能力的一种模糊评价方法[J]. 科研管理,2005(4):129.

[354]斯蒂格利茨. 自由市场的坠落[M]. 李俊青,杨玲玲,译. 北京:机械工业出版社,2001.

[355] 陶长琪,齐亚伟. 中国全要素生产率的空间差异及其成因分析[J]. 数量经济技术经济研究，2010(1)：19－32.

［356］天津开发区联合考察组. 积极探索，大胆创新：广州开发区管理体制和服务模式考察报告［J］. 港口经济. 2005（4）：33－35.

［357］汪涛，李祎，汪樟发. 国家高新区政策的历史演进及协调状况研究［J］. 科研管理，2011，32（6）：108－115.

［358］王春法. 新经济是一种新的技术—经济范式［J］. 中国经贸导刊，2002（2）：13－14.

［359］王栋，韩伯堂. 我国高新区产业集聚测度方法研究［J］. 科研管理，2007（3）：163－170.

［360］王娟. 信息化、创新与劳动生产率：基于CDM模型的实证研究［J］. 财经科学，2017（6）：70－81.

［361］王利. 中国大中型工业企业创新驱动增长的测度与分析［J］. 数量经济技术经济研究，2015，32（11）：90－104.

［362］王路昊，王程韡. 孵化器的概念及其角色演变：基于《人民日报》数据库的扎根理论分析［J］. 科学学研究，2014（4）：493－500.

［363］王胜光. 我国高新技术产业开发区发展的国家意义［J］. 中国科学院院刊，2010（5）：475－481.

［364］王小童，高昌林. 基于CDM模型的创新测度研究［J］. 统计研究，2009（3）：97－101.

［365］王孝炯，汤书昆，刘萱. 第四届中国科学学与科技政策研究会学术年会论文集（Ⅱ）：OECD科学、技术与产业记分板的研究及其启示［C］. 北京：中国科学院，2008.

［366］王雪梅，雷家骕. 政策评估模式的选择标准与现存问题述评［J］. 科学学研究，2008，26（5）：1000－1005.

［367］王玉民，刘海波，靳宗振，等. 创新驱动发展战略的实施策略研究［J］. 中国软科学，2016（4）：1－12.

［368］王辑慈，梅丽霞，谢坤泽. 企业互补性资产与深圳动漫产业集群的形式：基于深圳的经验和教训［J］. 经济地理，2008（1）：49－54.

［369］翁建明. 科技企业孵化器与风险投资融合的经济学分析［J］. 特区经济，2007（4）：32－33.

[370] 邬爱其,贾生华. 企业成长机制理论研究综述 [J]. 科研管理,2007,28(2): 53 -58.

[371] 吴林海. 世界科技园区创新模式比较研究[J]. 中国科技论坛,2002(1):38 -42.

[372] 吴神赋. 世界科技园管理体制比较与启示[J]. 中国科技论坛,2004(3):126 -129.

[373] 吴晓波,姜源林,高忠仕. 浙江省创新型经济运行评价及发展对策研究:基于六省市的对比分析[J]. 技术经济,2008(10):11 -16.

[374] 吴延兵. R&D 存量、知识函数与生产效率[J]. 经济学(季刊),2006,5(4):1129 -1156.

[375] 吴延兵. 中国哪种所有制类型企业最具创新性[J]. 世界经济,2012(6): 3 -25, 26 -27, 28 -29.

[376] 吴延瑞. 生产率对中国经济增长的贡献:新的估计[J]. 经济学(季刊),2008,7(3):827 -842.

[377] 吴翌琳,谷彬. 金融支持创新影响机制的三阶段递推 CDM 模型研究[J]. 财经问题探究,2012(12):45 -51.

[378] 夏天. 创新驱动经济发展的显著特征及其最新启示[J]. 中国软科学,2009(S2):113 -118.

[379] 熊彼特. 经济发展理论[M]. 北京:商务印书馆,1990.

[380] 严成樑,周铭山,龚六堂. 知识生产、创新与研发投资回报[J]. 经济学(季刊),2010,9(3):1052 -1069.

[381] 姚小涛,张田,席酉民. 强关系与弱关系:企业成长的社会关系依赖研究 [J]. 管理科学学报, 2008,11(1): 143 -152.

[382] 伊迪丝 · 彭罗斯. 企业成长理论 [M]. 赵晓,译. 上海:上海三联书店, 2007.

[383] 殷群. 企业孵化器研究热点综述 [J]. 科研管理, 2008, 29(1): 157 -163.

[384] 于良. 高新区发展中的土地限制问题与政策建议[J]. 高科技与产业化, 2011(1): 100 -102.

[385] 约瑟夫·阿洛伊斯·熊彼特. 经济发展理论:对利润、资本、信贷、利息和经济周期的探索[M]. 叶华,译.北京:九州出版社, 2007.

[386] 岳书敬.中国区域研发效率差异及其影响因素:基于省级区域面板数据的经验研究[J].科研管理,2008(5):173-179.

[387] 詹宇波,刘荣华,刘畅.中国内资企业的技术创新是如何实现的:来自大中型工业企业的省级面板证据[J].世界经济文汇,2010(1):50-63.

[388] 张车伟.理解中国的创新和创新经济[J].中国人口科学,2017(6):7-12.

[389] 张力,戚汝庆,周勇涛.在孵企业成功毕业的影响因素:基于孵化互动视角的研究[J].科学学研究,2014,32(5):758-766.

[390] 张陆洋, 郭江明, 范建年. 基于国际经验的创新体系新认识的研究[J].中国软科学,2009(9): 185-192.

[391] 张明喜.我国高新技术产业开发区 R&D 投入的贡献研究:基于 Panel data 的经验分析[J].研究与发展管理,2010,22(1):114-120.

[392] 张炜,田茂利. 创业学[M]. 杭州:浙江大学出版社,2011.

[393] 张焱,李原. 创客运动:小而美的新生产链探秘[J]. 商学院,2014(5):90-92.

[394] 张玉利,杨俊,任兵. 社会资本、先前经验与创业机会[J].管理世界,2008(7):91-102.

[395] 张来武.论创新驱动发展[J].中国软科学, 2013(1): 1-5.

[396] 赵付民,苏盛安,邹珊刚.我国政府科技投入对大中型工业企业 R&D 投入的影响分析[J].研究与发展管理,2006(2):78-84.

[397] 赵志耘,杨朝峰. 中国全要素生产率的测算与解释:1979—2009年[J]. 财经问题研究, 2011(9): 3-12.

[398] 郑京海,胡鞍钢.中国改革时期省际生产率增长变化的实证分析:1979—2001 年[J].经济学(季刊),2005,4(2):263-296.

[399] 郑绪涛,柳剑平.促进 R&D 活动的税收和补贴政策工具的有效搭配[J].产业经济研究,2008(1):26-36.

[400] 中国经济增长与宏观稳定课题组.资本化扩张与赶超型经济的技

术进步[J]. 经济研究,2010(5):4 -20.

[401] 周芳. 北京市制造业 R&D 投入的贡献研究:基于 CDM 模型的技术创新效果评估[J]. 研究与发展管理,2014(12):22 -31.

[402] 周黎安. 中国地方官员的晋升锦标赛模式研究[J]. 经济研究,2007(7): 36 -50.

[403] 周晓艳,韩朝华. 中国各地区生产效率与全要素生产率增长率分解:1990—2006[J]. 南开经济研究,2009(5):26 -48.

[404] 朱朝辉,陈劲. 开放式创新的技术学习模式[M]. 北京:科学出版社,2008.

[405] 朱平芳,徐伟民. 政府的科技激励政策对大中型工业企业 R&D 投入及其专利产出的影响:上海市的实证研究[J]. 经济研究,2003(6):45 -53,94.

[406] 朱秀梅,李明芳. 创业网络特征对资源获取的动态影响[J]. 管理世界,2010(6):105 -115.